नेपोलियन हिल के महान् भाषण

नेपोलियन हिल की बैस्टसेलर पुस्तकें

नेपोलियन हिल के महान् भाषण

नेपोलियन हिल

प्रभात प्रकाशन

प्रकाशक

प्रभात प्रकाशन प्रा. लि.

4/19 आसफ अली रोड, नई दिल्ली–110002

फोन : 011–23289777 • हेल्पलाइन नं. : 7827007777

इ–मेल : prabhatbooks@gmail.com ❖ वेब ठिकाना : www.prabhatbooks.com

संस्करण

2026

अनुवाद

महेंद्र यादव

पेपरबैक मूल्य

चार सौ रुपए

मुद्रक

नरुला प्रिंटर्स, दिल्ली

NAPOLEON HILL KE MAHAN BHASHAN
by Napoleon Hill
(Hindi translation of NAPOLEON HILL'S GREATEST SPEECHES)

Published by **PRABHAT PRAKASHAN PVT. LTD.**
4/19 Asaf Ali Road, New Delhi-110002

ISBN 978-93-90378-83-8

₹ 400.00 (PB)

भूमिका

नेपोलियन हिल अपने भाषण देते समय एक से ज्यादा पृष्ठों के नोट बहुत कम इस्तेमाल करते हैं। उनके ऐसे बहुत से नोट्स तो अब भी मौजूद हैं, लेकिन उन्होंने वास्तव में जो बोला, वह बहुत कम बचा हुआ है। अपने दादाजी के मुद्रित भाषणों में से एक भाषण तलाशने में मुझे कई साल लग गए। यह एक भाषण मिलना भी मेरे लिए प्राण-पोषक से कहीं बहुत ज्यादा था; यह चमत्कारी था।

जो दस्तावेज मुझे मिला, वह वर्ष 1922 में सलेम कॉलेज (अब सलेम इंटरनेशनल यूनिवर्सिटी) में दिए गए आरंभिक भाषण की लिखित प्रति थी। यह एक स्थानीय समाचार-पत्र में 'इंद्रधनुष का अंत' शीर्षक से प्रकाशित हुआ था। उसकी एक प्रति सलेम कॉलेज के संग्रहालय में माइक्रोफिल्म पर संरक्षित थी। प्रकाशन के लिए इसे बड़ा करके पढ़ने की जरूरत थी और इसका पाठ इतना फीका था कि उसे रिकवर करने में एक दिन से ज्यादा का समय लग गया। इसके लिए मुझे एक-एक शब्द बोलकर अपनी पत्नी को लिखाना पड़ा।

नेपोलियन ने कई बार यह बात लिखी कि कठिनाई को छिपे रूप में एक वरदान समझा जाना चाहिए। सन् 1922 में आरंभिक भाषण में नेपोलियन बताते हैं कि किस तरह से उनकी कई कारोबारी असफलताएँ ऐसे नए मोड़ साबित हुईं, जिनसे ज्यादा बड़े अवसरों का रास्ता खुला।

असफलता के बाद मिली अपनी सफलता का श्रेय वे उस आदत को देते हैं, जिसमें वे भुगतान से ज्यादा और बेहतर सेवा देते हैं। यह विशिष्टता उनके सफलता के दो सिद्धांतों की पूर्वगामी थी—कठिनाई और पराजय से सीखना तथा अतिरिक्त दूरी तय करना।

नेपोलियन ने यह भाषण 1922 में वेस्ट वर्जीनिया में सलेम में दिया था, जो कि उनकी पत्नी के घर से बहुत दूर नहीं था। फ्लोरेंस का पारिवारिक घर लंबरपोर्ट

में था। हालाँकि वे उस वक्त 'नेपोलियन हिल्स मैगजीन' के संपादक व प्रकाशक थे और हर तरह से सफल थे, लेकिन अपने परिवार के सामने साबित करने के लिए उन्हें बहुत कुछ करना था। एक दर्जन वर्षों में दस कारोबारी असफलताओं के कारण उनके प्रति परिवार का रवैया काफी कड़वा हो गया था। ऐसे में, यह आरंभिक भाषण नेपोलियन के लिए अपनी पत्नी के मित्रों और परिवार के सामने वाहवाही लूटने का अवसर था और इसमें वे सफल रहे। उनके बोलने की लय श्रोताओं को मंत्रमुग्ध करनेवाली थी। उन्होंने असफलताओं के अपने इतिहास का इस्तेमाल यह दिखाने के लिए किया कि वे किस तरह से दुर्दिनों से उबर सके। इस भाषण को उस प्रांत के उस हिस्से में सर्वकालीन महान् माना गया था। तालियों और सराहना की गूँज के बीच जब भाषण समाप्त हुआ, तब नेपोलियन अपने परिवार के सामने विजयी मुद्रा में खड़े थे।

मैंने इसकी एक प्रति 'नेपोलियन हिल फाउंडेशन' के एक्जीक्यूटिव डायरेक्टर डॉन ग्रीन के पास भेजी। डॉन को तुरंत ही इसमें पुस्तक की संभावना दिखी और उन्होंने फाउंडेशन के संग्रहालय में अतिरिक्त सामग्री की खोज शुरू कर दी। कई वर्षों में उन्हें कुछ और भाषण तथा कई लेख मिले, जिन्हें उन्होंने इस पुस्तक में शामिल किया है।

उनका एक लेख 'यह बदलती दुनिया' नेपोलियन की बाल्यावस्था के मकान में फायरप्लेस के मेंटल के पीछे मिला था। इसे संभवतः वर्ष 1930 के अंत में महामंदी के दौरान लिखा गया था।

जब महामंदी शुरू हुई, तब नेपोलियन परिवार के साथ रहते थे, जो उन्हें सुरक्षित रोजगार मुहैया किए हुए था। हालाँकि उनके लिए इस सुरक्षा को स्वीकार करने का मतलब अपनी असफलता स्वीकार करना था। इसलिए मार्च 1931 में हिल ने बिल्कुल वही किया, जो उन्हें करना चाहिए था और शायद वही उन्होंने नहीं किया था—उन्होंने अपनी नौकरी छोड़ दी और वाशिंगटन डी.सी. रवाना हो गए।

उस समय तक नेपोलियन के असफल कारोबारों की सूची प्रभावशाली हो चुकी थी। ऐसे में अपने दम पर सफल होने के लिए एक और प्रयास करने का उनका निर्णय उनके विश्वास पर आधारित था, जो कि निश्चित ही उनके अंदर कुछ खास था। मेंटल के पीछे मिले इस लेख में उस विश्वास की समझ तथा अंतर्दृष्टि मिलती है, जिसके बल पर नेपोलियन बाद में परिवार और सुरक्षा को छोड़कर वाशिंगटन डी.सी. चले गए थे।

'यह बदलती दुनिया' में नेपोलियन के आध्यात्मिक विचारों से संबंधित अनेक दृढ़ प्रश्नों के उत्तर मिलते हैं। डॉन को नेपोलियन के एक सर्वाधिक आरंभिक भाषण, 'दस हजार लोगों के विश्लेषण से जो मैंने सीखा' की दो प्रतियाँ भी मिलीं। एक 'नेपोलियन हिल फाउंडेशन' संग्रहालय में रखी थी और दूसरी फरवरी 1918 के 'मॉडर्न मेथड्स' में प्रकाशित हुई थी। नेपोलियन ने यह भाषण तब लिखा था, जब वे जॉर्ज वाशिंगटन इंस्टीट्यूट ऑफ एडवरटाइजिंग (अब ब्रायंट एंड स्ट्रेटन बिजनेस कॉलेज ऑफ शिकागो) में डीन थे, जहाँ वे बाद में विक्रय एवं विज्ञापन विभाग के अध्यक्ष और निदेशक बने।

इस भाषण में नेपोलियन 'सफलता के लिए पाँच अनिवार्य तत्त्वों' के बारे में बताते हैं—आत्मविश्वास, उत्साह, एकाग्रता, कार्य की योजना तथा जितने के पैसे मिल रहे हैं, उससे ज्यादा और बेहतर सेवा देने की आदत। इसमें नेपोलियन के इनमें से तीन के बारे में शुरुआती सोच उजागर होती है, जो बाद में सफलता के उनके कुछ सिद्धांत बन गए—उत्साह, नियंत्रित सावधानी और अतिरिक्त दूरी तय करना। बाद में उन्होंने 'आत्मविश्वास' की जरूरत को 'उत्साह' शीर्षक के तहत मिला दिया और 'कार्य की योजना' निश्चित प्रमुख उद्देश्य को हासिल करने की प्रक्रिया का हिस्सा बन गई। हालाँकि नेपोलियन को एंड्रयू कारनेगी के 'मास्टर माइंड' के विचार की अहमियत की समझ थी, लेकिन उन्होंने इस भाषण में उसका जिक्र नहीं किया। मुझे लगता है कि यह सेल्समैन दर्शकों के लिए प्रासंगिक नहीं था, जिनका रुझान सफलता के लिए निजी रास्तों पर चलने की ओर होता है।

वर्ष 1952 के अंत में नेपोलियन ने अपनी पत्नी एनी लोऊ को एक साल के लिए कैलिफोर्निया में छोड़ दिया और खुद कई परियोजनाओं में डब्ल्यू. क्लीमेंट स्टोन के साथ काम करते रहे। कई महीनों तक वे और स्टोन व्याख्यानों के लिए यात्राएँ करते रहे, जहाँ स्टोन अकसर नेपोलियन का परिचय मुख्य वक्ता के तौर पर देते थे।

डॉन ने इन मुख्य भाषणों में से एक भाषण 'चमत्कारी इनसान का निर्माता' की रिकॉर्डिंग खोजी और इस पुस्तक के लिए उसका लिप्यंतरण किया। यह शायद उनकी सर्वाधिक मजेदार खोज है, क्योंकि इसमें ईमानदारी से नेपोलियन के बिना तैयारी के बोलने की मानसिकता की जानकारी मिलती है। नेपोलियन की हाजिर जवाबी और मंत्रमुग्धकारी वक्तृत्व कला इस लेख में स्पष्ट दिखती है।

1950 के दशक के मध्य तक नेपोलियन की पहचान एक वक्ता के रूप में

राष्ट्रीय स्तर पर हो चुकी थी। उनके व्याख्यान रेडियो एवं टेलीविजन पर प्रसारित होने लगे थे और पैसिफिक इंटरनेशनल यूनिवर्सिटी ने उन्हें साहित्य की मानद डॉक्टरेट की उपाधि प्रदान की। सन् 1957 में सलेम कॉलेज ने फिर उन्हें दीक्षांत व्याख्यान देने के लिए और दूसरी मानद डॉक्टरेट उपाधि लेने के लिए आमंत्रित किया।

उस समय तक सफलता के बारे में नेपोलियन के विचार ठोस सिद्धांत नहीं भी बने थे, तो भी परिपक्व तो हो ही चुके थे। सफलता के पाँच अपेक्षित तत्त्वों के बारे में व्याख्यान देने की बजाय उन्होंने 'सफलता के पाँच अनिवार्य तत्त्व' शीर्षक के दीक्षांत व्याख्यान में सफलता के सर्वाधिक महत्त्वपूर्ण सिद्धांतों के बारे में बताया। सन् 1922 के आरंभिक भाषण की तरह इसकी भी श्रोताओं ने बहुत तारीफ की।

यह बताना रोचक होगा कि पैंतीस वर्षों के चिंतन के बाद सन् 1922 में बताए सफलता के मूल पाँच अपेक्षित तत्त्वों में से केवल 'अतिरिक्त दूरी तय करें' ही नेपोलियन के मन में अनिवार्य रह गया था। अन्य अपेक्षाओं की जगह चार अनिवार्य सिद्धांतों—मास्टर माइंड, उद्देश्य की निश्चितता, आत्मानुशासन और व्यावहारिक विश्वास ने ले ली थी। इस संग्रह का हरेक भाषण और लेख जहाँ अपने आप में पूर्ण है, वहीं सब मिलकर यह बताते हैं कि किस तरह से नेपोलियन के विचार चिंतन के परिपक्व होने के साथ-साथ विकसित हुए और सफलता के व्यापक दर्शन के रूप में मिलकर तैयार हुए। एकत्रित सामग्री अलग-अलग की बजाय सचमुच ज्यादा महत्त्वपूर्ण है।

—डॉ. जे.बी. हिल

प्रस्तावना

नेपोलियन हिल का जन्म 26 अक्तूबर, 1883 को हुआ था। उनके जन्म प्रमाण-पत्र पर उनका नाम 'ओलिवर नेपोलियन हिल' दर्ज किया गया था; लेकिन लेखक के रूप में प्रसिद्ध होने से पहले उन्होंने अपने नाम से 'ओलिवर' हटा दिया था।

उन्होंने अपने जीवन में जो रास्ता चुना, उसके लिए उनके घर पर ऐसा कोई उचित माहौल नहीं था। वे वाइज काउंटी, वर्जीनिया में बड़े हुए, जो कि अपलाचियन माउंटेंस का एक दूर-दराज का इलाका है।

हिल की जीवनी, 'ए लाइफटाइम ऑफ रिचेज' में वाइज काउंटी के 1880 के दशक के जीवन के बारे में बताया गया है, जो कि देश में हो रही तरक्की से काफी हद तक अलग-थलग था। जीवन प्रत्याशा कम थी, शिशु मृत्यु-दर काफी अधिक थी और हजारों ग्रामीण वर्जीनियाई लोग हुकवर्म से लेकर मलेरिया और कुपोषण के कारण होने वाली बीमारी 'पेलाग्रा' से पीड़ित रहते थे।

1880 के दशक में वर्जीनिया के अधिकतर स्कूल बुरी हालत में थे। प्राइमरी स्कूल साल में करीब चार माह ही खुलते थे और उनमें भी हाजिरी जरूरी नहीं होती थी। वर्जीनिया प्रांत में उस समय सौ से कुछ कम हाई स्कूल थे, जिनमें अधिकतर कोर्स केवल दो या तीन साल के थे। समूचे प्रांत में कुल दस हाई स्कूल ही चार साल के कोर्स वाले थे।

हिल के जन्म के समय गरमी के लिए कोयले का इस्तेमाल किया जाता था, लेकिन 1890 के दशक तक इसका व्यवसायीकरण नहीं हुआ था। दक्षिण-पश्चिम वर्जीनिया में जमीन अधिकतर चट्टानी और पहाड़ी थी, जिस पर खेती करना मुश्किल था और अनेक परिवार पहाड़ों को छोड़कर नौकरियों की तलाश में शहरों की ओर पलायन कर गए थे, जहाँ उन्हें ठीक-ठाक आजीविका मिल सकती थी।

मुख्य फसल मक्का थी। इनसानों और जानवरों—दोनों के भोजन के लिए इसे उगाया जाता था और इससे 'मूनशाइन' नाम की एक शराब भी बनाई जाती थी। 'मूनशाइन' की खासियत यह थी कि इससे नकद मुद्रा भी अर्जित की जा सकती थी, जो कि पहाड़ के निवासियों के लिए बहुमूल्य और दुर्लभ चीज थी।

हिल की इस पृष्ठभूमि ने उन्हें आगे चलकर इस बात का यथेष्ट कारण दिया कि वे दावा कर सकें कि पहाड़ी संस्कृति तीन चीजों के लिए मशहूर थी—लड़ाई-झगड़े, मूनशाइन और अशिक्षित लोग।

नेपोलियन हिल फाउंडेशन के संग्रहालय में एक अप्रकाशित जीवनी है, जिसमें हिल ने लिखा—"तीन पीढ़ियों से मेरे लोग अज्ञानता, अशिक्षा और गरीबी में जीते व जूझते रहे तथा पहाड़ों के उस हिस्से से बाहर गए बिना ही दुनिया से चले गए। वे लोग मिट्टी से ही आजीविका चलाते थे। जो थोड़ा-बहुत धन उन्हें मिलता था, वह मक्के को 'मूनशाइन' में बदलने से मिलता था। कोई रेलमार्ग नहीं था, टेलीफोन नहीं थे, बिजली की रोशनी नहीं थी, चलने योग्य सार्वजनिक राजमार्ग नहीं थे।"

नोट—यहाँ आपके लिए जो उद्धरण और सच्ची कहानियाँ दी जा रही हैं, वे 'नेपोलियन हिल फाउंडेशन' के संग्रहालय, संस्मरणों, विमर्शों, हस्तलिखित पत्रों तथा अन्य विश्वसनीय स्रोतों से प्राप्त किए गए हैं।

इसमें कोई शक नहीं कि हिल भी उन लोगों की तरह ही थे, जो एंड्रयू कारनेगी और थॉमस एडिसन जैसे धनी लोगों के प्रशंसक थे। एंड्रयू संभवत: अब तक के सबसे धनी व्यक्ति थे और थॉमस एडिसन ने हिल के जन्म के समय के आसपास ही बिजली के बल्ब का आविष्कार किया था। हालाँकि धनी और समृद्ध लोगों के आम प्रशंसकों के विपरीत, हिल उस समय के देश के सर्वाधिक प्रभावशाली और ताकतवर लोगों से मिले भी।

विख्यात होने की नियति

हिल की नियति ही विख्यात होने की थी। आज उनके सैकड़ों विख्यात उदाहरण इस्तेमाल किए जाते हैं। सर्वाधिक चर्चित उद्धरणों में से एक है, "हर कठिनाई के पीछे समान लाभ का बीज होता है।" यह कथन निश्चित ही हिल के शुरुआती बचपन पर लागू होता है।

हिल के पिता जेम्स मॉनरो हिल जब केवल सत्रह वर्ष के थे, तभी वे अपने लिए एक युवा दुलहन सारा ब्लेयर लाए थे। ओलिवर नेपोलियन उनकी पहली

संतान थे और उनके छोटे भाई का नाम विवियन था। हिल की माँ का देहांत तभी हो गया था, जब वे केवल नौ साल के थे।

हालाँकि इतनी कम उम्र में माँ को खो देना उनके लिए बहुत बड़ा झटका था, लेकिन एक साल बाद ही उन्हें सौतेली माँ मिल गई। मार्था रैमे बैनर एक स्कूल की प्रिंसिपल की विधवा और एक स्थानीय डॉक्टर की बेटी थीं। उन्होंने हिल के जीवन पर बहुत ज्यादा, शायद सबसे ज्यादा, प्रभाव डाला। बाद में उन्होंने एक टिप्पणी की थी, जिसके बारे में माना जाता है कि राष्ट्रपति अब्राहम लिंकन ने अपनी सौतेली माँ के बारे में कहा था कि, "मैं जो कुछ हूँ या कभी जो बनना चाहता था, उसके लिए उस प्रिय महिला का ऋणी हूँ।"

मार्था अपने तीन बच्चों को और दो हिल बंधुओं को साथ ले आईं तथा अपने नए परिवार की आध्यात्मिक स्थिति के साथ-साथ वित्तीय स्थिति सुधारने में भी लग गईं। मार्था ने अपने नए पति जेम्स समेत पूरे परिवार पर काफी असर डाला। उन्होंने उन्हें एक नया डाकघर खोलने और सामान बेचने के लिए प्रोत्साहित किया और उन्होंने भी उन्हें 'थ्री फोर्क्स प्रिमिटिव बैपटिस्ट चर्च' स्थापित करने में मदद की। चर्च में सक्रिय होने से निस्संदेह हिल के भविष्य पर असर पड़ा; क्योंकि शायद उन्हें पहली बार ऐसा परिवेश मिला था, जहाँ प्रवचक अपने वक्तृत्व कौशल से श्रद्धालुओं के समूह को उत्साहित और प्रेरित कर सकते थे। परिणामस्वरूप हिल श्रोताओं को बाँधे रखने और प्रभावित करने की अपनी योग्यता के कारण प्रसिद्ध हो गए।

ग्यारह साल की उम्र में हिल को उनकी सौतेली माँ ने लेखक बनने पर विचार करने के लिए प्रेरित किया, क्योंकि उनके पास असीमित कल्पना-शक्ति थी। मार्था ने अपने सौतेले बेटे से कहा, "तुम जितना समय समस्याएँ पैदा करने में लगाते हो, उतना समय अगर पढ़ने-लिखने में लगाओगे तो एक समय तुम देखोगे कि तुम्हारा प्रभाव पूरे प्रांत में महसूस किया जाएगा।"

जब वे बारह साल के थे, तब उनकी सौतेली माँ ने उन्हें मनाया कि वे अपनी उस बंदूक के बदले एक टाइपराइटर खरीद लें; जबकि उस बंदूक पर हिल को बहुत गर्व था। यह सन् 1895 की बात है और तब टाइपराइटर आसानी से उपलब्ध नहीं होते थे। मार्था ने अकसर शैतानी करते रहनेवाले इस शैतान बच्चे को यह कहकर प्रोत्साहित किया, "जितने माहिर तुम इस बंदूक को चलाने में हो, उतने ही माहिर तुम टाइपराइटर चलाने में हो गए तो तुम धनी और प्रसिद्ध हो जाओगे तथा

पूरी दुनिया में पहचाने जाने लगोगे।" हिल ने बहुत ज्यादा पढ़ाई की और यह जाना कि महान् लेखक इतनी भारी लोकप्रियता पा सकते हैं, जो कि उनके जीवन के बाद भी चलती रहती है।

उस कम उम्र में भी बालक हिल ने यह महसूस करना शुरू कर दिया था कि उनकी माँ का बोया गया बीज जड़ें जमा सकता है और फल-फूल सकता है। बाद के जीवन में उन्होंने इस कथन को लोकप्रिय बनाया, "इनसान का मन जो कुछ भी ग्रहण कर सकता है, उसे हासिल कर सकता है।"

तेरह साल की उम्र में हिल ने 1 डॉलर प्रतिदिन की मजदूरी पर कोयले की एक खदान में मजदूरी का काम शुरू कर दिया। वह काम कठिन भी था और गंदा तथा गुलामों जैसा भी था; लेकिन हिल को हर दिन केवल 50 सेंट इसके बदले मिल पाते थे और बाकी 50 सेंट उनके कमरे तथा ठहरने के किराए में चले जाते थे। हिल को कोयले की खदान में कोई भविष्य नहीं दिखा; लेकिन उन्होंने वहाँ इतना जरूर सीखा कि वे अपने हाथों की बजाय अपने दिमाग के इस्तेमाल से ज्यादा कुछ कर सकते हैं।

पंद्रह साल की उम्र में हिल ने दो वर्षीय ग्लेड्सविले हाई स्कूल में दाखिला लिया और अपना काम पूरा किया, हालाँकि यह उनके लिए अकसर बहुत कठिन होता था।

हाई स्कूल के बाद हिल एक बिजनेस स्कूल में पढ़ने चले गए, जहाँ सेक्रेटरी की नौकरी के लिए एक साल के कोर्स में उन्होंने दाखिला लिया, जिसमें शॉर्टहैंड, टाइपिंग और बुककीपिंग जैसे कौशल सिखाए जाते थे।

बिजनेस स्कूल की पढ़ाई पूरी करने के बाद सत्रह साल के हिल जाने-माने अटॉर्नी रफस आयर्स के पास नौकरी के लिए पहुँचे, जो कि वर्जीनिया के अटॉर्नी जनरल रह चुके थे। आयर्स सचमुच कई प्रतिभाओं के धनी थे, क्योंकि वे न केवल अटॉर्नी थे, बल्कि वे लकड़ी और कोयले के उद्योगों में भी गहराई से जुड़े थे। हिल ने आयर्स से संपर्क इसलिए किया था, क्योंकि वे धनी व्यवसायी दिग्गजों के प्रशंसक थे और भविष्य में उनके जैसा ही बनना चाहते थे।

हिल ने आयर्स को एक पत्र लिखा, जिसमें उनके साथ काम करने की उनकी गंभीरता झलकती थी। अपने पत्र में उन्होंने निम्नलिखित प्रस्ताव दिया—

"मैंने अभी बिजनेस कॉलेज का कोर्स पूरा किया है और आपके सेक्रेटरी के रूप में काम करने के सर्वथा योग्य हूँ और इस पद पर काम करने के लिए मैं बहुत

उत्सुक भी हूँ। मुझे पता है कि शुरुआत में मेरा आपके लिए काम करना आपसे ज्यादा मेरे लिए कीमत रखता है, क्योंकि मेरे पास कोई पूर्वानुभव नहीं है। इस कारण मैं आपके साथ काम करने के सौभाग्य के लिए आपको भुगतान करने को तैयार हूँ।

"आप मुझसे कोई भी उचित फीस ले सकते हैं, बशर्ते तीन माह के बाद वही राशि मेरा वेतन बन जाएगी। जब मैं धन कमाने लगूँगा, तब आप मेरी फीस उससे काट सकते हैं।"

आयर्स इस प्रस्ताव को मान गए और उनके लिए काम करना हिल के लिए बहुत संतोषजनक साबित हुआ। नेपोलियन बेहतरीन फैशन के कपड़े पहनकर समय से पहले ही नौकरी पर पहुँच जाते और देर तक रुके रहते। हिल के प्रयास निश्चित ही सफल हुए और यह देखना आसान है कि अतिरिक्त प्रयास करना किसी उभरते व्यवसायी के लिए उसके कॅरियर की शुरुआत में किस तरह से मददगार हो सकता है।

आयर्स के प्रोत्साहन से हिल ने खुद को एक सफल वकील के तौर पर देखना शुरू कर दिया। उन्होंने अपने भाई विवियन को यह कहकर जॉर्जटाउन यूनिवर्सिटी के लॉ स्कूल में दाखिला लेने के लिए तैयार किया कि वे अपने लेखन से दोनों की मदद कर सकते हैं। वैसे तो नेपोलियन ने भी लॉ स्कूल में दाखिला लिया था, लेकिन वे अपने छोटे भाई की तरह स्नातक की उपाधि हासिल नहीं कर पाए।

हिल को मिली एक खास एसाइनमेंट ने उनके बाकी जीवन के लिए उनका काम तय कर दिया। वर्ष 1908 के अंत में हिल से टेनेसी के गवर्नर और अमेरिका के सीनेटर रह चुके रॉबर्ट टेलर के स्वामित्ववाली पत्रिका 'बॉब टेलर्स मैगजीन' के लिए इस्पात व्यवसायी एंड्रयू कारनेगी का साक्षात्कार करने को कहा गया था। यह पत्रिका हिल को इसलिए अच्छी लगती थी, क्योंकि इसमें सफल इनसानों पर फीचर लेख प्रकाशित हुआ करते थे। वे अपनी प्रतिभाओं का इस्तेमाल करने के लिए उन दिनों से ही उत्साहित थे, जब वे युवावस्था में समाचार-पत्रों के लिए लेख लिखा करते थे।

कारनेगी का साक्षात्कार

कारनेगी का साक्षात्कार आत्म-सुधार के क्षेत्र में क्रांतिकारी साबित हुआ। कारनेगी खुद भी हॉरेशियो एल्गर की गरीबी से उठकर अमीर बनने की कहानी थे। बहुत कम पढ़े युवा स्कॉटिश प्रवासी कारनेगी दस साल की उम्र में ही काम करने लगे थे, जिसके बदले उन्हें एक सप्ताह में 1 डॉलर मिलता था। अपना

सही इस्तेमाल करके, बचत करके और निवेश करके वे तीस साल की उम्र तक करोड़पति बन गए थे।

साक्षात्कार के दौरान कारनेगी ने 'सफलता के दर्शन' के विचार पर चर्चा की और हिल को चुनौती दी कि वे बीस साल सफल लोगों के साक्षात्कार करने तथा उनके अध्ययन में लगाएँ और इस दर्शन को दूसरों को उपलब्ध कराएँ। कारनेगी ने इस प्रोजेक्ट के लिए उनका परिचय देनेवाले पत्र लिखे, जिससे इस युवा लेखक का देश के सर्वाधिक सफल लोगों से संपर्क करना संभव हो सका।

कारनेगी ने तीन दिन चले इस साक्षात्कार के दौरान हिल को जो चुनौती दी थी, उसे उन्होंने स्वीकार किया और कारनेगी के 'सफलता के दर्शन' को सीखने में समय लगाना शुरू कर दिया। अपने बचपन के बारे में चर्चा करते हुए कारनेगी ने 'मास्टर माइंड सिद्धांत' और 'अतिरिक्त दूरी तय करने के सिद्धांत' पर जोर दिया और बताया कि इनसे उनके कॅरियर में कैसे मदद मिली।

कारनेगी ने हिल को बताया कि छोटी शुरुआत सफलता के लिए कोई बाधा नहीं, बल्कि कठिनाई से उबरने तथा असंभव लगनेवाले लक्ष्यों को हासिल करने की प्रेरणा होती है। आत्म-मूल्य की मजबूत भावना के साथ कारनेगी ने कहा, "किसी भी तरह की गरीबी किसी को सफलता से दूर नहीं रख सकती। आत्मविश्वास एक मानसिक अवस्था है, जो सफलता के लिए जरूरी है और आत्मविश्वास का विकास करने का शुरुआती बिंदु उद्देश्य की निश्चितता है।" कारनेगी का एक बुनियादी नियम यह था, जिसे वे 'निजी उपलब्धि का दर्शन' कहते थे, "जिस व्यक्ति को ठीक से पता है कि वह क्या चाहता है, जिसके पास उसे हासिल करने की निश्चित योजना है और जो अपनी योजना को पूरा करने में वास्तविक रूप से लगा है, उसे जल्द ही यह यकीन हो जाता है कि उसके अंदर सफल होने की योग्यता है। टाल-मटोली करनेवाला व्यक्ति जल्द ही आत्मविश्वास गँवा देता है और बहुत कम या नगण्य कर पाता है।"

हिल ने कारनेगी से पूछा, "जब किसी व्यक्ति को पता हो कि वह क्या चाहता है, अपनी योजनाएँ बनाता है, काम करता है और असफल हो जाता है, तब क्या होता है? क्या वह अपना आत्मविश्वास नष्ट नहीं करता?"

कारनेगी ने जवाब दिया, "हर असफलता अपने साथ फायदे का समान बीज लेकर चलती है। महान् नेताओं के जीवन बताते हैं कि उनकी सफलता अस्थायी पराजय से निपटने में उनकी महारत के अनुपात में होती है।"

कारनेगी ने हिल को अपने विचारों पर नियंत्रण की जरूरत भी समझाई। कारनेगी ने इसका कारण बताया कि मन गरीबों और अमीरों, दोनों के सारे सुख-दु:ख का स्रोत है। अपने दिमागों का इस्तेमाल हमें मित्र या शत्रु बनाने का मौका देता है। यह हमारी पसंद है। व्यक्ति के दिमाग की सीमाएँ वे हैं, जो व्यक्ति खुद पर लागू करता है।

हिल बार-बार यह बोलते और लिखते थे—"मन जो भी ग्रहण करता है और मानता है, उसे वह हासिल कर सकता है।" ऐसा लिखते-बोलते समय हिल कारनेगी के दिमाग के बारे में विचारों की ओर ही संकेत करते थे।

कारनेगी ने हिल को बताया कि हेनरी फोर्ड, थॉमस एडिसन, जॉन डी. रॉकफेलर, हार्वे फायरस्टोन और एलेक्जेंडर ग्राहम बेल जैसे उनके दोस्त भी उन्हीं की तरह जीवन जिए थे। निश्चित उद्‌देश्य और संकल्पित कार्यों के साथ प्रयोग और गलती करते-करते उन्होंने न केवल सफलता पाई, बल्कि दाम और नाम भी कमाया। कारनेगी के अनुसार, कार्य का बहुत ज्यादा महत्त्व है; क्योंकि इसके बिना सर्वश्रेष्ठ योजनाएँ और उद्‌देश्य भी बेकार होते हैं। इन उदाहरणों के जरिए कारनेगी ने हिल को अन्य महान् लोगों के जीवन का अध्ययन करने को प्रेरित किया।

कार्य का सर्वाधिक महत्त्व है, क्योंकि बिना इसके
सर्वश्रेष्ठ योजनाएँ और उद्‌देश्य भी बेकार होते हैं।

हिल ने 'सफलता के दर्शन' के प्रसार में जीवन भर इन सबको लागू किया, जिन्हें उन्होंने कारनेगी और व्यापार तथा सरकार के सैकड़ों नेताओं से सीखा था। कारनेगी के साथ उनकी बातचीत 'थिंक एंड ग्रो रिच' का आधार बनी, जो कि आत्म-सुधार के क्षेत्र में बेस्ट सेलिंग और अब तक की सबसे प्रभावशाली पुस्तक है।

अपने विवाह के बाद जल्द ही वाशिंगटन डी.सी. में रहते हुए हिल हेनरी फोर्ड का साक्षात्कार लेने डेट्रॉइट गए। फोर्ड ने दिखाया कि उनके पास आत्म-नियंत्रण और सारे प्रयासों को अपना लक्ष्य हासिल करने की दिशा में केंद्रित करने की योग्यता है। उनका लक्ष्य था—ऐसा ऑटोमोबाइल बनाना, जिसे आम जनता वहन कर सके। हिल ने बाद में बताया कि अपनी सफलता पर चर्चा करने की बजाय फोर्ड अपनी कार के बारे में बात करना चाहते थे। इससे हिल इतने प्रभावित हुए कि उन्होंने केवल 680 डॉलर में एक नई मॉडल टी फोर्ड कार खरीद ली और अपनी पत्नी फ्लोरेंस को चकित करते हुए उसी कार से वापस वाशिंगटन पहुँचे।

हेनरी फोर्ड का साक्षात्कार लेने के लिए डेट्रॉइट की यात्रा के बाद हिल को धन की बेहद जरूरत महसूस हुई। हाल ही में विवाह करने के कारण उन्हें अब स्थायी आमदनी की जरूरत थी। इस समस्या का हल उन्होंने वाशिंगटन डी.सी. में एक ऑटोमोबाइल कंपनी में सेल्सपर्सन की नौकरी करके निकाला। इस नई नौकरी ने हिल को अतिरिक्त प्रयास करने का अवसर दिया। हिल ने अन्य सेल्सपर्सन्स को स्वयं के ऑटोमोबाइल कॉलेज ऑफ वाशिंगटन में प्रशिक्षण देना शुरू कर दिया।

हिल ने अपनी जिंदगी में कई चुनौतियों का सामना किया; लेकिन 11 नवंबर, 1912 को उनके बेटे नेपोलियन ब्लेयर हिल के जन्म के साथ जो चुनौती उनके सामने आई, उसके लिए वे बिल्कुल तैयार नहीं थे। नेपोलियन न केवल बहरा था, बल्कि उसके कान भी नहीं थे। उसको संकेत भाषा सिखाने की बजाय नेपोलियन हिल सीनियर ने अपने बेटे को बोलना और सुनना सिखाने का निश्चय किया। हिल अपने बेटे की गरदन के पास, कानों की जगह पर अपने होंठ रखकर उससे घंटों बातें किया करते थे। कई वर्षों बाद ब्लेयर सुनना सीख गया और आखिरकार उसे एक विशेष हियरिंग एड भी मिल गया, जिससे उसके सुनने व बोलने की क्षमता में और ज्यादा सुधार हो गया।

हिल ने बिना कानों के पैदा हुए अपने बेटे को शारीरिक बाधा से उबरने की उसकी इच्छा के लिए प्रेरित किया। नेपोलियन की जिंदगी में कई अन्य कठिनाइयाँ आईं, मसलन—शादियाँ टूटना, कारोबारी असफलताएँ और धन की कमी; लेकिन उन्होंने 'सफलता के दर्शन' की राह कभी नहीं त्यागी।

हिल ने एक व्यवसाय, सेल्समैनशिप सिखाने के लिए जॉर्ज वाशिंगटन इंस्टीट्यूट खोलकर भी शुरू किया था। उसके कोर्स का मकसद दूसरों को विज्ञापन और सेवा का सिद्धांत सिखाना होता था। हिल ने बताया था कि जिंदगी के उस मुकाम पर आने तक वे दस हजार ऐसे महिला-पुरुषों का साक्षात्कार कर चुके थे, जो सफल होने की कोशिश कर रहे थे। उन्होंने सिखाया कि सेल्स पीपुल्स को सफल होने के लिए उनके अंदर आत्मविश्वास और उत्साह जरूरी है।

इस समय तक हिल ने सफलता के अपने दर्शन में मनोविज्ञान लागू करना शुरू कर दिया था। सन् 1916 के एक टाइप किए हुए अध्याय में वे कहते हैं, "जो चीज सच में किसी को चाहिए, उसको पाने में असफलता जैसी किसी चीज के संभव होने में मुझे गंभीर संदेह है। सच यह है कि आप या तो जानबूझकर या अनजाने में वह चीज पा रहे होते हैं, जिसके बारे में आप बहुत बेसब्री से सोचते हैं।"

हिल के शिक्षण जीवन में इस अवधि में उन्होंने अपने विद्यार्थियों को बताना शुरू किया कि 'स्व-सुझाव' से मन के अनुशासन में मदद मिलेगी।

प्रथम विश्व युद्ध के समापन के बाद परिस्थितियों में बदलाव आया। हिल के दिमाग में अपनी पहली पत्रिका शुरू करने का विचार आया, जिसे वे 'नेपोलियन हिल्स गोल्डन रूल मैगजीन' कहते थे। प्रकाशक के रूप में उन्होंने जॉर्ज विलियम्स को चुना, जिनसे वे तब मिले थे, जब वे दोनों युद्ध के दौरान राष्ट्रपति वुडरो विल्सन के लिए काम कर रहे थे।

'नेपोलियन हिल्स गोल्डन रूल मैगजीन' पर काम करते हुए हिल ने टाइपराइटर पर काम करने के और अखबारों की पुरानी जानकारी के अनुभव का इस्तेमाल किया। यह प्रकाशन वाइज काउंटी, वर्जीनिया में पॉवेल रिवर के पास स्थित थ्री फोर्क्स प्रिमिटिव बैप्टिस्ट चर्च से मिले उत्साह के कारण बड़े प्रतिष्ठान के रूप में चला। यह हिल के लिए अपना संदेश फैलाने, व्याख्यान देने और श्रोताओं को उत्साहित करने का अच्छा अवसर था। यहाँ आखिर उन्होंने वह नाम कमा ही लिया, जिसका उनकी सौतेली माँ ने उनके बचपन में वादा किया था।

'नेपोलियन हिल्स गोल्डन रूल मैगजीन' जनवरी 1919 में लिखी, संपादित, मुद्रित की गई और न्यूज स्टैंड्स पर वितरित की गई। लेखकों से लिखवाने के लिए धन की कमी के कारण पहले नौ अंकों के लिए एक-एक शब्द हिल ने ही लिखा। बाद में उन्होंने बताया था, "एक-एक शब्द मैंने लिखा था और अपनी पहचान छिपाने के लिए नकली नाम इस्तेमाल किए थे।"

केवल एक लेखक के सहारे 'नेपोलियन हिल्स गोल्डन रूल मैगजीन' को सफलता मिलनी तो नहीं चाहिए थी, लेकिन मिली। पहला अंक इतनी जल्दी बिक गया कि उसे तीन बार छापना पड़ गया था।

अक्तूबर 1920 तक हिल ने 'नेपोलियन हिल्स गोल्डन रूल मैगजीन' का स्वामित्व गँवा दिया। इसके बाद उन्होंने पूरे अमेरिका की यात्रा शुरू कर दी और उत्साह भरे व्याख्यान देने लगे। वे जहाँ भी जाते, उनका भारी स्वागत होता।

सन् 1921 में हिल शिकागो से न्यूयॉर्क चले गए और वहाँ उन्होंने 'नेपोलियन हिल्स मैगजीन' शुरू की और पहला अंक अप्रैल 1921 में छापा। इसमें भी अधिकतर लेख उन्होंने ही लिखे थे। लेकिन कुछ लेख उन्होंने अन्य लेखकों से भी लिखवाने शुरू कर दिए थे, जिनमें तमाम तरह के विषय शामिल होते थे। इन लेखकों में डॉक्टर, व्यापारी और मनोवैज्ञानिक शामिल थे। हिल ने आत्मविश्वास

हासिल करने, अपने को किस तरह से बेचा जाए और किस तरह से बेहतर नौकरी पाई जाए, के बारे में व्याख्यान देने शुरू कर दिए थे।

हिल ने विक्रय, विज्ञापन से जुड़े लोगों और नागरिक संगठनों तथा कॉलेजों में अपने व्याख्यानों का प्रचार करने के लिए अपनी पत्रिका का इस्तेमाल किया। हिल के व्याख्यानों की माँग इतनी ज्यादा हो गई थी कि उन्हें अपने खर्चे के अलावा 100 डॉलर की फीस मिलने लगी थी।

भावनाओं से भरे भाषण

नेपोलियन अपने सार्वजनिक भाषण के कॅरियर से बहुत खुश थे, क्योंकि इससे उन्हें अपने शिक्षण का वास्तव में अपने शब्द और बोलने की शैली से प्रभावित श्रोताओं पर असर देखने को मिलता था। उनके भाषण भावनाओं से भरे होते थे और अकसर उनमें 'बाइबिल' की कहावतें शामिल होती थीं, जो निस्संदेह उन्हें श्री फोर्क्स प्रिमिटिव बैप्टिस्ट चर्च के उपदेशों के कारण याद थीं।

हिल ने बुनियादी तौर पर दो मुख्य विषयों पर फोकस किया, जिनमें से एक थी—'मैजिक लैंडर टू सक्सेस'। यह उनकी दूसरी पुस्तक थी और सन् 1930 में प्रकाशित हुई थी। दूसरा विषय था—गोल्डन रूल फिलॉसफी, जो उनके भाषणों और लेखन का दिशा-निर्देशन करता रहा। हिल 'अपने जीवन के सात महत्त्वपूर्ण मोड़' के बारे में भी बोले। हिल के संदेश उनकी निजी और पेशेवर जिंदगी—दोनों की असफलताओं और सफलताओं की कहानियों के जरिए प्रसारित होते थे।

सन् 1921 में जब 'नेपोलियन हिल्स मैगजीन' अच्छी-खासी चल रही थी, तभी हिल ने संचार के क्षेत्र में कुछ नया करना शुरू किया। अपने व्याख्यानों के जरिए विज्ञापन करते हुए उन्होंने एक कोर्स तैयार किया, जिसे उन्होंने 'द लॉ ऑफ सक्सेस' नाम दिया। इसे लोग मेल ऑर्डर के जरिए खरीद सकते थे। इसमें दस मुद्रित पाठ थे और छह फोनोग्राफ रिकॉर्ड थे। 'द लॉ ऑफ सक्सेस' खरीदनेवाला हिल को पढ़ भी सकता था और उनकी ओजस्वी आवाज सुन भी सकता था। यह कार्यक्रम ध्वनि प्रेरणात्मक उद्योग के लिए अग्रगामी था। इसके बारे में दावा किया जाता है कि इससे लाखों उत्साही लोगों ने अपने जीवन में सुधार किया।

सन् 1922 तक हिल को व्याख्यानों के लिए न केवल भारी फीस मिलने लगी, बल्कि वे इनके जरिए धनी और मशहूर व्यवसायी लोगों के संपर्क में भी आए। इसके साथ ही वे सफलता के दर्शन के उस काम को करने में लगे रहे, जिसे करने की उन्हें कारनेगी ने चुनौती सौंपी थी।

हालाँकि हिल केवल आम जनता को सफलता का दर्शन सिखाकर खुश नहीं थे। उन्होंने जेल में बंद लोगों को भी सफलता का सूत्र सिखाने का अवसर भी देखा और इसकी आवश्यकता भी महसूस की।

हिल ने जेल में सफलता के दर्शन की शिक्षा देनी शुरू की और इसमें उन्हें तत्काल सफलता मिली। कैदियों को बेहतर जीवन के लिए तैयार करने के लिए आज भी यह जारी है। हजारों कैदियों को हिल की तैयार सामग्री से लाभ हुआ और उन्होंने अपनी नई जिंदगी शुरू करने के लिए उसका इस्तेमाल किया।

नेपोलियन हिल को कुछ व्यावसायिक सौदों में भारी कीमत चुकानी पड़ी। पहले अपने पार्टनर के हाथों उन्होंने 'नेपोलियन हिल्स गोल्डन रूल मैगजीन' गँवा दी और फिर उन्हें 'नेपोलियन हिल्स मैगजीन' को छोड़ने पर मजबूर कर दिया गया। लेकिन नेपोलियन हिल ने विपरीत परिस्थितियों से जैसी वापसी की, वैसी किसी और ने नहीं की, जो इस सिद्धांत की एक बड़ी मिसाल है कि 'प्रत्येक कठिनाई के भीतर उसके बराबर या उससे अधिक लाभ का बीज होता है।'

उसके कुछ समय बाद ही हिल ने रचनात्मक वित्तपोषण से 1,25,000 डॉलर में मेट्रोपॉलिटन बिजनेस कॉलेज शुरू करने के लिए एक इमारत खरीदी।

जब बिजनेस स्कूल पूरी तरह से काम करने लगा, तो साल 1924 में हिल ने एक दिन में तीन-तीन और हफ्ते में पाँच दिन व्याख्यान देना शुरू कर दिया।

वर्ष 1926 आते-आते हिल की मुलाकात डॉन मेलेट से हो चुकी थी, जो ओहियो के कैंटन में 'कैंटन डेली न्यूज' के प्रकाशक थे। अपने बिजनेस स्कूल के प्रबंधन को अपने पार्टनर को सौंपने के बाद हिल ने 'कैंटन डेली न्यूज' के लिए पूर्णकालिक तौर पर काम करना शुरू कर दिया। मेलेट हिल से इतने प्रभावित हुए कि उन्होंने सफलता पर हिल के जीवन भर के अध्ययन और शोध को एक पुस्तक का रूप देने की इच्छा जताई।

लेकिन हिल के साथ अभी एक और अनहोनी होनेवाली थी। उस समय शराबबंदी चल रही थी, और मेलेट ने अवैध रूप से व्हिस्की बेचने वालों को बेनकाब किया था। एक पुलिसवाले ने मेलेट की हत्या कर दी, जो वर्दी उतारने के बाद गैंग्स्टर बन गया था। ऐसा माना जा रहा था कि हिल भी पर्दाफाश करने वालों में शामिल थे, इस कारण उन्हें अपनी जान बचाने के लिए भागना पड़ा। हिल अपनी पहली पुस्तक को प्रकाशित होते देखने ही वाले थे कि उन्हें अपने पार्टनर की हत्या के कारण उस योजना को कुछ दिनों के लिए टालना पड़ा।

हिल को कुछ दिनों के लिए रोका जा सकता था, लेकिन उनसे इस अधिकार

को छीना नहीं जा सकता था। वे कुछ दिनों तक वेस्ट वर्जीनिया में रहे जहाँ उनकी पत्नी के रिश्तेदार रहते थे। इसके बाद अपनी पहली पुस्तक के प्रकाशन के उद्देश्य के साथ वे फिलाडेल्फिया चले गए। भारी-भरकम पांडुलिपि को कई बार ठुकरा दिए जाने के बाद, हिल को एंड्रयू पेल्टन की याद आई, जो 'नेपोलियन हिल्स गोल्डन रूल मैगजीन' के एक सलाहकार थे। पेल्टन ने हिल की रचना को पढ़ा और उनकी पुस्तक के प्रकाशन व वितरण के लिए पूँजी देने के साथ ही हिल को एडवांस के तौर पर एक बड़ी रकम देने के लिए भी तुरंत तैयार हो गए।

हिल ने हर दिन बारह से अठारह घंटे लगाकर अपनी विस्तृत पांडुलिपि को फिर से टंकण और संपादन करने का काम शुरू कर दिया, ठीक वैसे ही, जैसे कि उन्होंने 'नेपोलियन हिल्स गोल्डन रूल मैगजीन' के प्रकाशन के समय किया था। इस बार भी उन्होंने न केवल इस विशाल पुस्तक के हर पन्ने को फिर से टंकण किया, बल्कि इसके एकमात्र संपादक और प्रूफरीडर की भूमिका भी स्वयं ही निभाई। इसका परिणाम यह हुआ कि उनकी पांडुलिपि जीवंत भावों से भरी और काफी बेहतर बन गई। पुस्तक को फिर से लिखने में तीन महीने लगे, और अतत: पुस्तक जिस रूप में सामने आई, उसे देखकर हिल इतना खुश हुए कि अपनी पत्नी से उन्होंने इसे 'पिछले वाले से सौ फीसदी बेहतर' बताया। हिल की पूरी रचना आठ खंड की सीरीज में प्रकाशित हुई। 'द लॉ ऑफ सक्सेस' शीर्षक वाली यह रचना सफलता के विषय पर लिखी गई अब तक की सबसे महत्त्वपूर्ण रचना बन गई।

द लॉ ऑफ सक्सेस

आठ खंड वाले 'द लॉ ऑफ सक्सेस' के एक सेट की कीमत शुरुआत में तीस डॉलर थी। उस समय के लिए यह बहुत बड़ी कीमत थी, फिर भी इसके सेट की बिक्री अच्छी हुई। 'द लॉ ऑफ सक्सेस' से मिलने वाली पहली रॉयल्टी का चेक हिल को वर्ष 1928 में मिला और अगले साल की शुरुआत के बाद से हर महीने औसत रूप से उन्हें 2,500 डॉलर मिलने लगे, जो वर्ष 1929 में बहुत मोटी कमाई थी।

शुरुआत में प्रकाशकों ने 'द लॉ ऑफ सक्सेस' को रिजेक्ट कर दिया था, लेकिन लोगों ने इसे जिस प्रकार हाथोहाथ लिया, जिससे यह उस समय बाजार में मौजूद स्वयं सहायता के कई पुस्तकों पर भारी पड़ी। हिल इसे एक पुस्तक से कहीं अधिक मानते थे। वे इसे उन निर्देशों का एक समूह मानते थे, जो बताते हैं कि जीवन में आगे कैसे बढ़ें! 'द लॉ ऑफ सक्सेस' में हिल ने जितनी भी जानकारियाँ

सामने रखीं, वे कारनेगी की ओर से उन्हें इंटरव्यू दिए गए निर्देशों और अमेरिका के सबसे सफल व्यक्तियों से मिली सलाह के शोध पर आधारित थीं। किसी कानून की व्याख्या नियमों के रूप में की जा सकती है, लेकिन जैसा कि हिल ने लिखा है कि 'द लॉ' सच्चाई थी और पूँजीवाद की सफलता का प्रमाण। 'द लॉ ऑफ सक्सेस' से पहले प्रकाशित कोई भी रचना इससे मुकाबला नहीं कर सकती है।

'द लॉ ऑफ सक्सेस' के मुनाफे से हिल ने सन् 1929 में एक रोल्स-रॉयस कार और न्यूयॉर्क में कैट्सकल माउंटेंस में 680 एकड़ जमीन खरीदी। हालाँकि इसके तुरंत बाद आई महामंदी से हिल की तकदीर भी बिगड़ गई।

वर्ष 1930 तक हर चार में से एक अमेरिकी बेरोजगार था। इस भारी आर्थिक मंदी के दौरान हिल को व्हाइट हाउस से मदद का अनुरोधवाला पत्र मिला। यह सन् 1933 में फ्रैंकलिन डी. रूजवेल्ट के पद सँभालने के बाद की बात थी। हिल ने राष्ट्रपति रूजवेल्ट को उनके मशहूर भाषणों के लिए सुझाव दिए, जो कि मायूसी से गुजर रहे देश के मनोबल को उठाने की कोशिश थी। राष्ट्रपति के इस काम में लगन के लिए हिल को काफी सराहना मिली।

रूजवेल्ट प्रशासन के साथ काम करने के बाद हिल के भाषणों और व्याख्यानों की माँग बहुत ज्यादा बढ़ गई। 'द लॉ ऑफ सक्सेस' की लोकप्रियता के साथ हिल इतने व्यस्त हो गए, जितने वे कभी नहीं थे। व्याख्यानों के लिए वे देश भर की यात्राओं पर जाने लगे।

थिंक एंड ग्रो रिच

सन् 1937 में हिल अपनी सर्वाधिक प्रसिद्ध पुस्तक 'थिंक एंड ग्रो रिच' के प्रकाशन के लिए तैयार थे, जिसे वे पहले 'द थर्टीन स्टेप्स टू रिचेज' नाम देना चाहते थे। तीसरी बार पुनर्लेखन के बाद हिल ने प्रकाशक की खोज शुरू की। इस नई पुनर्लिखित पुस्तक को छापने के लिए एंड्रयू पेल्टन से बेहतर और कौन हो सकता था, जिन्होंने 'द लॉ ऑफ सक्सेस' प्रकाशित करके अपनी और हिल की तकदीर बना ली थी!

पेल्टन पुस्तक के प्रकाशन के लिए तैयार हो गए। शुरू में वे इसे 'यूज योर नूडल टू विन मोर बूडल' नाम देना चाहते थे; लेकिन बाद में हिल के जोर देने पर पुस्तक 'थिंक एंड ग्रो रिच' के नाम से प्रकाशित हुई और तत्काल ही बेहद लोकप्रिय हो गई।

प्रकाशक ने इसकी एक प्रति की कीमत 2.50 डॉलर रखी थी, जो कि सन्

1937 में बड़ी राशि मानी जाती थी। गंभीर आर्थिक मंदी के बावजूद इस पुस्तक के पहले प्रिंट की 5,000 प्रतियाँ कुछ ही सप्ताह में बिक गईं। 'थिंक एंड ग्रो रिच' के प्रकाशन के बाद जल्द ही एक बीमा कंपनी ने इसकी 5,000 प्रतियाँ खरीद लीं। इस कारण वर्ष 1937 के अगस्त माह तक इसकी 30,000 से ज्यादा अतिरिक्त प्रतियाँ छपवानी पड़ी थीं।

महामंदी खत्म होने के पहले ही इस पुस्तक की 10 लाख प्रतियाँ बेची जा चुकी थीं। पचास वर्षों में इसकी 2 करोड़ प्रतियाँ बिक गई थीं। अब तक दुनिया भर में 6 करोड़ से ज्यादा प्रतियाँ बिक चुकी हैं। 'थिंक एंड ग्रो रिच' अब तक की बेस्ट सेलिंग आत्म-सहायता पुस्तक साबित हुई है।

'थिंक एंड ग्रो रिच' के तुरंत ही बेस्ट सेलर बन जाने के कई कारण थे, जैसे कि लोगों को प्रेरित होने की जरूरत और उनके अंदर मौजूद सफलता की चाह। हालाँकि इस पुस्तक की ओर पाठकों के लगातार आकर्षित होते रहने का सबसे बड़ा कारण निश्चित ही वह जानकारी थी, जो 'द लॉ ऑफ सक्सेस' की मूल सामग्री से निकाली गई थी। इसकी प्रेरणा एंड्रयू कारनेगी ने दी थी और यह बीस वर्षों के लोगों के सफल होने के कारणों के बारे में साक्षात्कार और शोध पर आधारित थी। यह शोध हिल ने 'द लॉ ऑफ सक्सेस' के लिए किया था और फिर 'थिंक एंड ग्रो रिच' से ऐसी पुस्तकें तैयार हुईं, जो निजी विकास की श्रेणी की सर्वाधिक मौलिक पुस्तकें साबित हुईं।

सन् 1938 में 'थिंक एंड ग्रो रिच' की एक प्रति शिकागो के बीमा विक्रेता डब्ल्यू. क्लीमेंट स्टोन को दी गई। तत्काल ही उनकी दिलचस्पी पुस्तक में बताए गए दर्शन में हो गई। स्टोन 'थिंक एंड ग्रो रिच' के इस्तेमाल में इतने सफल हुए कि एक साल के अंदर ही उनकी बिक्री पिछले साल की तुलना में दस गुना ज्यादा बढ़ गई।

वर्ष 1941 तक हिल की लोकप्रियता प्रेस्बाइटेरियन कॉलेज के अध्यक्ष, जैकब्स प्रेस के मालिक और साउथ कैरोलिना टेक्सटाइल फर्म्स जन-संपर्क सलाहकार डॉ. विलियम प्लमर जैकब्स जैसी ताकतों का साथ मिलने से और ज्यादा बढ़ गई। हिल की मुलाकात जैकब्स से सन् 1940 में जॉर्जिया के अटलांटा में हुई थी, जहाँ हिल व्याख्यान दे रहे थे। अपने व्यावसायिक प्रतिष्ठान के लिए हिल को क्लिंटन, साउथ कैरोलिना जाने की जरूरत पड़ी थी, जहाँ जैकब्स रहते थे।

इस प्रोजेक्ट के लिए हिल को अपना निजी उपलब्धि दर्शन एक स्व-सहायता कोर्स लिखना था और एक व्याख्यान श्रृंखला 'द फिलॉसफी ऑफ अचीवमेंट' तैयार करनी थी।

इसे पहले प्रेस्बाइटेरियन कॉलेज में प्रस्तुत किया गया। बाद में पूरे साउथ कैरोलिना और दक्षिण के अन्य प्रांतों में स्कूलों, नगरों एवं कारखानों में व्याख्यान हुए। इसके पीछे इरादा उत्तर के उद्योगों को दक्षिण की ओर आकर्षित करने का था।

अपनी सफलता का दर्शन दोबारा लिखने में हिल को कई महीने लगे और इसे करीब सौ–सौ पृष्ठों की सत्रह पुस्तकों में लिखा जा सका, जिन्हें 'मेंटल डायनामाइट' नाम दिया गया। हिल के व्याख्यान बहुत लोकप्रिय हुए और 'मेंटल डायनामाइट' को जैकब्स प्रेस ने प्रकाशित किया।

सन् 1943 में हिल अपनी व्याख्यान श्रृंखला को कैरोलिना में आम लोगों के बीच ले गए और बहुत तेजी से काफी सारे अनुयायी उनकी ओर आकर्षित हुए। इस काल में हिल को पैसिफिक इंटरनेशनल यूनिवर्सिटी से 'डॉक्टर ऑफ लिटरेचर' की मानद उपाधि भी प्रदान की गई।

सफलता का दर्शन

सन् 1947 में उन्होंने हॉलीवुड में के.एफ.डब्ल्यू.बी. रेडियो पर एक टॉक शो शुरू किया। तीन वर्षों तक हजारों लोगों को हिल की बातें तथा उनके सफलता के दर्शन के बारे में सुनने को मिलता रहा। उनके बारे में कहा जाता था कि जब वे साठ साल के थे, तब पैंतालीस साल के दिखते थे और उनके अंदर पैंतीस साल के व्यक्ति जैसा आकर्षण एवं किसी किशोर जैसी ऊर्जा थी।

रेडियो शो के कारण हिल को कंपनियों और व्यापारिक संगठनों में बोलने का और ज्यादा काम मिलने लगा। सड़सठ साल की उम्र में भी सक्रिय हिल ने एक स्थानीय दंत चिकित्सक के अनुरोध पर शिकागो में भाषण देने का वादा पूरा किया। एक दंत सम्मेलन में दिए गए इस भाषण ने हिल की जिंदगी और लाखों अन्य लोगों की जिंदगियाँ बदल दीं। श्रोताओं में डब्ल्यू. क्लीमेंट स्टोन नाम का एक व्यवसायी भी था, जिसने उस दंत चिकित्सक को पहले ही 'थिंक एंड ग्रो रिच' से परिचित करवा दिया था। हिल अब आंशिक सेवानिवृत्ति का आनंद ले रहे थे। लेकिन स्टोन ने हिल को उनकी सहायता से सफलता का संदेश फैलाने का चुनौतीपूर्ण काम सौंपा।

स्टोन और हिल ने सफलता का संदेश सेल्स ग्रुपों तक पहुँचाने के लिए 'नेपोलियन हिल एसोसिएट्स' नाम की कंपनी बनाई। स्टोन ने बाद में बताया था कि उसने 'नेपोलियन हिल के साथ मिलकर सचमुच जैकपॉट जीत लिया था।' स्टोन और हिल ने मिलकर कई पुस्तकें, कोर्स, व्याख्यान, रेडियो शो और आखिर में कई टी.वी. कार्यक्रम तैयार किए।

साथ काम करना शुरू करने के दो साल के अंदर उन्होंने 'साइंस ऑफ सक्सेस' टेक्स्ट बुक प्रकाशित की, जिसे बाद में 'पीएमए : साइंस ऑफ सक्सेस' कोर्स का नाम दिया गया।

अपने बाकी जीवन भर नेपोलियन हिल और डब्ल्यू. क्लीमेंट स्टोन दूसरों की मदद के लिए सफलता का दर्शन फैलाने के मिशन को जारी रखे रहे—

सन् 1953 में स्टोन और हिल ने 'हाउ टू रेज योर सेलरी' का प्रकाशन किया।

सन् 1954 में स्टोन और हिल ने एक छोटी सी पत्रिका 'सक्सेस अनलिमिटेड' का प्रकाशन शुरू किया। हर अंक में दो व्यवसायियों के प्रेरक संदेश रहते थे।

सन् 1959 में जब हिल पचहत्तरवाँ जन्मदिन मना चुके थे, लेकिन तब भी वे भाषण देते थे और प्यूर्टो रिको, ऑस्ट्रेलिया एवं न्यूजीलैंड जैसे स्थानों की यात्रा करते थे। आमतौर पर ये व्याख्यान स्टोन के साथ संयुक्त रूप से आयोजित होते थे।

सन् 1960 में हिल और स्टोन ने मिलकर एक नई पुस्तक लिखी 'सक्सेस थ्रू ए पॉजिटिव मेंटल एटीट्यूड', जो स्व-सहायता के क्षेत्र में तत्काल ही एक क्लासिक पुस्तक मानी गई और अमेरिका में बहुत तेजी से इसकी 60,000 से ज्यादा प्रतियाँ बिक गईं। 'सक्सेस थ्रू ए पॉजिटिव मेंटल एटीट्यूड' का प्रकाशन दुनिया भर में हुआ और आज भी इसकी बिक्री जारी है।

सन् 1962 में हिल और उनकी अंतिम पत्नी एनी लोऊ ने 'नेपोलियन हिल फाउंडेशन' की स्थापना की। अमेरिका के सबसे धनी इनसान की सोच का यह उत्पाद अद्वितीय है, क्योंकि यह निजी उपलब्धि को प्रोत्साहित करने तथा लोगों को सफलता के लिए बाधाओं से निपटने की प्रेरणा देने के लिए समर्पित है।

सन् 1967 में चौरासी साल की उम्र में हिल ने *'ग्रो रिच विद पीस ऑफ माइंड'* का प्रकाशन किया। 'नेपोलियन हिल फाउंडेशन' के आरंभिक ट्रस्टियों में स्टोन और डॉ. चार्ल्स जॉनसन, एमडी; एनी लोऊ हिल के भतीजे के साथ-साथ वेस्ट वर्जीनिया के सीनेटर जेनिंग्स रैंडोल्फ भी थे, जो हिल को तभी से सहयोग करते आ रहे थे, जब 1922 में सलेम कॉलेज में रैंडोल्फ के दीक्षांत समारोह में हिल ने भाषण दिया था। स्टोन की 'कंपनी कंबाइंड इंश्योरेंस' में बावन वर्षों तक उपाध्यक्ष रहे माइकल जे. रिट जूनियर स्टोन और हिल के साथ यात्रा करते थे तथा दोनों महापुरुषों के काम का लेखन, प्रचार और रिकॉर्डिंग करते थे। रिट जूनियर 'नेपोलियन हिल फाउंडेशन' के पहले एक्जीक्यूटिव डायरेक्टर बनाए गए। आज 'नेपोलियन हिल फाउंडेशन' हिल के सौ वर्षों से ज्यादा समय से शुरू किए

गए कार्यों को जारी रखे हुआ है। हिल और स्टोन दुनिया भर में अपनी वर्तमान लोकप्रियता को महसूस करके खुश होंगे।

हम बहुत ईमानदारी से आशा करते हैं कि आपको भी कई वर्षों पहले बोले गए इन शब्दों से लाभ प्राप्त होगा, जो कि ज्ञान के हिसाब से समय से परे हैं। कृपया ध्यान दें कि मैंने भाषणों और पत्रों से पहले परिचय के रूप में टिप्पणियाँ लिखी हैं, ताकि संदर्भित पृष्ठभूमि की जानकारी मिल सके।

हमें आगे के पृष्ठों में नेपोलियन हिल के महानतम भाषणों के अप्रकाशित संग्रह को प्रस्तुत करते हुए खुशी हो रही है।

—डॉन एम. ग्रीन, डायरेक्टर

नेपोलियन हिल फाउंडेशन

सन् 1917 में नेपोलियन हिल शिकागो में जॉर्ज वाशिंगटन इंस्टीट्यूट चला रहे थे। उस स्कूल में वे जिन विषयों पर भाषण देते थे, उनमें 'बिक्री के सबक', 'अनुप्रयुक्त मनोविज्ञान', 'दस हजार लोगों के विश्लेषण से जो मैंने सीखा' और 'अवसरहीन इनसान' शामिल थे। हिल जिन विषयों पर भाषण देते थे, उनमें से हरेक के वे सचमुच जानकार थे। 'बिक्री के सबक' निश्चित ही उनके सेल्स पीपुल्स को प्रशिक्षण देने के अनुभव से प्रभावित था। हिल के कॅरियर के बारे में जानकारी रखनेवाले जानते हैं कि अपनी जिंदगी के ज्यादातर हिस्से में वे बिक्री की तकनीक सिखाकर आजीविका कमाते रहे। 'लिटिल रेड बुक ऑफ सेलिंग' जैसी सेल्स पर केंद्रित अनेक बेस्ट-सेलिंग पुस्तकों के लिए जाने जानेवाले जेफ्री गिटोमेर जैसे अग्रणी विक्रेता मानते हैं कि सेल्स के बारे में हिल का लेखन सर्वश्रेष्ठ है।

अनुप्रयुक्त मनोविज्ञान पर हिल के सबक का श्रेय इस विषय पर, खासकर 'सोसाइटी ऑफ एप्लाइड साइकोलॉजी' के संस्थापक डॉ. वॉरेन हिल्टन, एबी, एलएलबी के उनके विस्तृत अध्ययन और उसके प्रति दिलचस्पी को है।

डॉ. हिल्टन ने सन् 1914 में पुस्तकों के बारह भागों का संग्रह लिखा था, जिसका उद्धरण हिल अकसर अपनी पुस्तकों में देते थे।

यह भाषण 'दस हजार लोगों के विश्लेषण से जो मैंने सीखा', सन् 1908 में एंड्रयू कारनेगी के साथ शुरू किए गए

काम का प्रत्यक्ष परिणाम था। जब हिल ने सफलता के उनके तरीके जानने के लिए डेल कारनेगी, थॉमस एडिसन, जॉर्ज ईस्टमैन, हेनरी फोर्ड और उस समय के कई अन्य सर्वाधिक समृद्ध लोगों के साक्षात्कार लिये, तब हिल ने लोगों के असफल होने के कारणों को जानने के लिए भी अनगिनत साक्षात्कार लिये। वे अकसर एक प्रश्नोत्तरी की शक्ल में होते थे, जो व्याख्यान या कक्षाओं में बाँट दिए जाते थे या मेल के जरिए बाँटे जाते थे।

हिल ने अपने व्याख्यान एक पुराने एल.सी. स्मिथ टाइपराइटर पर तैयार किए और फिर जॉर्ज वाशिंगटन इंस्टीट्यूट के अपने विद्यार्थियों को उसकी प्रतियाँ बाँटीं। यह सबक सन् 1917 में दिया गया था। 'नेपोलियन' के हस्ताक्षरवाला यह सबक नब्बे से ज्यादा वर्षों तक 'नेपोलियन हिल फाउंडेशन' के संग्रहालय में रहा।

अपने व्याख्यान 'दस हजार लोगों के विश्लेषण से मैंने जो सीखा' में हिल ने 'सफलता की पाँच अपेक्षाओं' को संक्षिप्त रूप में पेश किया। हिल ने 'आत्मविश्वास' और 'उत्साह' को सफलता का सर्वाधिक प्रमुख लक्षण माना। सफलता के लिए तीसरी अपेक्षा थी 'एक निश्चित कार्य योजना' या जिसे दूसरी तरह से 'जीवन का मुख्य लक्ष्य' कहा जाता है। आज हम 'लाभप्रद लक्ष्य' शब्द का इस्तेमाल करते ही हैं। चौथी अपेक्षा थी, 'आपको जो भुगतान मिलता है, उसके बदले अतिरिक्त सेवा देने की आदत।' इस अपेक्षा में उनके 'अतिरिक्त दूरी तय करने के सिद्धांत' की जानकारी मिलती है, जिसमें बिना अनुमति और बिना स्पष्ट निर्देशों के आगे और लगातार आगे बढ़कर काम करना शामिल है। हिल ने 'एकाग्रता' को पाँचवीं अपेक्षा माना है और सलाह दी है कि किसी भी काम में सफलता पाने के लिए एकाग्रता आवश्यक है।

—डॉन ग्रीन

अनुक्रम

दस हजार लोगों के विश्लेषण से मैंने जो सीखा

पिछले आठ वर्षों के दौरान मैंने दस हजार से ज्यादा स्त्री-पुरुषों का विश्लेषण किया, जो दुनिया के काम में अपने लिए उचित क्षेत्र की बेसब्री से तलाश कर रहे थे। संयोग से, अपने काम के जरिए मैंने कुछ ऐसी बुनियादी खासियतों की खोज की, जिनके बिना कोई भी व्यक्ति सफलता की उम्मीद कर ही नहीं सकता। इनमें से पाँच इस लेख में बताई गई हैं।

मैंने कुछ ऐसी चीजों की भी खोज की, जो इनसानों का दिल तोड़ देती हैं और उन्हें इनसानी नाकामी के कबाड़ के ढेर में फेंक देती हैं। यह मेरी ईमानदार आशा है कि इस लेख को पढ़नेवाले हर इनसान को इसमें बताए गए बिंदुओं में से एक या ज्यादा बिंदुओं से फायदा हो। मैं अपनी खोजों के परिणाम केवल अपने इसी गहन इरादे से प्रकाशित कर रहा हूँ कि उनसे मेरे साथी लोगों की जिंदगी का रास्ता कुछ अधिक आसान हो जाए।

मेरा उद्‌देश्य अपनी खोजों का वह हिस्सा आपके पास कम-से-कम शब्दों में पहुँचाना है, जिनके बारे में मुझे लगता है कि ये आपको जिंदगी में अपने 'मुख्य मकसद' की योजना बनाने और उसे हासिल करने में मददगार हो सकते हैं, चाहे वह मकसद कैसा भी हो। मैं आपको उपदेश नहीं दूँगा। जो भी सुझाव मैं दूँगा, वे मेरी उन खोजों पर आधारित हैं, जिन्हें मैंने अपने काम के दौरान हासिल किया है। मुझे विश्वास है कि यहाँ यह बताना उचित होगा कि बीस साल पहले मैं 1 डॉलर प्रतिदिन की मजदूरी पर मजदूरी करता था। मेरे पास न घर था और न दोस्त। मेरे पास थोड़ी सी शिक्षा भर थी। तब मेरा भविष्य बहुत निराशाजनक लगता था। मेरा मनोबल भी टूटा हुआ था। मेरी कोई आकांक्षा नहीं थी। जिंदगी का कोई निश्चित

लक्ष्य नहीं था। मेरे पास मुझे कुछ लोग दिखते थे, कुछ युवा और कुछ बुजुर्ग थे, जिन्हें दुत्कारा जाता था। मैं खुद भी वैसा ही महसूस करता था, जैसा मैं था। जिस तरह की दिनचर्या मैं जी रहा था, मैं उसी का हिस्सा बन गया था।

ऐसा मुझे कभी नहीं लगा था कि मैं कभी कुछ कर पाऊँगा। मुझे लगता था कि मेरी जिंदगी एक मजदूर के रूप में ही बीतनी है। मैं ऐसे घोड़े की तरह था, जिसके मुँह में लगाम थी और पीठ पर जीन कसी हुई थी।

यहीं मेरी जिंदगी में एक मोड़ आया। इस पर ध्यान दीजिए! एक ऐसी टिप्पणी का असर, जो निश्चित ही मजाक के रूप में थी; लेकिन उसने मेरे मुँह से लगाम फिंकवा दी, पीठ से जीन फिंकवा दी और उस तरह से 'दौड़ा' दिया, जिस तरह से कुछ युवा घोड़े कई बार दौड़ते हैं। वह बात एक किसान ने बोली थी, जिसके साथ मैं रहता था। मैं सौ साल तक भी जीवित रहूँ, तब भी वह बात मैं कभी नहीं भूल सकता, क्योंकि उसने उस खराब खाई के अंतराल को एक तरह से काफी कम कर दिया था, जिसे तकरीबन हर इनसान को पार करना होता है, वह थी—असफलता!

वह कथन इस तरह से था, "तुम एक होनहार बच्चे हो। कितनी दयनीय बात है कि तुम स्कूल में होने की बजाय 1 डॉलर प्रतिदिन के लिए मजदूरी करते हो!"

'तुम एक होनहार बच्चे हो!' मैंने अपनी जिंदगी में इतने मीठे शब्द कभी नहीं सुने थे। इस बात ने मेरे अंदर वह पहली आकांक्षा जगाई, जिसे मैंने कभी महसूस किया और संयोग से यह व्यक्तिगत विश्लेषण प्रणाली के लिए प्रत्यक्ष जिम्मेदार है, जो मैंने तैयार किया है। इसके पहले किसी ने मुझे यह नहीं बताया था कि मैं 'होनहार' हूँ। मेरे मन में हमेशा यह बात आती थी कि मैं बेहद सुस्त हूँ। वास्तव में, मुझसे कहा भी जाता था कि 'मैं जड़बुद्धि हूँ'। बच्चे के तौर पर मैंने जहाँ कहीं भी हाथ डाला, मुझे हार ही मिलती थी। इसका बड़ा कारण यह था कि मैं जिनसे जुड़ा था, वे मेरा मजाक उड़ाते थे और मुझे ऐसी चीजें करने के लिए हतोत्साहित करते थे, जिनमें मुझे सबसे ज्यादा दिलचस्पी थी। मेरा काम मेरे लिए चुन दिया जाता था, मेरी पढ़ाई मेरे लिए चुन दी जाती थी और मेरा खेल, तो मुझे सिखाया गया था कि 'खेल तो समय की बरबादी है।'

औसत इनसान जब कामकाजी जिंदगी शुरू करता है तो उसे इस तरह की बड़ी असमर्थता का सामना करना पड़ता है। इसकी प्रत्यक्ष जानकारी होने के बाद मैंने कई साल पहले ऐसी प्रणाली तैयार करनी शुरू की, जो उनकी जिंदगी में जितनी जल्दी संभव हो, उन्हें 'खुद को पाने' में मदद कर सके। मेरे प्रयासों का बहुत

शानदार प्रतिफल मिला; क्योंकि मैंने कई लोगों को ऐसा काम तलाशने में मदद की, जिसके लिए वे सबसे ज्यादा उपयुक्त थे और मैंने उन्हें प्रसन्नता व सफलता की राह पर बढ़ा दिया। कुछेक लोगों को सफलता के लिए वे गुण हासिल करने में मदद की, जिनका जिक्र मैंने इस लेख में किया है।

सफलता की पहली दो अपेक्षाएँ

इस भूमिका के साथ मैं पहले आपको अपने हिसाब से सफलता के लिए पाँच मुख्य अपेक्षाओं में से सर्वाधिक महत्त्वपूर्ण दो अपेक्षाओं के बारे में बताऊँगा। ये हैं—आत्मविश्वास और उत्साह। बाकी तीन के बारे में मैं आगे बताऊँगा।

जिन दस हजार लोगों का मैंने विश्लेषण किया, उनमें से पूरे 90 प्रतिशत में इन दोनों गुणों का अभाव था। मैंने ऐसे पुरुषों का विश्लेषण किया, जो तन और मन से मजबूत थे—ऐसे लोगों का विश्लेषण किया, जो सुशिक्षित थे। कुछ तो कॉलेज ग्रेजुएट थे, लेकिन वे भी उतने ही असहाय थे, जितना मैं तब था, जब उस किसान ने यह बात कही थी, "तुम बहुत होनहार बच्चे हो।"

आत्मविश्वास की कमी झेल रहे लोगों को सलाह देने में मेरा पहला काम उन्हें उनसे खुद से बचाने का था। लाक्षणिक रूप से कहूँ तो उन्हें बाहर मैदान में ले जाना था और जिस तरह से घोड़े दौड़ते हैं, उसी तरह से 'दौड़ने देना' था। उन्हें अपनी असली ताकत की खोज करनी थी। उन्हें यह समझना था कि उनकी कमजोरी कहीं और नहीं, केवल उनकी अपनी धूर्त कल्पनाओं में ही रहती है। इस संदर्भ में मैं लोगों को जिस तरह से जगाता था, वह तरीका हर व्यक्ति के हिसाब से अलग-अलग होता है।

सफलता पानेवाले और सफलता न पानेवाले लोगों में अंतर मानसिक क्षमता का होता है। अकसर यह अंतर इनसानों के अपने अंदर छिपी योग्यता का इस्तेमाल करने का होता है। मुझे ऐसा थोड़ा-बहुत संदेह नहीं है कि यह सही है। मैं तो जानता हूँ कि ऐसा ही है! मैंने लोगों का विश्लेषण करके वास्तव में अनुभव से यह जानकारी हासिल की है। आमतौर पर जो इनसान अपनी अंतर्निहित सारी शक्तियों का विकास और इस्तेमाल करता है, उसके अंदर काफी आत्मविश्वास होता है।

आत्मविश्वास क्या है ? मैं आपको बताता हूँ कि यह क्या है! यह एक छोटी काँच की खिड़की है, जिसके जरिए आप अपने शरीर के अंदर की असली शक्ति को देखते और परखते हैं। आत्मविश्वास आत्म-खोज है; आप क्या हैं, उसकी खोज

है और आप क्या कर सकते हैं, उसकी खोज है। यह डर को बाहर निकालता है। यह मानसिक साहस का उपकरण है। यह आम समझ के जरिए इनसानी बुद्धि की रोशनी जलाने जैसा है।

आत्मविश्वास, उत्साह तथा एकाग्रता के कारण ही दुनिया के महानतम आविष्कार हो सके हैं—बिजली की चमकीली रोशनी, ऑटोमोबाइल, बात करने की मशीन, हवाई जहाज, चलचित्र और सारी अन्य महान् यांत्रिक रचनाएँ ऐसे ही उदाहरण हैं।

आत्मविश्वास सारे लाभकर कार्यों के लिए एक बहुत जरूरी गुण है।

तो आत्मविश्वास सारे लाभकर कार्यों के लिए एक बहुत जरूरी गुण है। हालाँकि इसी गुण में हम में से ज्यादातर सबसे ज्यादा कमजोर होते हैं। यह ऐसी कमजोरी नहीं है, जिसके बारे में हम में से ज्यादातर जानते नहीं हैं; लेकिन यह होती इसी रूप में है। आत्मविश्वास-विहीन इनसान बिना स्टीयरिंग के जहाज की तरह होता है। वह सही दिशा में आगे बढ़े बिना ही अपना वक्त बरबाद करता है।

मैं तो चाहता हूँ कि मैं आपको यह बता सकूँ कि पूरा आत्मविश्वास हासिल करने का एकदम सही तरीका क्या है? यह बहुत बड़ा काम होगा। मैं आपको यह सुझाव दूँगा; हालाँकि आत्मविश्वास की दिशा में मैंने अपने पहले कदम उस दिन बढ़ाए थे, जब मैंने सुना था, 'तुम एक होनहार बच्चे हो।' वह पहली बार था, जब मैंने अपने कोट की बाँह में आत्मविश्वास खिंचता हुआ महसूस किया था और इसके साथ ही स्पष्ट तौर पर आत्मविश्वास आ गया।

मेरा एक बहुत करीबी मित्र पैंतीस साल की उम्र का होने के बाद एक सफल दंत-चिकित्सक बना, जो कि उसकी पत्नी की एक बात का नतीजा था। वह अपनी पत्नी के नकली दाँत की जाँच कर रहा था, तभी उसकी पत्नी बोली, "तुम इसी की तरह के नकली दाँत बना सकते हो।" उसने उसी दिन से कोशिश शुरू कर दी और जल्द ही उसने असफल खेती छोड़कर सफल दंत उद्योग में कदम रख दिए। मेरी रेजीडेंट क्लास में एक युवा था, जिसके पास शानदार शैक्षणिक रिकॉर्ड था; लेकिन अभी कुछ समय पहले तक वह कक्षा का सबसे कमजोर छात्र था। उसके पास बहुत सारी योग्यता थी, लेकिन उसके अंदर उनको काम में लेने के लिए जरूरी आत्मविश्वास की कमी थी। कुछ माह पहले वह एक युवती से मिला, जिससे उसे

प्यार हो गया। युवती ने उससे कहा कि वह उस पर विश्वास करती है। मित्र ने उसकी बात का विश्वास किया और परिणामस्वरूप उसने आत्मविश्वास हासिल करना शुरू कर दिया। तीन सप्ताह की छोटी सी अवधि में वह पूरी तरह से बदल गया। अब वह हमारे सबसे अच्छे छात्रों में से एक है। आत्मविश्वास अर्जित करने में कपड़ों की भूमिका क्या है, यह जानना उल्लेखनीय है। ज्यादा पहले की बात नहीं है, जब एक आदमी मेरे पास विश्लेषण के लिए आया। उसे अच्छी-खासी सैलरी मिल रही थी; लेकिन कुछ ऐसी परिस्थितियों के कारण उसे जाना पड़ा, जिसके लिए वह जिम्मेदार नहीं था। मैंने उससे पूछा कि उसके पास कितना धन है? उसने बताया, "पचहत्तर डॉलर।" मैंने उससे इसका एक-तिहाई हिस्सा एक नया सूट खरीदवाने पर खर्च करने को कहा। वह दुविधा में पड़कर नीचे देखने लगा, क्योंकि वह इतना खर्चा वहन नहीं कर सकता था। हालाँकि मैंने जोर दिया और उसे कपड़े खरीदवाने ले गया।

इसके बाद मैंने उसे मोची के पास जाने और अपने जूतों की एड़ी ठीक कराने को कहा। इसके बाद मैंने उसे अपने जूते चमकवाने और क्लीन शेव करने तथा बाल कटवाने के लिए कहा। इसके बाद मैंने उसे एक बड़ी कंपनी के अध्यक्ष से मिलने के लिए भेजा, जिसने उसे 300 डॉलर प्रति वर्ष की नौकरी पर रख लिया। अगर मैं उसे नए सूट और क्लीन-अप के बिना उस कंपनी के अध्यक्ष के पास इंटरव्यू के लिए भेजता तो अधिक संभावना थी कि उसे वह पद नहीं मिल पाता, क्योंकि उसके पास उचित आत्मविश्वास था ही नहीं। अच्छे और तरतीबवाले कपड़े, पॉलिश किए जूते और क्लीन शेव कोई विलासिता की बातें नहीं हैं। व्यवसायी लोगों के संपर्क में आनेवाले लोगों के लिए ये जरूरत हैं।

ऐसे ही कुछ तरीके मैं जानता हूँ, जिनके जरिए लोगों ने आत्मविश्वास अर्जित करने की दिशा में पहला कदम बढ़ाया है। मैंने गौर किया है कि बिना महत्त्वाकांक्षा के आत्मविश्वास नहीं होता। दोनों साथ-साथ चलते हैं।

सफलता की दूसरी अपेक्षा

सफलता के लिए दूसरी अपेक्षा उत्साह है, जो कि ऐसी ऊर्जावान् शक्ति है, जो आत्मविश्वास को कार्य में लाती है। उत्साह ट्रेन का इंजन चलानेवाली भाप की तरह होता है। सबसे शक्तिशाली इंजन बंकर में कोयले के साथ पटरी पर खड़ा हो सकता है और इंजीनियर भी कैब में हो सकता है; लेकिन अगर भाप नहीं है तो पहिए नहीं चलेंगे, इंजन नहीं बढ़ेगा।

बिल्कुल ऐसा ही इनसानी मशीन के साथ होता है। अगर उत्साह नहीं है तो काम बहुत थोड़ा होगा या नहीं होगा। आत्मविश्वास और उत्साह के गुणों का अभाव ज्यादातर लोगों के और सफलता के बीच खड़ा होता है। यह मेरी कोई अटकलबाजी नहीं है। मैंने हजारों मामलों में यह साबित किया है। आज भी मैं सप्ताह में सैकड़ों मामलों में इसे साबित कर रहा हूँ। उत्साह ऐसी चीज है, जिसमें धोखाधड़ी नहीं की जा सकती है। असली चीज से ही बिल चुकाया जा सकता है। जब आपको कोई ऐसा काम मिल जाए, जिसे आप पूरे दिलो-दिमाग से कर सकते हों, जिसे आप सबसे ज्यादा पसंद करते हों तो उत्साह आमतौर पर अपने आप आ जाता है।

सफलता की तीसरी अपेक्षा

सफलता की तीसरी अपेक्षा एक निश्चित कार्य-योजना है—जिंदगी में 'मुख्य उद्देश्य' के साथ काम करने की आदत है। पेशेवर निदेशक के तौर पर अपने काम से मैंने जाना है कि अधिकतर लोगों के पास इस तरह की कोई योजना नहीं होती। बिना सुपरिभाषित योजना के, बिना पूर्व निर्धारित उद्देश्य के काम करनेवाले लोग कहीं खास जगह नहीं पहुँच पाते और उनमें से कई तो कहीं नहीं पहुँच पाते। मैं अपने व्यक्तिगत विश्लेषण की जाँच करता हूँ और उसे पूरा भरा जाना चाहिए। इस चार्ट में यह प्रश्न रहता है—

"आपकी जिंदगी का मुख्य उद्देश्य क्या है?"

इस प्रश्न के उत्तरों की वास्तविक तालिका से पता लगता है कि हर पचास में से केवल एक व्यक्ति के पास कोई 'मुख्य उद्देश्य' होता है। हालाँकि कुछेक के पास किसी तरह का एक वास्तविक उद्देश्य, 'मुख्य' या अन्यथा होता है, फिर भी जिन लोगों का मैंने विश्लेषण किया, उनमें से तकरीबन सभी सफलता की अपेक्षा करते हैं; लेकिन कब, कैसे और किस कारण से, ज्यादातर लोग यह कहते नहीं हैं।

कुछ सप्ताह पहले मैं खड़ा हुआ कुछ लोगों को एक गगनचुंबी इमारत पर काम करते देख रहा था। वह इमारत बहुत बड़ी थी और अपने आसपास की सारी इमारतों से काफी ऊँची थी। एक लिफ्ट नीचे आई। उसने एक छोटी स्टील की कड़ी उठाई, उसे सही जगह पर चढ़ाया और काम करनेवालों ने जल्द ही उसे इस बड़ी इमारत में स्थायी तरीके से फिट कर दिया।

तब मेरे दिमाग में यह बात आई—यह इमारत तो केवल ईंटों, लकड़ियों,

स्टील की कड़ियों और बिल्डिंग मैटीरियल से बनी है। जब हम सफल हो रहे लोगों का विश्लेषण करते हैं तो यही विचार लागू होता है। किसी बड़े पद को सँभालनेवाले व्यक्ति ने अपने लिए वह जगह बहुत सारे छोटे-छोटे कार्यों को बहुत अच्छी तरह से पूरा करके बनाई है।

लगभग हर इनसान 'बड़ी जगह' चाहता है और वह उसके योग्य हो भी सकता है; लेकिन सौ में से एकाध को ही पता होता है कि उसे कैसे हासिल करना है। कोई 'बड़ा पद' कोई ऐसी चीज नहीं है, जो किसी झाड़ी पर लटकी हो और जो भी पहले जाएगा और उसे खींचकर ले लेगा।

यह तो बहुत सारे छोटे पदों या कार्यों का कुल योग है, जिसे बहुत कुशलता से भरा गया है। जरूरी नहीं कि अलग-अलग कंपनियों में ही वे काम किए गए हों, लेकिन अकसर एक ही कंपनी में किए गए काम होते हैं। कोई बड़ा पद उसी तरह से बनाया जाता है, जिस तरह से कोई गगनचुंबी इमारत बनती है—पहले निश्चित योजना बनाई जाती है और फिर उस योजना के अनुसार चरणबद्ध तरीके से निर्माण होता है।

इस नियम का एक संभावित अपवाद केवल वह इनसान हो सकता है, जो किसी 'बड़े पद' को 'खींचकर' ही पा ले। ज्यादातर नियमों के अपवाद होते ही हैं; लेकिन आपको अपने आप से यह सवाल पूछना चाहिए, "क्या मैं जिंदगी को ऐसे ही चलते रहने देना चाहता हूँ और आगे बढ़कर 'खींचने' का अवसर लेना चाहता हूँ?" अपने को देखिए और मैं यह कहने की हिम्मत करता हूँ कि 'खींचकर' सफल होनेवाला एक व्यक्ति होगा तो सौ लोग 'धक्के' से सफल हो रहे होंगे!

मंजिल तक पहुँचने की निश्चित योजना के बिना आप सफलता हासिल नहीं कर सकते।

सफलता के कई स्तर होते हैं, ठीक वैसे ही जैसे कि सफलता क्या है, इसके बारे में अलग-अलग विचार होते हैं; लेकिन सफलता का आपका विचार चाहे धन एकत्रित करने का हो या मानव जाति की कोई महान् सेवा करने का हो अथवा दोनों ही हों; लेकिन जब तक आपके पास एक 'मुख्य उद्देश्य' नहीं होगा, तब तक आपके सफलता पाने के आसार नहीं बन सकते। सफलता तक पहुँचने के लिए एक निश्चित योजना के साथ निश्चित लक्ष्य होना चाहिए।

कोई भी वास्तुशिल्पी तब तक इमारत का निर्माण शुरू नहीं करता, जब तक

कि वह अपने दिमाग में पहले उसकी पूरी तसवीर न बना ले। इसके बाद वह उस तसवीर के विवरण को ब्लू प्रिंट में सावधानीपूर्वक बदलता है और कोई भी इनसान तब तक लाभकारी सफलता की उम्मीद नहीं कर सकता, जब तक कि वह पूरी इमारत की योजना न बना ले और तय न कर ले कि वह कैसी होगी। वोकेशनल डायरेक्टर के रूप में अपने काम के दौरान मैंने पाया कि सौ में से केवल एक के पास ही आगे की योजना होती है, जो तय किए रहते हैं कि आगे के एक साल में उन्हें क्या करना है। जिसने आगे के दस सालों की योजना बना रखी है, ऐसे पहले इनसान की मुझे अब तक तलाश है!

ऐसे में, आप सोचते होंगे कि दुनिया के 95 प्रतिशत लोग बाकी 5 प्रतिशत लोगों के लिए क्यों काम कर रहे हैं? क्या आप सोचते हैं कि क्यों बहुत सारे स्त्री-पुरुष अपने बुढ़ापे के लिए कुछ भी जमा किए बिना जिंदगी जीते चले जाते हैं? क्या आपने कभी यह सोचा कि क्यों केवल कुछ ही लोग आगे बढ़ते हैं और बड़ी संख्या में आम लोग असफल क्यों होते हैं?

इससे आपको अपने ऊपर रोशनी डालने का अवसर मिलेगा और आप देख सकेंगे कि आप किस तरह से आत्मविश्वास, उत्साह और जिंदगी में निश्चित उद्देश्य या 'मुख्य उद्देश्य' का आकलन करते हैं।

व्यवसाय का चयन

मैंने जिन लोगों का विश्लेषण किया, उनमें से बहुत बड़ी संख्या में लोग जिन पदों पर हैं, उसका कारण परिस्थितियाँ हैं, पसंद नहीं, यहाँ तक कि ऐसे व्यवसाय करनेवाले लोग भी, जिन्होंने उन्हें खुद चुना है, उनमें भी ज्यादातर मामलों में उन्होंने आत्म-विश्लेषण के सर्वाधिक बुनियादी नियमों की पड़ताल नहीं की हुई होती है। उन्होंने कभी ठहरकर यह नहीं पता किया कि जिस काम में वे लगे हैं, वह उनकी प्रकृति और शिक्षा के हिसाब से सर्वाधिक अनुकूल है या नहीं।

उदाहरण के लिए, अभी हाल ही में एक युवा का मैंने विश्लेषण किया था, जिसने अपने आपको वकालत की प्रैक्टिस के लिए तैयार किया था; लेकिन उस पेशे में उसे निहायत ही नाकामी मिली थी। वह असफल रहा, क्योंकि पहली बात तो यह है कि वह जिस पेशे में उतरा, उसे वह पसंद नहीं करता था; दूसरी बात, उसके अंदर उस पेशे की कोई मूलभूत योग्यता कतई नहीं थी। वह शारीरिक तौर पर काफी विकृत था और इसके परिणामस्वरूप अदालत एवं न्यायाधीशों पर उसका

प्रभाव काफी कमजोर रहता था। उसके अंदर उत्साह और उस ऊर्जा की कमी थी, जिसे हम 'पर्सनैलिटी' कहते हैं और जिसके बिना वह वकील के रूप में सफल होने की आशा नहीं कर सकता था। ऐसे व्यक्ति सलाहकार या 'ऑफिस लॉयर' के रूप में तो कुछ हद तक सफल हो सकते हैं, लेकिन अदालती वकील के रूप में नहीं; क्योंकि उसके लिए मजबूत व्यक्तित्व और ताकत तथा पूर्ण विश्वास के साथ बोलने की बहुत ज्यादा जरूरत पड़ती है। इस खास मामले का आश्चर्यजनक हिस्सा वह तथ्य था कि उस इनसान को यह कभी समझ नहीं आया कि वह वकालत में सफल क्यों नहीं हुआ। उसके और सफलता के बीच बाधा बने उसके नकारात्मक गुणों के बारे में जब मैंने उसे बताया तो उसे यह बात समझनी काफी आसान हो गई। जब मैंने उससे पूछा कि वह वकालत के पेशे में क्यों आया, तो उसका जवाब था, "देखिए, मुझे बस, ऐसा लगा कि यह काम मुझे पसंद होगा!"

"मुझे बस, ऐसा लगा कि यह काम मुझे पसंद होगा!" अपनी जिंदगी के काम को ऐसे ही 'सोचने' के आधार पर चुनना खतरनाक चीज है। आप ऐसे ही बिना सोचे-समझे किसी रेस के घोड़े को नहीं खरीद लेते; आप उसे ट्रैक पर दौड़ते देखना चाहते होंगे। आप ऐसे ही बिना सोचे-विचारे किसी बर्ड डॉग को नहीं खरीद लेते; आप उसका काम देखना चाहेंगे या उसकी नस्ल के बारे में जानना चाहेंगे। अगर आप ऐसे ही संयोग से किसी बर्ड डॉग को चुन लेते हैं तो आपको लगेगा कि आप खुद बंदूक से चिड़ियों पर निशाना लगाने की कोशिश कर रहे हैं!

मैंने एक कोर्ट रिपोर्टर का भी विश्लेषण किया था, जिसने मुझे बताया था— "मेरे पंद्रह साल के अनुभव ने साबित किया कि न्यायाधीश किसी आरोपी से जिरह बहुत कम करते हैं, बल्कि वे उसके वकील से जिरह करते हैं। वही वकील आमतौर पर जीतता है, जो सबसे अच्छा प्रभाव डालता है।" अदालती कामकाज से परिचित व्यक्ति जानता है कि यह बात अकसर सच है। इसलिए, आप देख सकते हैं कि वकालत के पेशे में 'पर्सनैलिटी" की कितनी महत्त्वपूर्ण भूमिका होती है।

वोकेशनल डायरेक्टर के रूप में मेरे अनुभव ने मुझे यह बात समझाई कि बहुत बड़ी संख्या में कारोबारी असफलताओं का कारण यह है कि लोग बिना सोचे-समझे अपने पार्टनर चुन लेते हैं और बिजनेस प्रोजेक्ट शुरू कर देते हैं।

जो इनसान बहुत अच्छा इंजीनियर बन सकता था, वह किराने के व्यवसाय में चला जाता है या फिर इसका उलटा हो जाता है—जो इनसान किराने के व्यवसाय में शायद सफल रहता, वह इंजीनियरिंग के क्षेत्र में उतर जाता है। दोनों ही मामलों

में आमतौर पर असफलता हाथ लगती है। इसके बाद एक और सामान्य गलती इनसान यह करते हैं कि वे अपने दोस्तों में से ही पार्टनर चुनते हैं या जो ट्रेनिंग में उनके ठीक समकक्ष होते हैं, उनमें से चुनते हैं। कुछ साल पहले तीन युवकों ने एक कंपनी बनाई और व्यवसाय शुरू किया। वे सभी इसी व्यवसाय में लगी एक कंपनी में सफल अधिकारी थे और वही व्यवसाय उन तीनों ने शुरू किया था। उनके पास जरूरी पूँजी थी, लेकिन उन्होंने एक घातक गलती कर दी—वे एक सक्षम सेल्स मैनेजर तलाशने में असफल रहे। तीनों-के-तीनों बेहतरीन फाइनेंसर थे। उन्हें 'व्यवसाय' की जरूरत थी! किसी आदर्श कंपनी में एक वित्तीय जानकार, एक योग्य सेल्स मैनेजर और एक अनुभवी क्रेता होता है। इसके बाद उनकी मदद से वे कुछ ऐसे लोगों को नियुक्त करते हैं, जिनके पास वे योग्यताएँ होती हैं, जो उन सदस्यों के पास नहीं होतीं, तब उन्हें फायदा होता है।

हर व्यक्ति में विपरीत स्वभाव, विपरीत प्रकार और विपरीत योग्यताओं के लोग होने चाहिए। एक प्रकार के लोग बैलेंस व्हील के समान होने चाहिए तो दूसरी प्रकार के लोग जेनरेटर की तरह। दोनों तरह के लोग मिलकर एक आदर्श संगठन बना सकते हैं।

एंड्रयू कारनेगी कहते हैं कि उनकी सफलता का मुख्य कारण सही लोगों का चयन रहा है। श्री फ्रैंक ए. वैंडरलिप और श्री जॉन डी. रॉकफेलर भी यही बात कहते हैं। अगर आप सभी सफल व्यक्तियों को रोकें और उनका विश्लेषण करें तो आपको शायद पता लगेगा कि या तो उनके पास उनके व्यवसायों में सफलता के लिए अपेक्षित सारी खूबियाँ हैं या उन्हें पता है कि ऐसे लोगों का चयन कैसे करना है, जो उनकी कमियों को पूरा कर सकें—ऐसे लोग, जो हर बात में लगभग उनके विपरीत हों।

अपने को सेल्समैन कहनेवाले शायद 50 प्रतिशत लोग देखने में ही असरहीन लगते हैं। उनके चेहरे कमजोर होते हैं और उनके बात करने में दम नहीं होता। सेल्समैन अपने खुद के व्यक्तित्व के बल पर और अपनी बात रखने के तरीके के बल पर अपने संभावित क्रेता पर सकारात्मक या नकारात्मक प्रभाव डालता है। ऐसा व्यक्ति, जिसकी शारीरिक संरचना ठीक न हो, या जो बोलने में बाधा महसूस करता हो, या जिसके व्यक्तित्व में किसी और तरह की नकारात्मकता हो, वह ओरल सेल्समैनशिप का काम न करे तो ही बेहतर होगा। अगर उसे सामने आए बिना काम करना हो, तब तो वह सफल हो भी सकता है; लेकिन सीधे सामने आकर तो वह कभी सफल नहीं हो सकता!

कोई मंत्री अपने बाहरी रंग-रूप और वेशभूषा तथा अपनी बात कहने के तरीके के बल पर ही अपने अनुयायियों का दिल जीतता है। अगर आपने बिली संडे के प्रवचन सुनें न हों और केवल पढ़े हों तो आपको हैरानी होगी कि वे कैसे हजारों लोगों को प्रभावित कर लेते थे। उनके खुशनुमा व्यक्तित्व और बात करने के असरदार तथा खास तरीके के बिना उनके प्रवचन निहायत ही अरुचिकर न सही, लेकिन एकदम नीरस और मर्यादाहीन तो लगते ही हैं।

सफलता की चौथी अपेक्षा

सफलता की चौथी अपेक्षा है—आपको जितना भुगतान किया जा रहा है, उससे ज्यादा काम करने की आदत। ज्यादातर लोगों की यह आदत होती है कि उन्हें जितना पैसा मिलता है, वे उससे ज्यादा का काम नहीं करते। मैंने जिन लोगों का विश्लेषण किया, उनमें से 80 प्रतिशत इसी बड़ी गलती से पीड़ित थे।

आपको ऐसे व्यक्ति से स्पर्धा का डर नहीं होना चाहिए, जो कहता है, "मुझे उस काम के पैसे नहीं मिलते, इसलिए मैं वह काम नहीं करूँगा।" वह आपके काम का कभी खतरनाक प्रतिस्पर्धी नहीं हो सकता। आप तो उस व्यक्ति पर निगाह रखिए, जो घंटी बजते ही अपना सामान नहीं समेट लेता या जो काम पूरा होने तक अपनी मेज या कुरसी से नहीं हिलता। ऐसे सहकर्मी पर नजर रखिए, जैसा कि कारनेगी ने कहा है, "ऐसा व्यक्ति आपके पद को चुनौती दे सकता है और भाषण के मंच पर आपको पछाड़ सकता है।"

सफलता की पाँचवीं और अंतिम अपेक्षा बताने से पहले मैं कुछ पलों के लिए विषय से हटने की अनुमति चाहता हूँ। इस लेख का काम पूरा करने के बाद मैंने पाँच बिंदु तय किए थे, जिन पर मैं बोल रहा हूँ, ताकि यह परख की जा सके कि ये अन्य वोकेशनल डायरेक्टरों के अनुभवों से मेल खाते हैं या नहीं। मैं अपनी पांडुलिपि शिकागो के डॉ. जे.एम. फिट्जेराल्ड के पास ले गया, जो शायद दुनिया के सर्वाधिक योग्य वोकेशनल डायरेक्टर हैं।

डॉ. फिट्जेराल्ड ने पांडुलिपि का एक-एक शब्द पढ़ा और उनकी ही अनुमति से मैं यह बता रहा हूँ कि उन्होंने इस लेख में शामिल पाँचों मुख्य बिंदुओं का पूरी तरह से समर्थन किया था।

उन्होंने कहा कि उनका अपना अनुभव भी ठीक इसी तरह का है। हालाँकि लेख पर आगे बढ़ने से पहले मैंने डॉ. फिट्जेराल्ड से पाँच प्रमुख नकारात्मक गुणों

को बताने के लिए कहा, जिन्हें उन्होंने पाया कि वे सफलता और उन लोगों के बीच बाधक हैं, जिनका उन्होंने विश्लेषण किया था। उनका तुरंत और संक्षिप्त जवाब इस प्रकार था—

1. आत्म-विचार का अभाव, अपने बारे में विश्लेषण करने की और अपने लिए सबसे उपयुक्त काम का पता करने की योग्यता की कमी अधिकतर लोगों में होती है।
2. गहन एकाग्रता और प्रवृत्ति का अभाव, जिसके कारण उनसे जितनी अपेक्षा की जाती है, उससे ज्यादा ध्यान वे अपने काम पर नहीं देते।
3. नैतिक आत्म-नियंत्रण का अभाव।

डॉ. फिट्जेराल्ड ने 15,000 से ज्यादा स्त्री-पुरुषों का व्यक्तिगत रूप से विश्लेषण किया था। मिडवेस्ट की अनेक बड़ी कंपनियाँ ऐसे व्यक्ति को किसी महत्त्वपूर्ण पद पर नहीं रखतीं, जब तक कि वह डॉ. फिट्जेराल्ड से उसका विश्लेषण न करा लें। उन्होंने कई लोगों को बुककीपर की मेज से उठाकर सफल अधिकारी तक बना दिया। उन्होंने आमतौर पर लगनेवाले समय से कहीं कम समय में कई क्लर्कों को मैनेजर बना दिया और यह काम उन्होंने उन क्लर्कों को सही व्यक्तिगत विश्लेषण के जरिए सही दिशा में लगाकर कर दिखाया।

मैंने डॉ. फिट्जेराल्ड के काम से संबंधित यह ब्योरा इसलिए दिया, क्योंकि मैं चाहता हूँ कि इस लेख में मैंने जो अपने अनुभव बताए हैं, उन्हें आप केवल मेरी तरफ से न महसूस करें; बल्कि इसलिए करें, क्योंकि ये प्रामाणिक हैं और इनका समर्थन दुनिया के महानतम व्यक्तिगत विश्लेषकों ने किया है। यह बात दिमाग में रखें कि इस लेख में दिए गए मुख्य पाँच बिंदु खोजे गए हैं और उनका वर्गीकरण किया गया है और 25,000 लोगों के व्यक्तिगत विश्लेषण से तैयार किए गए हैं, जिनमें से 10,000 लोगों का विश्लेषण तो मैंने ही किया है और बाकी 15,000 का विश्लेषण डॉ. फिट्जेराल्ड ने किया है।

सफलता की पाँचवीं अपेक्षा

अब मैं सफलता की पाँचवीं और अंतिम अपेक्षा की बात करता हूँ, जिसे मैंने वोकेशनल डायरेक्टर के अपने काम के दौरान खोजा था। मैंने इसे पहले भी बताया है और आगे भी कई बार बताऊँगा, क्योंकि यह इस लेख में शामिल पाँचों बिंदुओं में से सर्वाधिक महत्त्वपूर्ण है।

सफलता की अंतिम अपेक्षा एकाग्रता है! *आप अभी यहीं से अपना मन बना लें कि आपको अपने काम में अगर सफल होना है तो आपको एकाग्र होना ही पड़ेगा।*

आपके पास किसी काम में सफलता के लिए जरूरी सारा ज्ञान हो सकता है—आप जानकारी के लिए इनसाइक्लोपीडिया हो सकते हैं, आप सुशिक्षित हो सकते हैं, आपको अनुभव भी हो सकता है; लेकिन अगर आपने अपनी इन सारी ऊर्जाओं को व्यवस्थित ढंग से निर्देशित नहीं किया तो वे आपके बहुत कम काम आएँगी या बिल्कुल काम नहीं आएँगी।

हमारे स्कूल में एक व्यक्ति है, जो हर हिसाब से प्रतिभाशाली है। वह बहुत अच्छा कारपेंटर है। मैंने उससे अच्छा इलेक्ट्रीशियन कोई दूसरा नहीं देखा। वह बेहतरीन प्लंबर है। इंजीनियर भी उसके जैसे कुछेक ही होंगे। वह पेंट-ब्रश इस्तेमाल करनेवाला चित्रकार भी है। वह बेहतरीन डेकोरेटर है। उसमें ऐसे ही अनगिनत गुण हैं, लेकिन सच्चाई केवल यह है कि वह केवल 18 डॉलर प्रति सप्ताह पर काम कर रहा है!

अगर वह सारा समय केवल इलेक्ट्रिसिटी का ही काम करे तो आसानी से एक सप्ताह में 30 से ज्यादा डॉलर कमा सकता है; लेकिन उसका कहना है कि वह हर उस काम में माहिर है, जो उसे दिया जाता है। उसकी एकाग्रता की शक्ति शून्य है!

एकाग्र होना सीखें

एकाग्रता की शक्ति सफलता के लिए जरूरी है। यह साबित करने के लिए मुझे और कोई उदाहरण देने की जरूरत नहीं है। आप जानते हैं कि बात बिल्कुल ऐसी ही है, जैसी कि मैं कहता हूँ। आप लोग शायद इस बात में ज्यादा दिलचस्पी ले रहे होंगे, "मैं एकाग्र होना कैसे सीखूँ?"

मैंने 'सफलता की महान् जादुई कुंजी' शीर्षक कहानी में एकाग्रता सीखने का अपना पक्ष बताया। अब मैं नीचे दिए गए शब्दों में अमेरिका के सर्वाधिक ख्यातिप्राप्त मनोवैज्ञानिक डॉ. वॉरेन हिल्टन द्वारा दी गई एकाग्रता की और ज्यादा वैज्ञानिक व्याख्या बताऊँगा *(डॉ. हिल्टन ने जो कहा है, उसे पढ़ने से पहले मैं आपको बता देना चाहता हूँ कि उनकी व्याख्याओं का कई विख्यात लोगों ने समर्थन किया है, जिनमें हार्वर्ड यूनिवर्सिटी के स्वर्गीय प्रोफेसर ह्यूगो मुंस्टरबर्ग, येल यूनिवर्सिटी के प्रोफेसर जॉर्ज ट्रंबल लैड, जॉन्स हॉपकिंस यूनिवर्सिटी के प्रोफेसर*

नाइट डनलप और कई अन्य जाने-माने मनोवैज्ञानिक एवं वैज्ञानिक शामिल हैं। उनकी व्याख्याएँ 'लैबोरेटरी ऑफ द सोसाइटी ऑफ एप्लाइड साइक्लॉजी' में किए गए शारीरिक व मनोवैज्ञानिक परीक्षणों पर आधारित हैं)।

सामान्य रूप में कहें तो एकाग्रता को 'एक केंद्र पर या फोकस पर एक साथ लाने के कार्य' के रूप में परिभाषित किया जाता है। इसलिए, मानसिक एकाग्रता मन को किसी एक वस्तु या बिंदु पर केंद्रित करना है।

हम जिस एकाग्रता की बात करते हैं, उसमें कुछ भी असामान्य नहीं है। आपका व्यक्तिगत चरित्र या व्यक्तित्व सहज रूप में ध्यान की एकाग्रता की आपकी प्रशिक्षित आदतों के प्रगतिशील परिणाम से बनता है। धर्म से लेकर राजनीति तक किसी भी विषय पर आपकी जो धारणा होती है, वह आपका अपना ध्यान एकाग्र करने के तरीके का परिणाम होती है।

इस तरह से जो भी ज्ञान आप हासिल करते हैं, वह अतीत के किसी विचार परिसर में समर्पित और छिपा होता है। यह आपके व्यक्तित्व का हिस्सा होता है। यह आपके मन में किसी भी विपरीत धारणा का अपनी सारी अंतर्निहित ऊर्जा के साथ विरोध करेगा।

किसी बच्चे के मन में उसकी माँ का अनुशासन इस तरह बैठा होता है कि सारी विपरीत शिक्षाएँ और आवेगों का विरोध होगा। कोई भी तर्क सच्चे नवधर्मी के मन में उस विश्वास को नहीं हटा सकता, जो धर्म ने जमाया है। केवल सर्वाधिक मजबूत प्रमाण ही किसी आरोपी मित्र के चरित्र में किसी इनसान के विश्वास को डिगा सकता है।

जिंदगी अनुभवों से बनती है *और आपके आचरण तथा चरित्र पर हर अनुभव का प्रभाव ध्यान की एकाग्रता की मात्रा पर निर्भर करता है।*

और स्मृति में प्रत्येक विचार की प्रवृत्ति मन को उन चीजों की ओर मोड़ने की होती है, जो समय या स्थान या अन्य किसी तरह से उससे जुड़ी होती है और इसके प्रभाव की सीमा इसकी जीवंतता पर निर्भर करती है। आप जिसे 'प्यार' करते हैं, उसकी अच्छी तरह से पहचानी आवाज में प्रत्येक नर्म मोड़ की प्रवृत्ति उन चीजों पर आपकी चेतना की गतिविधियों पर एकाग्र होने की होती है, जो आपके प्यार की वस्तु से जुड़ी होती हैं।

हर विज्ञापन, हर शॉप विंडो डिस्प्ले, हर सूची-पत्र, हर व्यवसायी की चाल, हर सेल्समैन का प्रलोभन अपनी प्रभावशीलता के लिए इसके एकाग्रता के प्रभाव

की सीमा पर निर्भर करता है। जिसको संबोधित होता है, उसके ध्यान की एकाग्रता को जिस सीमा तक लाता है, उस पर निर्भर करता है।

अवचेतन में किसी विचार की मौजूदगी मात्र एकाग्रता नहीं है। अगर आप किसी को बताएँ कि किसी घास के मैदान में फैला सफेद कुहरा एक आवरण है, तो यह विचार उसकी चेतना में पल भर के लिए सक्रिय रहेगा और तब आप उसके साधारण ध्यान को किसी अमूर्त अवधारणा की ओर मोड़ने में आसानी से सफल हो सकेंगे। हालाँकि अगर वह भूत-प्रेतों में यकीन करनेवाला है और डर के कारण हड़बड़ा जाता है और मान लेता है कि उसने सचमुच कोई भूत देखा है तो उसकी चेतना में वैज्ञानिक अर्थ में एकाग्रता होती है।

चेतना के सामने प्रस्तुत किया जानेवाला हर विचार कार्य में विश्वास या परिणाम पैदा नहीं करता। पहले उदाहरण में 'भूत' का विचार उस व्यक्ति के दिमाग में पहले से सक्रिय था, लेकिन *साथ में मौजूद अन्य विरोधी विचार और प्रभाव उसकी वास्तविकता से इनकार भी कर रहे थे।* दूसरे उदाहरण में, हालाँकि उसकी चेतना उसके सामने प्रस्तुत 'भूत' के विचार को पूरी तरह से स्वीकार कर लेती है। वहाँ कोई विरोधी विचार या प्रभाव मौजूद नहीं है। वह उस विचार को स्वीकार कर लेता है और उस पर वास्तविकता में यकीन कर लेता है और अपने प्रभाव की लगाम छोड़ देता है तथा उसी के अनुसार वह काम करने लगता है।

तकनीकी रूप से व्याख्यायित एकाग्रता निश्चित ही प्रभाव डालती है और तब उस विचार में विश्वास होता है, जो कि एकाग्रता का विषय है और यह विश्वास उचित मांसपेशीय प्रतिक्रियाओं के लिए प्रभाव-मुक्त करता है। तब हम एकाग्रता को कैसे परिभाषित करेंगे? आसानी से इस तरह से एकाग्रता चेतना के किसी विचार का इस तरह से केंद्रण है कि अगर यह पूरा हो जाए तो सारे प्रतिरोधी विचारों से उबर जाएगा और ऐसे विश्वास के रूप में इसका नतीजा होगा कि यह आचरण पर नियंत्रण करेगा।

जब हम कहते हैं, 'पूरा', तो हमारा मतलब होता है कि संबंधित विचार चेतना में निर्विवाद रूप से प्रभुत्व रखता है। जब यह होता है तो विचार इस तरह से आत्मसात् हो जाता है कि यह व्यक्तित्व का हिस्सा बन जाता है। आप इसे सत्य के रूप में स्वीकार कर लेते हैं। आप उसमें विश्वास कर लेते हैं। यह विश्वास आपके व्यक्तित्व का अंग बन जाता है। यह 'आपका अपना' हो जाता है।

और इस तरह से यह होता है कि प्रभावी एकाग्रता का परिणाम निश्चित रूप

से ऐसे विश्वास के रूप में होता है, जो इस तरह की मांसपेशीय गतिविधि से जुड़ा होता है, जो उस विश्वास के अहसास की ओर झुका होता है। इसलिए कोई हावी होनेवाले विचार और गुण संपूर्ण एकाग्रता के त्वरित परिणाम होते हैं।

एकाग्रता आपके लिए दो तरह से मायने रखती है—

1. यह आपको चीजों का ब्योरा एवं विशेषीकृत ज्ञान देती है और आपको आपके काम का विशेषज्ञ बनाती है।

यह अगासीज से संबंधित है, जिसने एक छात्र को कई दिनों के लिए एक कछुए के सिर के साथ एक कमरे में बंद कर दिया था और तब तक उसे बाहर नहीं निकाला था, जब तक कि उसने वह सबकुछ नहीं सीख लिया था, जो उसे उसके बारे में जानना चाहिए था। कुछ ने इस सुखद परिणाम को कई महीनों तक अकेले चिंतन करने के बाद हासिल किया। सफल छात्रों में एकाग्रता की आदत पड़ गई थी। ये लोग 'प्रकृतिवादी' होने के खिताब के योग्य थे, जिसके लिए अगासीज उन्हें अनुकूल बना रहा था। असफल छात्र हमेशा के लिए 'प्रतिष्ठा और जिंदगी की किताब में धब्बा' बनकर रह गए।

तो, एकाग्रता लाना सीखिए, जिसके बिना किसी चीज के वास्तविक ज्ञान का दिखावा नहीं कर सकते। यह विशेषज्ञों का युग है और विशेषज्ञता का सार किसी चीज का विस्तृत ज्ञान हासिल करना है।

सफल इनसान की जिंदगी में संपूर्णता का गुण जो भूमिका निभाता है, उसका अहसास कुछ लोगों को होता है। करोड़पति व्यक्ति ने आमतौर पर अपनी दौलत का हर डॉलर अपने काम की हर चीज दूसरे व्यक्ति से बेहतर ढंग से करते हुए अर्जित किया होता है।

औसत इनसान सतही होता है। उसका आदर्श वाक्य 'बनिए मत, देखिए' होता है। वह 'अकेले मस्त रहने' की इच्छा रखता है और 'मस्त' रहने की उसकी बहुत मामूली अवधारणा होती है। उसके प्रतिद्वंद्वी को उससे आगे बढ़ने के लिए बस, संपूर्णता का थोड़ा सा उत्प्रेरण चाहिए होता है।

आज आप जो करते हैं, वह और कुछ नहीं, बस, उसका अभ्यास होता है, जो आप कल करने जा रहे हैं और अगर आप अपना काम उस तरह से करते हैं, जैसे कि आपकी जिंदगी उसी मुद्दे पर निर्भर है, तो बड़े काम करने की आपकी क्षमताएँ उसी अनुपात में बढ़ेंगी।

सच्चाई यह है कि संपूर्णता किसी सुपरमैन का विशिष्ट लक्षण होता है और संपूर्णता का रहस्य मानसिक एकाग्रता है।

2. (और यह बिंदु दोनों में से काफी ज्यादा महत्त्वपूर्ण है।) *एकाग्रता का परिणाम, चाहे आप चाहें या न चाहें, अनिवार्य रूप से किसी लक्ष्य की तलाश में आपकी सारी ऊर्जा को आगे बढ़ाने में होता है, जब तक कि आप लक्ष्य पर पहुँच न जाएँ।*

आपकी चेतना का प्रवाह एक सजीव धारा है। यह गतिविधि की एक हिलती हुई, घूमती हुई जलधारा है।

इसके अंदर देखिए और परखिए कि इस पर क्या हो रहा है? आप खुद को एक चीज की दूसरी चीज से विभेद करते नहीं, बल्कि उनके बीच समानताएँ बनाते हुए पाएँगे और कुछ निश्चित विचार, भावनाएँ एवं प्रेरणाएँ हासिल करेंगे तथा बहुत सारी इन चीजों की अनदेखी करेंगे।

यही चीज 'चेतना' कहलाती है। यह उद्देश्य-विहीन धारा नहीं है। यह भौतिक परिवेश की रेखाओं को अपनाते हुए जिंदगी की पहाड़ियों व घाटियों के बीच नहीं बहती। यह वह धारा है, जो जरूरत पड़ने पर पहाड़ के ऊपर भी चढ़ सकती है। यह चेतना 'इच्छा-युक्त' होती है। यह चेतना आपके संरक्षण के लिए मेहनत करती है, आपको मुक्त विकास के लिए प्रोत्साहित करती है और इसके आगे आपको व्यावहारिक सफलता के लिए प्रेरित करती है।

आदत बनाइए

किसी एक हित से संबंधित मुद्दों पर ध्यान केंद्रित करने की आदत बनाइए और आप इसमें मानसिक रूप से बिल्कुल खो जाएँगे। आप वह स्तर हासिल कर लेंगे, जिसके जरिए आप अपनी जिंदगी की सच्चाइयों का अपने लिए मूल्य आकलन कर सकते हैं।

किसी एक विषय पर केंद्रित होने की आदत बनाइए और आप एक स्थायी एवं पूरी तरह से 'स्वामित्ववाली' और स्वचालित दमनकारी शक्ति हासिल कर लेंगे। आप बिना सोचे अनेक अनुपयोगी गतिविधियों से दूर रहेंगे। आप उन खुशियों और मनोरंजन में शामिल होने से बचेंगे, जो आपके मुख्य उद्देश्य को पूरा करने में बाधक हैं। आप अपनी भावनाओं को फालतू में खर्च करने से बचेंगे। आप क्रोध के एक घंटे से भी उतनी ऊर्जा बचा लेंगे, जो एक सफल दिन के लिए काफी होगी।

किसी एक विषय पर एकाग्र होने की आदत डालिए और आपको ऐसी मानसिक स्थिति हासिल होगी, जो अपने आप आंतरिक नियंत्रण के उपकरणों को संचालित करेगी।

आपको आर्थिक रूप से लाभदायक काम करनेवाली ऐसी मानसिक मशीन मिल जाएगी, जिसमें अच्छी तरह से तेल पड़ा होगा और जो अपने आप काम करेगी—बिना घर्षण के, बिना प्रयास के और लगभग बिना चिंतन के।

इसका यह मतलब नहीं कि आपके अंदर वह जोश नहीं रहेगा, जो वीरोचित उपलब्धि की आग को प्रज्वलित करता है। एकाग्रता का सर्वोच्च अर्थ किसी काम में खो जाना, उत्साही लगन होता है। इसका अर्थ इनसान की वह मानसिक स्थिति है, जिसे सेंट पॉल ने 'फर्वेंट' बताया है, जिसका शाब्दिक अर्थ 'भावनाओं में खौलता हुआ' होता है।

परम एकाग्रता से परिपूर्ण अर्थ व्यक्तिगत मानवीय ऊर्जा के हर परमाणु को किसी एकल उद्देश्य में लगा देना होता है। यह दक्षता की पराकाष्ठा होती है। आमतौर पर आपकी भावनाएँ व इच्छाएँ आपकी ऊर्जा को तितर-बितर कर देती हैं और आपको बिना किसी उद्देश्य के खत्म कर देती हैं। अपनी इन शक्तियों को व्यवस्थित और एकाग्र कीजिए और केवल एक प्रश्न अनुत्तरित रह जाता है, "मुझे कौन से लक्ष्य में जीत हासिल होगी?"

एकाग्रता से परिपूर्ण व्यक्ति बनिए और आप अपने उद्देश्य की प्राप्ति में यकीन रखनेवाले उद्देश्यपूर्ण व्यक्ति बन जाएँगे।

एकाग्रताधारक बनिए और आपके पास मानसिक सामंजस्य, सद्भावना एवं एकता होगी, जो आपको निचले दर्जे की मुसीबतों से ऊपर उठा देंगे और आपको खिन्नता, बेचैनी व असंतोष जैसी बाधाओं से मुक्त कर देंगी।

किसी एकल उद्देश्य पर ध्यान केंद्रित करें। अपने आदर्शों को अपने सामने रखें। तब आप अपनी सारी गतिविधियों को अपेक्षित लक्ष्य पर केंद्रित करने में असफल नहीं हो सकते। केवल वही मांसपेशीय आवेश कार्य के रूप में मुक्त होंगे, जो आपकी इच्छा के चिंतन से जुड़े होंगे।

किसी एकल उद्देश्य पर ध्यान केंद्रित करें और आपके पास ऐसी मानसिक स्थिति होगी, जिसके जरिए आप अपने जीवन के अवसरों की पहचान कर सकेंगे। आप चालाकी से, सहजता से और बिना संकोच के उनका चयन करेंगे, जो आपके उद्देश्य में सहायक हों। आप बुद्धिमत्ता से कुछ खास खुशियों व मनोरंजनों का चयन कीजिए और बाकी को अलग कर दीजिए। आपके पास एक अचूक परख होगी, जिसके जरिए आप विलासिताओं और आवश्यकताओं में भेद कर सकेंगे।

किसी एकल उद्देश्य पर ध्यान केंद्रित करें और अकसर आप कितनी भी कम

अपेक्षा करें, लेकिन निश्चित ही, वह समय आएगा, जब आप अपने लिए अवसर देखेंगे और उसे पकड़ेंगे तथा विजयी शॉट लगाएँगे।

यह सफलता का सिद्धांत है। लिंकन का असली मंतव्य यही था; हालाँकि यह उनके सामने उस रूप में नहीं आया था, जब उन्होंने कहा था, "मैं अध्ययन करूँगा और खुद को तैयार करूँगा और एक दिन मेरा मौका आएगा।"

क्या आप दूसरों के दिमागों पर असर डालेंगे? वही सिद्धांत लागू होता है। जिस व्यक्ति से आपको मिलना है, वह एक समस्या है, जिसका समाधान करना है। अगासीज की विधि को अपनाइए। आपके व्यक्ति की अभिरुचियाँ हैं, रुझान हैं, मानसिक स्थितियाँ हैं, आदतें हैं और रुचियाँ हैं, जिन पर आप विचार कर सकते हैं। उसके अंदर वैर है, दृढ़ता है, पूर्वग्रह हैं, जड़ता है, प्रतिरोध है, जिन पर आपको विचार करना चाहिए। आपकी तरह वह भी एक जीवंत चेतना है, आवेगों और अवरोधों से युक्त प्राणी है।

उसके अवरोधों को गिराने की कोशिश न करें, ताकत के तरीके न अपनाएँ। आपका काम उसे इस तरह से शांत करना है कि सारी चीजें उसके प्रतिरोधी कार्यों के साथ अपेक्षित दिशाओं में चल दें। अपना समय उसके दिमाग में ऐसे विचार भरने में नष्ट न करें, जो आपके उद्देश्य के विपरीत हों।

उसकी चेतना एक स्थायी गतिविधि की चीज है। इसे व्यस्त रखना ही होगा। उसके मन में अवांछित विचारों को आने से रोकने के लिए उसमें अन्य चीजें भरनी होती हैं। इसलिए, *उसके ध्यान को अपने ऊपर और अपनी जरूरतों पर एकाग्र करवाइए।* यह हो गया तो समझिए, आपका उद्देश्य पूरा हो गया। आपने वह दिन जीत लिया।

"चीजों को बढ़ाने की आपकी योग्यता," वाल्डो पी वॉरेन कहते हैं, "मुख्य तौर पर उस पर निर्भर करती है, जहाँ से आप पकड़ते हैं। मैं वह कभी नहीं भूल सकता, जब मैंने पहली बार 'महान् फेरिस व्हील' देखा था—दो विश्व मेलों का चमत्कार!

"मैं सबसे ज्यादा प्रभावित उसके आकार से नहीं हुआ था, बल्कि इस तथ्य से हुआ था कि अपने दैत्याकार के बावजूद उसे चलाने के लिए तुलनात्मक रूप से एक छोटा सा इंजन चाहिए होता है।

"अधिकतर पहियों के विपरीत, उसके केंद्र में शक्ति नहीं लगाई गई थी, बल्कि परिधि में लगाई गई थी। इस तरह से, 118 फीट की असाधारण ऊँचाई का

इस्तेमाल होता है। वही ताकत अगर इसकी धुरी पर लगाई जाए तो वह इतनी बेकार रहेगी कि पहिया एक इंच तक न हिले।

"उत्तोलक का सिद्धांत केवल यांत्रिक चीजों तक ही सीमित नहीं होता। यह मानव जाति द्वारा खोजे गए महान् बुनियादी विचारों में से एक है।

"जब आपका प्रगति अभियान बाधाओं से रोका जाता है, चाहे वह अज्ञानता हो, पूर्वग्रह हो, अन्याय हो या विलंब हो; लेकिन आप उत्तोलक का सिद्धांत याद रखिए।

"कहीं कोई ऐसा कदम है, जिसे बढ़ाकर आप घटनाओं की ऐसी श्रृंखला शुरू कर सकते हैं, जो अंततः बड़ी-से-बड़ी बाधा को हटा सकती है। वजनदार पहिए के केंद्र पर ताकत मत लगाइए—उसकी धुरी में फिट होनेवाले किसी दाँते को घुमाइए।"

अपने आप पर नियंत्रण करने की तरह ही दूसरों को प्रभावित करने में सफलता के रहस्य की क्षमता की असली परीक्षा ध्यान केंद्रित करने की योग्यता में निहित है।[1]

एकाग्रता की कला

"अरे, लेकिन एकाग्रता कैसे करें?" आप कहेंगे, "दूसरों का ध्यान केंद्रित करने के काबिल होने में अब तक मैं खुद पर एकाग्रता करने के काबिल नहीं हो सका हूँ।"

धैर्य रखिए, दोस्त! आप एकाग्रता की कला सीखेंगे। ऐसी विधियाँ और युक्तियाँ हैं, जिन्हें अगर ईमानदारी से लागू किया जाए तो वे इस शक्ति को हर किसी की पहुँच में ला सकती हैं। हालाँकि सबसे पहले आपको इस शक्तिशाली हथियार की व्यापक पहुँच का अहसास करना होगा। आपको इसके वैज्ञानिक इस्तेमाल की प्रक्रिया और सिद्धांतों के बारे में कुछ जानना होगा।

हम आदर और विस्मय की भावना में इन महान् सत्यों तक आपको पहुँचाना चाहते हैं; उनके मूलभूत महत्त्व के कारण ही नहीं, बल्कि मानव के इतिहास को बदलने में उसके प्रभाव के कारण भी ऐसा हम कर रहे हैं। धर्म में, युद्ध में, कला में, विज्ञान में, सारे नेक कार्यों में यह दुनिया एकाग्रता की ऋणी है, उत्कृष्ट उद्देश्य पर अटल विश्वासवाली दिव्य प्रतिभाओं की एकाग्रता की ऋणी है।

एकाग्रता के कारण ही अलेक्जेंडर दुनिया का मालिक बन गया था और

दुनिया को जीतने की इच्छा रखने लगा था। एकाग्रता के कारण ही कन्फ्यूशियस ने अपनी जिंदगी अनगिनत मुसीबतें झेलते हुए भी महान् शिक्षा देने में लगा दी और सुकरात ने अपने सिद्धांतों का त्याग करने की बजाय जहर का प्याला पीना पसंद किया था। और पीछे स्मृतियों में जाएँ तो इसने ही जोरास्टर को बनाया, इसने ही अरब के पैगंबर मोहम्मद को तैयार किया। इसकी अटल रोशनी के कारण ही ईसाइयत के संस्थापक नजरेन आए।

यहाँ अमेरिका में एकाग्रता की वजह से हमें वाशिंगटन मिले, जिन्होंने लिंकन को प्रेरित किया। एकाग्रता के कारण ही भाप से चलनेवाली पहली नाव बनी, रुई की चरखी बनी, टेलीग्राफी के रहस्य की खोज हुई, एडिसन 'बिजली के जादूगर' बन गए। एकाग्रता ने ही रॉकफेलर और मॉर्गन को दौलत के शिखर तक पहुँचा दिया। राष्ट्रव्यापी और स्थायी भरोसे पर आधारित एकाग्रता के कारण ही हमारी राष्ट्रीय एकता आपसी विवादों की आग से बची रही।

एकाग्रता ने ही रॉकफेलर और मॉर्गन को
दौलत के शिखर तक पहुँचा दिया।

इनमें से कोई भी उदाहरण मानसिक शक्तियों के जानबूझकर एकाग्र करने का नहीं था। प्रत्येक मामले में भारी और प्रभावी इच्छा उनकी व्यक्तिगत इच्छा की बजाय अन्य प्रभावों के कारण आई थी। यद्यपि सुविचारित एकाग्रता का, स्वैच्छिक एकाग्रता का, कला के रूप में एकाग्रता का अभ्यास कोई नई बात नहीं है। दुनिया के आरंभ से ही, हर दौर में, सभी नस्लों और राष्ट्रों के इतिहास में यह विभिन्न रूपों में प्रकट होती रही है।

कला के रूप में एकाग्रता का प्रयास इसके पहले हमेशा जादू-टोना और रहस्य के आवरण में लिपटा रहता था। ऐसा इस कारण था, क्योंकि भक्तों के पास इस विषय का केवल अनुभवजन्य ज्ञान ही होता था। उन्होंने यह तो पाया था कि एकाग्रतात्मक युक्तियों और विधियों से क्या हासिल हो सकता है; लेकिन उन्होंने जो परिणाम हासिल किए थे, उनके कारणों की उनके पास कोई स्पष्ट व्याख्या नहीं थी।

आश्चर्य में डूबकर वे दूर खड़े काम करने के काबिल तो थे, लेकिन इन परिणामों की किसी तरह की तार्किक व्याख्या कर पाने में असमर्थ थे। उन्होंने इन परिणामों को चमत्कारों या परालौकिक शक्तियों का परिणाम बताया।

सभी युगों और सभी जगहों पर, इनसान मानव शरीर में रोगों को पैदा करने या उनका उपचार करने तथा शांति व समृद्धि देने या कायम रखने की बौद्धिक शक्ति

के सामने झुकता रहा है। इस अनदेखी और अमूर्त शक्ति का चरित्र विभिन्न नस्लों के इनसानों और उनके इतिहास के विभिन्न कालों में अलग-अलग रहा है; लेकिन हमेशा और हर कहीं हमें यह चमत्कारी तथ्य मिलता है कि दुनिया के सभी सभ्य या बर्बर लोग, आमतौर पर, स्वाभाविक रूप से इस अदृश्य शक्ति के आकर्षण की समान विधियों का इस्तेमाल करते रहे हैं और करते हैं।

कलडीन संत किसी चमकीले रत्न में आँखें गड़ाकर तब तक देखता था, जब तक कि वह उस भाव-समाधि में न पहुँच जाए, जिसमें वह परमेश्वर के उद्देश्यों को समझ सकता था। ऐसा ही मिस्र के पुरोहित, फारस के जादूगर और हिंदू फकीर करते थे। ये सभी अब भी नजरें केंद्रित करने की भाव-समाधि अवस्था का अभ्यास करते हैं। टस्कोड्रूगिट्स कहलानेवाले आरंभिक ईसाइयत के एक विचित्र पंथ ने भी प्रार्थना के दौरान चेहरे के पास और नाक की ओर इंगित तर्जनी उँगली को एकटक देखकर समान परिणाम हासिल किए। माउंट एथोस के आश्रम में यूनानी चर्च के संत भी शोर-शराबे की दुनिया से ध्यान हटाने के लिए और पवित्र आत्मा के साथ एकाकार होने के लिए अपनी नाभि की ओर एकटक देखा करते थे। मूर्ति-पूजक भी अपनी मोहक आँखों को किसी छड़ी या पत्थर पर जमाते हैं, जिससे उन्हें सारी शक्ति और कृपा मिलती है।

विएतनामी लोग भी जादूगर के बाएँ कान के पीछे बँधी दो जलती तीलियों की ओर हैरत भरी निगाह से देखते हैं, जिन्हें वह धीरे-धीरे और प्रभावकारी ढंग से अपनी एड़ियों पर घूमता है।

ताबीजों के माननेवालों और मूर्ति-पूजकों के समारोहों में 'रहस्यों' और धार्मिक रस्मों का प्रदर्शन किया जाता है, डायनों का जादू-टोना होता है और पुरोहिती आहुतियाँ दी जाती हैं, भयानक आवाजें निकाली जाती हैं तथा ओझा व तांत्रिक भयानक वेशभूषा धारण करते हैं; लेकिन ये सब तरीके एवं युक्तियाँ इनसानों ने बुरी आत्माओं के प्रयासों को नाकाम करने और नेक आत्माओं को खुश करने के लिए निकाली हैं।

और इन सबमें दो तत्त्व समान रूप से होते हैं। पहला, ये श्रद्धालु की दिलचस्पी पर पकड़ बनाने का काम करते हैं; दूसरा, उसका ध्यान केंद्रित करते हैं, जिसके बाद वे उसे आशा के अहसास में विश्वास की ओर निर्देशित करते हैं। वे इसका इस्तेमाल श्रद्धापूर्वक की गई इच्छा को पूरा करने के लिए कैल्सियम लाइट की तरह करते हैं।

ये सब अलग-अलग तरीके मानसिक एकाग्रता लाने के उपाय ही हैं, जिन्हें हमने किसी विचार पर विश्वास के लिए चेतना को केंद्रित करने में महारत हासिल करने के रूप में परिभाषित किया है।

किसी विचार पर विश्वास के लिए चेतना को केंद्रित करने में महारत हासिल करना ही चेतना है।

संतों की प्रार्थना, हिंदुओं का योग, 'न्यू थॉट' के अनुयायियों का मौन, दार्शनिकों का ध्यान—ये सभी अपने कार्य-साधक सत्य के तत्त्व इस बुनियादी सिद्धांत में ही पाते हैं। रूढ़िवादी ईसाइयों का माला के मनके फेरते हुए प्रार्थना करने से लेकर हिंदू विद्वानों की देह-मुक्त आत्मा—ये सब मानसिक एकाग्रता के प्रकटीकरण और स्तर हैं।

हिंदुओं में प्रचलित तंत्र विद्या पर विचार कीजिए। 'योग' का तो शाब्दिक अर्थ ही है—एकाग्रता। इसे हिंदू रहस्यवाद में परम शक्ति के साथ एकाग्रता या योग के महत्त्व को दरशाने के लिए प्रतीकात्मक रूप से इस्तेमाल किया जाता है।

'श्रीमद्भगवद्गीता' के चौथे अध्याय के अनुसार, कई विशेषज्ञ, शारीरिक इंद्रियों के विचलन से पूरी तरह से मुक्त होने के लिए, 'श्रवण इंद्रिय तथा अन्य इंद्रियों का भी संयम के लिए त्याग कर देते हैं।' अन्य 'भोजन का त्याग करके अपने जीवन का बलिदान कर देते हैं।'

इन अभ्यासों और आरंभिक संतों की आत्म-प्रताड़नाओं में कोई अंतर नहीं है, जिनमें गुरु निर्जन सान्निध्य में चालीस दिनों का उपवास, एक स्तंभ के शीर्ष पर जीवन गुजारनेवाले सिमोन स्टाइलाइट्स का तप शामिल है। इन सारी विधियों को मानसिक एकाग्रता हासिल करने की युक्तियों के रूप में देखना होगा।

अब आप एकाग्रता की कला के अन्य घटक रखने के अपने फायदे के बारे में सोचिए। मानसिक संचालन और प्रक्रियाओं के संदर्भ में आपने सही सत्य जान लिया है। ऐसा करने में आपने काफी दर्द भी झेला है। हालाँकि अब कुछ खास परिणाम हासिल करने के लिए एकाग्रता का अभ्यास करने के लिए कुछ आसान युक्तियाँ अपनाकर इन सिद्धांतों को आजमाने का समय आता है, अतः आपको गुप्त विद्या और रहस्यवाद के चक्कर में फँसने की जरूरत नहीं है।

आप उन तत्त्वों के बारे में जानते हैं, जिनकी सहायता से आपको इनसे निपटना है।

आप उन्हें वास्तविकताओं के रूप में, आधुनिक विज्ञान के प्रदर्शन योग्य

सत्य के रूप में जानते हैं और जब आप इन युक्तियों का इस्तेमाल करते हैं तो आप उनकी प्रभावोत्पादकता के बारे में सवाल नहीं करेंगे। आपको अपनी सफलता पर कोई संदेह नहीं होगा। आप ज्ञान से उपजे विश्वास से प्रेरित होंगे, जो कि रहस्यवादी सूत्रों और पुरोहितों के ज्ञान से कृत्रिम तरीके से पैदा विश्वास से अलग होगा। यह विश्वास परमेश्वर के पुत्र के विश्वास को जानता है। यीशु मानव आत्मा की शक्ति को जानते थे। वे जानते थे कि बीमार को कैसे ठीक करना है, रोटी के एक टुकड़े से कैसे बहुत सारे लोगों को भोजन कराना है तथा वह शांति कैसे देनी है, 'जो समझ पैदा करती है।' यही उनकी संपूर्ण शक्ति का रहस्य था।

हालाँकि यीशु को भी अपनी शक्तियों के प्रदर्शन के लिए कुछ खास परिस्थितियों की जरूरत होती थी। नजारेथ के लोगों के 'अविश्वास' के कारण यीशु भी उनके बीच चमत्कार दिखा सकने में असमर्थ रहे थे और वे यीशु ही थे, जिन्होंने एक ऐसे खास बीमार मनुष्य को ठीक करते समय गहन वैज्ञानिक महत्त्व के इन शब्दों का उच्चारण किया था—

"तुम्हारे विश्वास से ही इस समग्र का निर्माण हुआ है।"

अपेक्षित लक्ष्य के हासिल करने का विश्वास, आस्था वैज्ञानिक तरीके से चाही गई सफलता के लिए उसी तरह से जरूरी है, जिस तरह वे किसी और तरह से चाही गई सफलता के लिए जरूरी हैं; क्योंकि जैसा कि तुमने देखा है, यह वास्तविक शक्तियों का संचार करता है।

हालाँकि वैज्ञानिक विधि में चार विशिष्ट लाभ निहित होते हैं। पहला, इसमें ऐसे विश्वास की जरूरत होती है, जिसे सभी हासिल कर सकते हैं; क्योंकि यह ऐसा विश्वास है, जो नष्ट नहीं करता, निर्माण करता है; *दूसरा, यह ऐसा विश्वास है, जो संपूर्ण है, क्योंकि यह निर्णय पर आधारित होता है; तीसरा, यह ऐसा विश्वास है, जो सतत है, क्योंकि सत्य अपरिवर्तनीय है; चौथा, यह ऐसा विश्वास है, जो आप सोच-समझकर और वैज्ञानिक तरीके से अर्जित कर सकते हैं, क्योंकि अब आप जानते हैं कि किसी खास दिए गए विचार में विश्वास चेतना में उस विचार के प्रभुत्व से कम या ज्यादा और कुछ नहीं है।*

तब, इस तरह से आप विश्वास के बिना कुछ भी हासिल नहीं कर सकते— यह विश्वास उन आदर्शों पर है, जिन पर आपका ध्यान रहता है और विश्वास व आदर्शों तथा उन पर समर्पण के जरिए और उन पर आपकी एकाग्रता के जरिए आपको बेकार की भावनाओं एवं चिंताओं से बचने के लिए, अपनी ऊर्जाओं पर नियंत्रण के लिए, सर्वोच्च अर्थ में सक्षम बनने के लिए और अंतिम स्तर[2] तक जाने

के लिए आंतरिक नियंत्रण हासिल करने का रास्ता बनता है।

अब आपके पास एकाग्रता का डॉ. हिल्टन का कथन है। मैंने उनकी व्याख्याओं को व्यावहारिक और अपनी खुद की खोजों के पूरी तरह अनुरूप पाया है।

अपनी जिंदगी का कार्य कैसे चुनें

पेशे से संबंधित मार्गदर्शन करने को अब तक दुनिया में विज्ञान के रूप में स्वीकार नहीं किया गया है; लेकिन यह किसी व्यक्ति को कोई पेशा चुनने में साधारण बुद्धि का इस्तेमाल करने से नहीं रोकता। दिक्कत यह है कि बहुत सारे लोग 'बिना सोचे-समझे' यह कर लेते हैं। अगर आप किसी ऐसे काम में लगे हैं, जिसमें आपको सफलता नहीं मिल रही है तो अपने आपकी खोज करें और देखें कि क्या आप दिक्कत को नहीं पहचान पा रहे हैं?

संभावना इसकी है कि आप पहचान सकते हैं। बस, अपने जीवन के कार्य में साधारण बुद्धि लगाइए। आप उस तरह से तो अपना विश्लेषण नहीं कर पाएँगे, जिस तरह वह व्यक्ति कर सकता है, जिसके पास वर्षों का तजुरबा है; इसलिए अगर आपको कोई शंका है तो आप अपने आपको किसी ऐसे व्यक्ति के हवाले कर दीजिए, जो लोगों के विश्लेषण का अनुभव रखता हो। ऐसा व्यक्ति निश्चित ही आपकी कमजोरियों को आपसे ज्यादा तेजी से देख सकेगा। हम में से कुछ लोग अपने आपके सबसे अच्छे आलोचक हो सकते हैं, क्योंकि हमारी प्रवृत्ति अपनी कमजोरी की अनदेखी करने की या उन पर बहुत कम ध्यान देने की होती है।

पेशे के चयन में अपनाए जानेवाले कुछ मजबूत नियम हैं, जो हर मामले में लागू होते हैं। शायद ये नियम उतने ही निकट आते हैं, जितने कि इनके सभी मामलों में लागू होने की संभावना होती है।

सुनिश्चित करें कि जो पेशा आपने चुना है, उसे आप प्यार करें! *सुनिश्चित करें कि आप उसके प्रति उत्साहित हों! सुनिश्चित करें कि आप अपने चुने हुए काम के लिए शैक्षणिक रूप से तैयार हों! सुनिश्चित करें कि पेशा ऐसा हो, जिसके जरिए आप ऐसी सेवा देते हैं, जो मानवता के लिए लाभदायक हो! सुनिश्चित करें कि कार्य स्थायी हो! सुनिश्चित करें कि वह कार्य ऐसा हो, जो आपकी सेहत को न बिगाड़े!*

जो आप चाहते हैं, उसे कैसे पाएँ

हम आखिरी और शायद सबसे महत्त्वपूर्ण विषय की ओर आते हैं, जिसे हम 'जो आप चाहते हैं, उसे कैसे पाएँ' नाम देते हैं। इस विषय पर चर्चा के जरिए मैं

आपको दिखाने की कोशिश करूँगा कि इन सिद्धांतों का प्रयोग इस बिंदु के लिए किस तरह से उपयोगी है। सही पेशे के चयन का अर्थ आपके लिए तब तक कुछ नहीं है, जब तक आप उस पेशे को यहाँ बताए व समझाए सिद्धांतों के उचित इस्तेमाल के जरिए विकसित करना नहीं जानते। इस विषय पर मैं विस्तार से इसलिए लिख रहा हूँ, क्योंकि व्यक्तिगत विश्लेषक के रूप में जो कार्य मैंने किया है, उसने मुझे दिखाया है कि औसत व्यक्ति उन सिद्धांतों के बारे में कितने चिंताजनक रूप से अनभिज्ञ है, जिनके बारे में मैं बताऊँगा।

इन सिद्धांतों की अच्छी समझ के बिना इस बिंदु पर जो मैंने लिखा है, वह व्यावहारिक रूप से अनुपयोगी होगा।

आज मानव जाति के सामने जो सबसे विस्मयकारी समस्या है, वह यह सवाल है कि "मैं जो चाहता हूँ, वह कैसे हासिल करूँ?"

अमेरिका में और सारी दुनिया में, बिजनेस ऑफिस में, सड़कों पर चलनेवाली कारों में, शहरों में और खेतों में, जहाँ कहीं भी स्त्री व पुरुष एकत्र होते हैं, तो बातचीत की दिशा इसी बड़े विषय की ओर आ जाती है। विश्लेषक के रूप में शोध करते हुए जो सबसे महत्त्वपूर्ण ज्ञान मैंने हासिल किया, वह शायद यह प्रकृति का सिद्धांत है, जिसे मैं लिखूँगा और इसे लागू करके आप वह पा सकते हैं, जिसे आप पाना चाहते हैं।

जाहिर है कि हम जो पाना चाहते हैं, उसे पाने के एक से ज्यादा तरीके हैं; लेकिन अच्छी तरह से संतुलित और विचारशील व्यक्ति के लिए यह उतना ही स्पष्ट है कि सही तरीका केवल एक है और मेरा यही उद्देश्य है कि इसी सरल तरीके के बारे में अपने आसान-से-आसान शब्दों में आपको बताऊँ।

इस तरह के अति महत्त्वपूर्ण प्रश्न के बारे में बतानेवाले के रूप में खुद को बैठानेवाला मैं कौन हूँ?

मेरा उत्तर है कि मैं उन अनेक हजारों लोगों में से केवल एक व्यक्ति हूँ, जिन्होंने इस सिद्धांत की खोज की है, जिसके उलट मैंने जिंदगी की कठिन घड़ी में आजमाया है और इसे जरूरी पाया है। हजारों लोगों में से केवल मैं ही हूँ, जो मानवीय प्रयास की बड़ी मात्रा के इस रहस्य से जूझा हूँ, जिसे हम 'अनुभव' कहते हैं। इसका ज्यादातर हिस्सा कई वर्षों तक दिग्भ्रमित था और जीवन के उद्देश्य से उसका तारतम्य नहीं था।

मैं केवल वह बता रहा हूँ, जिसे हजारों अन्य लोगों ने भयावह कीमत चुकाकर

दिल के दर्द और निराशा में सीखा है। मैं यह इस उम्मीद से बता रहा हूँ कि आप जिस रास्ते को अपनाना चाह रहे हैं, वह इस विनम्र तरीके से मेरे लिखने के परिणामस्वरूप अधिक आसान और अधिक खुशनुमा हो जाए।

मैं इस बारे में आशान्वित हूँ कि यह सिद्धांत—नहीं, इसे 'प्रकृति का सिद्धांत' कहने दीजिए, जिससे मैं आपको परिचित कराऊँगा, वह वैज्ञानिक रूप से सही है और यह आपको वह अपेक्षित मार्ग बताता है, जिस पर आप चलना चाहते हैं।

इस बारे में मेरे निश्चिंत होने का कारण यह तथ्य है कि पंद्रह वर्षों से ज्यादा समय तक मैंने भरसक इस सिद्धांत को नकारने का प्रयास किया और बिना इसके इस्तेमाल के अपने अपेक्षित लक्ष्य तक पहुँचने की कोशिश करता रहा।

अतः, इसलिए मैंने अपना दृष्टिकोण प्रस्तुत किया है।

मैं न तो इसे मुनाफे के लिए प्रस्तुत कर रहा हूँ और न ही आपके मनोरंजन के इरादे से प्रस्तुत कर रहा हूँ। मैं इसे आपके सामने केवल इस कारण से प्रस्तुत कर रहा हूँ कि केवल मैं ही उस हद तक प्रसन्न और सफल हूँ कि मैं दूसरों को प्रसन्न और सफल करने में मदद कर सकता हूँ।

इस साधारण सिद्धांत की ओर आपका ध्यान खींचने के लिए मुझे जल्दी से यह समझाने दीजिए कि मैं इसकी मौलिक खोज का कोई दावा नहीं करता।

हर व्यक्ति के लिए यह सिद्धांत उसी तरह से उपलब्ध है, जैसे कि वह किसी दूसरे के लिए है और इतना ही नहीं, जब से दुनिया बनी है, तभी से यह हम सबके लिए उपलब्ध रहा है। मैं यह स्पष्टीकरण इसलिए दे रहा हूँ, ताकि आप अपने मन में मुझ पर यह आरोप न लगाएँ कि मैंने प्रकृति के इस महान् सिद्धांत को गूढ़ विद्या का जामा पहनाने की कोशिश की या इस सिद्धांत को 'मानव-निर्मित' उत्पाद के रूप में प्रस्तुत करने की अक्षम्य कोशिश कर रहा हूँ।

बिजली ने दुनिया को एक ऐसी समस्या दी है, जिस पर युगों से विवाद चलता रहेगा। यह एक शक्ति थी और अब भी है—ऐसी ऊर्जा है, जिसके बारे में तुलनात्मक रूप से हम बहुत कम जानते हैं। दुनिया के विकास के एक चरण में हम बादलों में बिजली चमकती देख छिप जाते थे और मानते थे कि यह घमंडी मानवता के लिए ईश्वर का एक तरह का क्रोध है।

हालाँकि फ्रैंकलिन संशयवादी नहीं था! न वह धर्मांध था और खुले दिल का, विचारक और प्रकृति का अध्येता होने के नाते उसने अपनी पतंग में एक चाबी बाँधकर उसे उड़ाया और इस तरह से उसने उस ऊर्जा के साथ संवाद स्थापित किया, जिसे उस दौर के ज्यादातर लोग नहीं समझते थे और उससे डरते थे।

इसके बाद एडिसन आए और प्रकृति के कुछ सिद्धांतों की खोज करके तथा अपने को उन्हें सीखने के लिए अनुकूल बनाकर उन्होंने बिजली का दोहन किया एवं इसे हमारे घर की रोशनी बना दिया, हमारी मशीनरी को संचालित कर दिया और ट्रेनों को चला दिया। एडिसन ने बिजली का आविष्कार नहीं किया। उन्होंने केवल यह खोज की कि उस सिद्धांत का उपयोग किस तरह से किया जाए, जो उनसे पहले कोई भी अपने को उसके अनुकूल बनाकर कर सकता था।

और इस तरह से प्रकृति के इस सिद्धांत से, जिसको लागू करके आप वह पा सकते हैं, जिसे आप पाना चाहते हैं।

इस सिद्धांत को समझाने के लिए मैं आपको बताऊँगा कि इसके इस्तेमाल से आप वह कैसे पा सकते हैं, जो आप पाना चाहते हैं; लेकिन एक बात है, जो मैं आपको नहीं बता सकता और वह है—क्या चाहा जाए?

अब इसी महान् सिद्धांत की तरह मैं दुनिया के अग्रणी अधिकारियों में से एक का उदाहरण देता हूँ। यह वह व्यक्ति है, जिसने इस सिद्धांत की शायद उसी तरह से खोज की थी, जिस तरह से मैंने—जिंदगी की प्रयोगशाला में गहन शोध करके—इसकी खोज की है—

> एक विचार की सामग्री है, जिससे सारी चीजें बनी हैं और जो अपनी मूल अवस्था में, ब्रह्मांड के अंतराल में घुसती है, व्याप्त हो जाती है और उसे भर देती है।
>
> यह पदार्थ एक विचार, वह चीज पैदा करता है, जिसकी किसी विचार के द्वारा कल्पना की जाती है।
>
> मनुष्य अपने विचारों में चीजों का निर्माण कर सकता है और अपने विचार को आकारहीन पदार्थ पर प्रभावित करके वह चीज बना सकता है, जिसे बनाने के बारे में वह सोचता है।
>
> ऐसा करने के क्रम में...वह हर अलग चीज सक्षम तरीके से करके विश्वास और उद्देश्य के साथ उन चीजों की स्पष्ट तसवीर बनाता है, जिन्हें वह चाहता है, वह सब, जिसे हर दिन किया जा सकता है।[3]
>
> "मनुष्य अपने मन में जैसा सोचता है, वैसा ही वह होता है।"

ये शब्द उस समूचे सिद्धांत को बताते हैं, जिसे मैं लिख रहा हूँ अथवा दुनिया के महानतम मनोवैज्ञानिक के एक और इसी तरह के परिचित शब्दों में यह बताया गया है—

"आप जैसा बोएँगे, वैसा ही काटेंगे।"

अगर आपके मन में तनिक भी संदेह है कि किसी चीज के कहीं भी बनाए जाने से पहले उसे आपके मन में बनना चाहिए तो इससे पहले कि आप प्रकृति के इस साधारण सिद्धांत के प्रति संदेहवाद, शंका और अविश्वास के उस बड़े भँवर में फँस जाएँ, जिसमें बहुत सारे वे मनुष्य फँसे हैं, जो अपना मनोवांछित फल पाने में असफल रहे हैं, मैं वह विचार आपको खारिज करने के लिए प्रेरित करता हूँ।

मैं कहता हूँ कि वे मनुष्य, जो 'अपना मनोवांछित फल पाने में असफल रहे हैं'; लेकिन विचार करने के बाद मुझे इस तरह की चीज के संभव होने पर गंभीर शंका है कि कोई व्यक्ति ऐसा मनोवांछित फल पाने में असफल हो सकता है, जिसे वह सचमुच पाना चाहता है!

यहाँ एक स्पष्ट रेखा खींची जानी चाहिए और उसे मन में रखना चाहिए; ऐसे समझिए कि किसी चीज की केवल इच्छा करने और उसे पूरे दिलो-दिमाग से चाहने में, इस तरह से चाहने में बड़ा फर्क है कि आप मन ही बना लें कि आप उसे पाने जा रहे हैं, चाहे उसके लिए कितनी भी कोशिश करनी पड़े और तब उसे पाने के लिए आप आगे बढ़ें।

***जिसके बारे में आप बहुत तीव्रता से सोचें,
आप उसे पा लेंगे।***

यहीं पर एक खतरनाक बिंदु है—यह ऐसी जगह है, जहाँ औसत व्यक्ति इस महान् सिद्धांत से संपर्क और उसकी समझ गँवा देता है। सही बात यह है कि आप चेतना में या अवचेतन में उसे पा रहे होते हैं, जिसके बारे में आप बहुत ज्यादा सोचते हैं। यह ऐसी चीज है, जिसे आप अच्छी तरह से याद रखेंगे।

मैं इस बिंदु को इतना महत्त्वपूर्ण मानता हूँ कि मुझे लगता है कि यह मेरा कर्तव्य है कि इसके लिए मैं एक पल के लिए विषय से हट जाऊँ और आपको समझाऊँ कि आप न केवल वे शब्द पढ़ रहे हैं, जो किसी धर्मांध की पेंसिल से लिखे गए हैं, बल्कि किसी अच्छी तरह से संतुलित बिजनेसमैन के शब्द भी पढ़ रहे हैं, जिसने अच्छी तरह से अभाव और समृद्धि—दोनों को उदारता से परखा है, जो ऐसे अनुभवों से शायद खुद भी गुजरा है, जिनसे आप गुजरे हैं।

मैं आपको इस कारण यह स्पष्टीकरण दे रहा हूँ, क्योंकि मेरे व्यावसायिक अनुभव के बीस में से पंद्रह साल असफलता के रहे। इस असफलता का कारण यह नहीं था कि मेरे पास वह जानकारी नहीं थी, जो मैं आपको दे रहा हूँ; बल्कि

इसका कारण यह था कि सारे प्रयास यह बताने के लिए कर रहा था कि यह सिद्धांत अव्यावहारिक, विकृत और कमोबेश असंतुलित दिमागों की उपज है।

अब मैं बेहतर तरीके से जानता हूँ और दयनीय बात यह है कि मैंने अपने पंद्रह साल गँवा दिए। शायद इस पृथ्वी पर जितने साल मुझे मिले हैं, उसका पाँचवाँ हिस्सा मैंने गँवा दिया है, तब कहीं जाकर मुझे अपनी गलती का पता चला।

मैं बिना योग्यता के आपसे कहता हूँ कि आपकी जिंदगी में कोई भी अपेक्षित स्थिति जब पाने से पहले आप इस सरल सिद्धांत की सच्चाई को स्वीकार करने पर बाध्य हो जाएँगे; इसलिए मुझे भरोसा है कि मैं आपको उन उलझे हुए विचारों से निकालने में मदद कर सकता हूँ, जो इस समय आपको आपकी जिंदगी की वांछित चीजों से दूर कर रहे हैं।

तो यह संदेश एक साधारण व्यापारी का सरल संदेश है, जिसने 'अपने आपको पाया' और जो न केवल यह जानता है कि उसने खुद को पा लिया है, बल्कि वह यह भी जानता है कि उसने खुद को कैसे पाया और वह रास्ता आपको बताने की भी इच्छा रखता है।

अब हम विषय पर आगे बढ़ने से पहले एक बार फिर से साधारण और ठोस शब्दों में प्रकृति के इस सिद्धांत या नियम को बताते हैं, ताकि इसे समझने में कोई गलतफहमी न हो—

हम भौतिक रूप में जो भी चीज बनाते हैं, उसे पहले विचार रूप में बनाना होता है। वे विचार, जिनको हम अपने दिमागों पर केंद्रित करते हैं, वे समय पर भौतिक रूप में खुद को फिर से पैदा करते हैं। हम जिन विचारों पर सबसे ज्यादा सोचते हैं, उन विचारों से हम तादात्म्य स्थापित करने लगते हैं।

मैंने अपनी तरफ से सबसे आसान शब्दों में इस सिद्धांत को बताया है। अब इस सिद्धांत पर अमल करते हैं और देखते हैं कि जब इसका चेतन रूप में इस्तेमाल किया तो कम-से-कम एक प्रामाणिक और ठोस मामले में इसने कैसे काम किया! (हम इस सिद्धांत का इस्तेमाल हमेशा कर रहे हैं; लेकिन अधिकतर समय हम ऐसा अवचेतन रूप से करते हैं और इसके संचालन के जरिए हम अपने खुद के उद्देश्य को पराजित करते हैं।)

इस सिद्धांत की कीमत आपके लिए मोटे तौर पर इस पर निर्भर करती है कि आप इसे संगठित तरीके से चेतन रूप में इस्तेमाल करना सीखते हैं या इसे बिना समझे चेतन रूप से इसका इस्तेमाल करना सीखते हैं!

याद रखिए, जब तक बिजली का उपयोग करना नहीं सीखा गया था, तब तक वह हमेशा लोगों के भय का कारण ही रही और कभी-कभार लोग उस कारण मर भी जाते थे।

जिन सिद्धांतों के बारे में मैं लिख रहा हूँ, उनके साथ भी वैसा ही है—अगर आप उनका दोहन नहीं करेंगे और चेतन रूप से तथा संगठित रूप से उनका इस्तेमाल नहीं करेंगे तो वे पलटकर आपको नष्ट कर सकते हैं।

जिस ठोस उदाहरण का मैं यहाँ इस्तेमाल करूँगा, वह यह है (और मैं इसका इस्तेमाल इसलिए करता हूँ, क्योंकि मैं जानता हूँ कि यह प्रामाणिक है)—

मेरा एक बहुत निकट का व्यक्ति कई वर्षों से धन कमाना चाहता था और यह ऐसी इच्छा है, जो मुझे लगता है, आपके अंदर भी कई बार रहती होगी।

मैं कहता हूँ, वह धन 'चाहता' था; लेकिन वास्तव में उसकी ऐसी केवल 'इच्छा' थी, क्योंकि उसने इस बारे में शायद ही कुछ सोचा था कि बदले में वह क्या देगा या वह धन कमाने के लिए किस तरह से आगे बढ़ेगा? वह धन-दौलत की फसल काटना चाहता था, जबकि मानवता की उपयोगी सेवा की फसल बोना नहीं चाहता था; इसलिए उसका प्रकृति के सिद्धांत—'जो आप बोएँगे, वही आप काटेंगे' से तालमेल नहीं बनता था।

उन बीस वर्षों में से करीब अठारह वर्ष खत्म होने के बाद उसे इस सिद्धांत की समझ आई और उन बीस वर्षों के आखिरी दो वर्षों में उसने न केवल अपनी अपेक्षा के अनुरूप धन कमा लिया, बल्कि उसने दो महानतम खोजें भी कर डालीं, जो थीं—सुखी कैसे बनें? वह धन चाहता था, ताकि वह सुखी बन सके और दूसरों को सुखी होने में मदद कर सके; लेकिन उसके विचार *'प्रभाव'* पर केंद्रित थे और इसलिए उसने उस कारण की अनदेखी की, जिसके जरिए वह प्रभाव बना सकता था।

उन अठारह वर्षों में उसने अपना ज्यादातर समय उन साधनों के बारे में सोचने और उन्हें तैयार करने में लगाया, जिनके जरिए वह वो सब पा सके, जो दूसरे पहले ही बना चुके थे और सफल होने की बजाय उसके विचार उस तक पलटकर आते रहे और उसके उद्देश्य को पराजित करते रहे!

क्यों, क्योंकि वह अपना सारा दिमाग दूसरों को पराजित करने में लगा रहा था और ऐसा करते समय उसने किसी और के लिए नहीं, अपने लिए ही *'हार'* तैयार कर ली थी।

"मनुष्य अपने मन में जैसा सोचता है, वह वैसा ही होता है।"

वह हार के बारे में सोचता था और हार गया! उसने आत्म-सुझाव का गलत इस्तेमाल किया, क्योंकि उसने उसे समझा ही नहीं था।

आत्म-सुझाव एक चमत्कारी शक्ति है, जिसका इस्तेमाल आप जाने-अनजाने वह पाने के लिए करते हैं, जो आप पाना चाहते हैं; लेकिन मैं आपको आगाह करता हूँ कि अगर आपने इस शक्ति का गलत इस्तेमाल किया तो यह आपके पतन का कारण बन सकती है।

मैंने कहा कि मैं आपको बताऊँगा कि वह सब आप कैसे पाएँ, जो आप पाना चाहते हैं; लेकिन आप क्या पाना चाहते हैं, यह तय करने की जिम्मेदारी तो आपके ही कंधों पर है।

इस तरह से आगे बढ़िए—जब आप अपना निर्णय कर चुकें तो जो आपने तय किया है, उसके बारे में आप स्पष्ट रूपरेखा तैयार करें या जो व्यक्ति आप बनना चाहते हैं, उसके बारे में कुछ विवरण लिखें और उस विवरण को याद कर लें।

जब आप इसे याद कर लें तो आपको आत्म-सुझाव की शक्ति का इस्तेमाल करना होगा और अगर आपने चुना कि आप वह चीज बनाने या हासिल करने जा रहे हैं, जिसके बारे में आपने तय किया है तो अपनी तथा अन्य लोगों की पुष्टि करनी होगी। इस पुष्टि को दिन में कम-से-कम एक दर्जन बार कीजिए। अगर जरूरी लगे तो इसे किसी काल्पनिक व्यक्ति के सामने दमदार शब्दों में बोलकर करें।

अब मैं आपको फिर से बहुत सावधान करता हूँ कि आप ऐसी चीज बनाने या पाने का निर्णय करने की गलती न करें, जिसे पाने के बाद आपको उसकी इच्छा न रह जाए। यह सिद्धांत कोई भेदभाव नहीं करता। जैसा आप आदेश देते हैं, यह तो वैसा ही कर डालता है!

कई वर्षों तक मेरी सफल लेखक बनने की इच्छा रही!

किस विषय का लेखक?

अरे, कोई भी पुराना विषय हो—इससे कोई फर्क नहीं पड़ता, क्योंकि मुझे तो अपना नाम लेखक के रूप में छपा हुआ देखना था।

हाल के वर्षों तक यह मुझे पता नहीं चला कि लेखन अंदरूनी भावनाओं की बाहरी अभिव्यक्ति है और पढ़े जाने योग्य कुछ भी बाहर आने से पहले पढ़े जाने योग्य कुछ अंदर तो जाना चाहिए और मानव हृदय की संकट की घड़ी को नए रूप में कहा जाना चाहिए।

आप उसकी ओर आकर्षित होंगे, जो आप अपने विचारों में पैदा करते हैं।

मैंने यह अनधिकृत कथन बोला है कि आप अपने को आकर्षित कर सकते हैं, नहीं, कि आप अपनी उन्हीं चीजों या जिंदगी की उसी अवस्था की ओर आकर्षित होंगे, जिन्हें आपने अपने मन में तैयार किया है।

एक कदम आगे बढ़िए और जो चीज आप पाना चाहते हैं या जो व्यक्ति आप बनना चाहते हैं, उसकी बहुत स्पष्ट और निश्चित मानसिक तसवीर बनाकर अपने विचारों को सुव्यवस्थित करें। इसके बाद उस तसवीर पर ध्यान तब तक केंद्रित करें, जब तक कि आप उसे भौतिक सत्य में न बदल दें। अब आप एकाग्रता के सिद्धांत को समझते हैं, इसलिए उसका इस्तेमाल करें!

आपकी मानसिक तसवीर जिस अनुपात में स्पष्ट और संपूर्ण होगी, उसी अनुपात में इसका भौतिक प्रकटीकरण स्पष्ट और संपूर्ण होगा।

इसके बाद याद रखिए कि किसी चीज को जब-तब पाने की इच्छा भर करना न तो स्पष्ट होता है और न संपूर्ण। एक कदम आगे बढ़िए और मजबूत इच्छा की शक्ति के साथ उसकी तसवीर बनाइए, जिसे आप चाहते हैं और वह तसवीर इतनी स्पष्ट निश्चित होनी चाहिए कि कोई भी, खासकर आप स्वयं, उसे देखकर गलती कर जाएँ।

यह सिद्धांत दुनिया की हर भौतिक चीज को एकत्रित करने पर और मन की हर अवस्था तैयार करने पर लागू होता है। इसके इस्तेमाल के जरिए हम सुखी या दु:खी, समृद्ध या गरीब—जैसा भी हम चाहें, वैसा हो सकते हैं।

यहाँ मैं हर सिद्धांत वही बता रहा हूँ, जिसको आजमाया जा चुका है और जो व्यावहारिक तथा वैज्ञानिक रूप से सही साबित हुआ है। 'जॉर्ज वाशिंगटन इंस्टीट्यूट' के विद्यार्थियों के जरिए मैंने इन सिद्धांतों के उल्लेखनीय परिणाम देखे हैं और कुछ मामलों में तो ये परिणाम त्वरित भी देखे हैं। वास्तव में, मैं यहाँ जिन सिद्धांतों के बारे में बता रहा हूँ, वे संस्थान में पढ़ाए जानेवाले 'विज्ञापन एवं विक्रय' कोर्स के उस हिस्से का ताना-बना हैं, जिसे हम 'आदर्शवादी' हिस्सा कहते हैं—कोर्स के इस हिस्से के जरिए हम विद्यार्थी में चुंबकीय और हँसमुख व्यक्तित्व का विकास करते हैं, जिस पर महारत हासिल किए बिना तकनीक या विज्ञापन की यांत्रिकी अनुपयोगी होगी।

जो लोग 'जॉर्ज वाशिंगटन इंस्टीट्यूट' की नीति से परिचित हैं, उनके लिए यह कोई रहस्य नहीं है कि इसकी विश्वव्यापी लोकप्रियता पूरी तरह से इसी कारण से

है कि इसमें एकदम शुरुआत से ही उस सिद्धांत को लागू किया जाता है, जिसे यहाँ बताया गया है।

इस बात में सचमुच कोई रहस्य नहीं है कि एक साल की उस छोटी सी अवधि में 'जॉर्ज वाशिंगटन इंस्टीट्यूट' ने इन सिद्धांतों के प्रयोग के जरिए 'शुरुआती' चरण में ही ऐसा बिजनेस तैयार किया, जिसने वर्षों सारी दुनिया को कवर कर लिया; ऐसा बिजनेस तैयार किया, जिसने एक साल में ही वह हासिल कर लिया, जो उसी तरह का अन्य कोई स्कूल पाँच वर्षों में करता था।

यह 'जॉर्ज वाशिंगटन इंस्टीट्यूट' की 'शेखी' नहीं बघारी जा रही है। संस्थान को इसकी जरूरत नहीं, बल्कि यह तो इस बात का एक और ठोस सबूत है कि ये सिद्धांत व्यावसायिक रूप से ठोस हैं।

कुछ साल पहले मैंने भी शिकागो के एक सबसे बड़े ऐसे ही स्कूल में इन बेहद बुनियादी सिद्धांतों में से कम-से-कम कुछ सिद्धांतों को पढ़ाने की व्यर्थ कोशिश की थी; लेकिन इसके मालिकों ने मेरा प्रस्ताव यह कहकर ठुकरा दिया था कि ये सिद्धांत 'हमारे इस्तेमाल के हिसाब से ज्यादा आदर्शवादी' हैं। यह स्कूल स्पष्ट तौर पर मानता था कि मेरी योजनाओं का एक हिस्सा 'ज्यादा आदर्शवादी' नहीं था, क्योंकि उसने मेरा विचार पूरी तरह से चुरा लिया।

मैं इस घटना का जिक्र किसी बदले की भावना से नहीं करता हूँ, बल्कि केवल यह बताने के इरादे से करता हूँ कि सही सिद्धांत भी अगर गलत तरीके से इस्तेमाल किया जाएगा तो वह सफल नहीं होगा, न ही यह साबित होगा कि वह सिद्धांत अव्यावहारिक या गलत है। इसका जिक्र मैं यह बताने के लिए भी करता हूँ कि इन सिद्धांतों में से एक या ज्यादा के इस्तेमाल मात्र से सफलता नहीं मिल पाएगी। नहीं, इस स्कूल के मालिकों के साथ मेरा इसलिए कोई वैर भाव नहीं है कि उन्होंने मेरी योजनाओं को चुराने की कोशिश की। अगर मैं ऐसा करूँगा तो मैं इन गुमराह सज्जनों को इस बात का अवसर दूँगा कि वे मुझे गिराकर अपने स्तर पर ले आएँ और इस तरह तो मैं उसी सर्वाधिक अहम सिद्धांत का उल्लंघन करूँगा, जिसका मैंने जिक्र किया है।

अगर कोई व्यक्ति आपका विचार चुराता है तो उसको इसका नुकसान खुद ही जल्द ही भुगतना पड़ेगा। ऐसे व्यक्ति से नफरत करने में समय बरबाद न करें, क्योंकि इससे आप उसका नहीं, अपना ही नुकसान करेंगे।

अगर कोई व्यक्ति आपका विचार चुराता है
तो आप उसे छोड़ दीजिए,
क्योंकि उसको इसका नुकसान खुद जल्द ही भुगतना पड़ेगा।

याद रखिए कि आपके विचार आपके 'व्यक्तित्व' का निर्माण कर रहे हैं; इसलिए इस बात के लिए सतर्क रहिए कि किस तरह के विचार वे निर्माण करने जा रहे हैं!

एक अंतिम विचार, जिसके साथ मैं आपको छोड़े जा रहा हूँ, वह यह है कि कोई व्यक्ति जिस 'बड़प्पन' या 'तुच्छपन' के स्तर तक पहुँचेगा, उसका स्तर इस बात से तय होगा कि वह व्यक्ति उसके साथ होनेवाले गलत काम के लिए किस स्तर तक क्षमा कर सकता है या उसे भूल सकता है!

मुझे एक आप ऐसे व्यक्ति से मिलाइए, जिसके अंदर इतना आत्म-नियंत्रण हो, जो अपने पड़ोसियों की गप्पबाजी की आलोचना से, उसके साथ होनेवाले अन्याय के स्वरों से अपने को अलग-थलग कर सके और तब मैं आपको ऐसे व्यक्ति से मिलाऊँगा, जिसने बड़प्पन की ओर कम-से-कम एक कदम बढ़ाया होगा। अगर आप अपने स्वयं के कल्याण व सुख के बारे में फिक्रमंद हैं तो सहन कीजिए और क्षमा कीजिए, हमेशा के लिए क्षमा कीजिए।

दुनिया के महानतम दार्शनिक के शब्दों को याद रखिए—

"पहला पत्थर वही मारे, जिसने कोई पाप न किया हो।"

किसी भी उपयोगी काम में सफलता हासिल करने के लिए आकर्षक और चुंबकीय व्यक्तित्व आवश्यक है। अगर मेरे बताए सिद्धांत सही हैं तो कोई भी व्यक्ति जब तक अपने मन में घृणा पालता रहेगा, तब तक वह न तो आकर्षक हो सकता है और न चुंबकीय।

□

11 नवंबर, 1918 को प्रथम विश्व युद्ध के खात्मे के संघर्ष-विराम के दिन, नेपोलियन हिल ने लिखा—"कत्लेआम रुक चुका है और सभ्यता एक बार फिर से कायम करना इसका कारण है।"

हिल ने इस दिन टिप्पणी की थी कि वे सफलता के अपने सिद्धांतों में से एक की खोज कर रहे थे, जो था—एक निश्चित मुख्य उद्देश्य। हिल अपने टाइपराइटर पर बैठे और उन्होंने केवल वही करना शुरू किया, यानी कि सचमुच बेहतर तरीके से कैसे किया जाए—

उन्होंने लिखना शुरू किया। बाद में उन्होंने कहा, "जो मेरे दिमाग में आता गया, वह मैंने लिख दिया।" हिल ने कहा था, "यह उनकी जिंदगी के सबसे अहम मोड़ की शुरुआत थी।" हिल ने कहा था कि "युद्ध से एक नया आदर्शवाद आएगा, ऐसा आदर्शवाद, जो 'गोल्डन रूल फिलॉसफी' पर आधारित होगा; ऐसा आदर्शवाद, जो हमें रास्ता दिखाएगा, इसलिए नहीं कि हमारा साथी हमारे लिए कितना कर सकता है, बल्कि हम उसके लिए कितना कर सकते हैं, जो उसकी कठिनाइयों को कम करे और उसे ऐसे समय में खुश करे, जब वह जिंदगी की कठिनाइयों से जूझ रहा हो। लोगों के बीच यह दर्शन लाने और उनके दिलों में उतारने के लिए मैं 'हिल्स गोल्डन रूल' नाम की पत्रिका प्रकाशित करूँगा।"

अपना पहला लेख लिखने के एक सप्ताह के अंदर नेपोलियन हिल इसे शिकागो के प्रिंटर जॉर्ज विलियम्स के पास

ले गए, जिन्हें वे युद्धकाल में व्हाइट हाउस में प्रचार सामग्री पर काम करने के दौरान जानते थे।

'हिल्स गोल्डन रूल मैगजीन' के जरिए हिल वह सब अभिव्यक्त करने लगे, जो बचपन से ही उनके अंदर बन रहा था। जब उनकी सौतेली माँ ने उनकी बंदूक के बदले उन्हें टाइपराइटर खरीदवा दिया था, तब वे स्थानीय समाचार-पत्रों के लिए समाचार कहानियाँ लिखकर उत्साहित हुआ करते थे। यह कहा जाता था कि जब उनके पास कोई काम की खबर नहीं होती थी, तब वे ऐसी खबर का आविष्कार कर लेते थे।

ऐसा शायद उनके थ्री फोर्क्स प्रिमिटिव बैप्टिस्ट चर्च में जाते रहने के कारण होता था, जिसके संस्थापकों में उनके पिता भी थे। वहाँ उन्होंने श्रद्धालुओं की बड़ी भीड़ को उत्साह में भरने की वक्ताओं की योग्यता को समझा था। यहाँ हिल ने सीखा कि वे उस तरह का नाम कैसे कमाएँ, जिसके बारे में उनकी तेरह साल की उम्र में ही उनकी सौतेली माँ ने कहा था कि 'उनके अंदर क्षमता है।' इस प्रभाव के परिणामस्वरूप हिल के लेखन में 'बाइबिल' की बातें होती थीं, कारनेगी व फोर्ड के सबक होते थे और सफलता की अन्य आधुनिक कहानियाँ होती थीं, जिन्हें उन्होंने अपने साक्षात्कारों के दौरान एकत्रित किया था।

'नेपोलियन हिल्स गोल्डन रूल मैगजीन' के पहले अंक में हिल ने अड़तालीस पेज पूरी तरह से खुद लिखे और संपादित किए थे। मुद्रित प्रति जनवरी 1919 में न्यूजस्टैंड्स पर पहुँची। पत्रिका के प्रकाशन के लिए हिल के पास कोई धन नहीं था, जिससे उसके सफल होने के बहुत कम आसार थे; लेकिन वह सफल रही। पहला अंक इतना लोकप्रिय हुआ कि उसे तीन बार छापना पड़ा।

'नेपोलियन हिल्स गोल्डन रूल मैगजीन' की सफलता के साथ ही हिल को व्यक्तिगत रूप से मिलनेवाले आमंत्रणों की

संख्या बहुत बढ़ गई। बड़े-बड़े संगठनों से उनके पास अनुरोध आने लगे और उन्होंने भाषणों के लिए 100 डॉलर की फीस लेनी शुरू कर दी।

एक बार वे लगभग 2,000 छात्रों के बीच भाषण देने के लिए डेवनपोर्ट, आइयोवा गए, जहाँ उन्होंने अपनी नियमित 100 डॉलर की फीस लेने से इनकार कर दिया और उन्हें 6,000 डॉलर का सदस्यता शुल्क मिल गया था।

उसी साल हिल को जैनेसविले, विस्कॉन्सिन में पार्कर पेन कंपनी के जॉर्ज एस. पार्कर का आमंत्रण मिला। हिल के मुताबिक, उनके पहुँचने पर पार्कर ने हिल का हाथ पकड़ा और अपना एक हाथ उनके कंधे पर रखकर बोले, "मैंने आपको यहाँ इसलिए बुलाया, ताकि मैं खुद देख सकूँ कि आप अपने गोल्डन रूल पर विश्वास के प्रति कितने ईमानदार हैं! अब मैंने आपके दिल में झाँक लिया है तो मैं केवल यही कह सकता हूँ—'आप जब तक जीवित रहेंगे, तब तक आपको कभी पता नहीं चलेगा कि आप अपनी पत्रिका के जरिए कितनी ज्यादा भलाई का काम कर रहे हैं'।"

हिल ने उन लोगों की तारीफ की, जो कठिनाइयों से उबरे थे और उनके शुरुआती अध्ययनों में से एक सैम्युअल स्माइल्स का था, जिन्होंने सन् 1859 में व्यक्तित्व विकास की विधा की पहली पुस्तकों में से एक सेल्फ-हेल्प पर लिखी थी। हिल ने जिन लोगों के बारे में लिखा, उनमें से ज्यादातर को अपने प्रयासों में सफल होने में कई साल लगे। उनके उदाहरणों में से एक जोसिया वेजवुड का था, जिन्होंने चीनी मिट्टी के निर्माण की प्रक्रिया को संपूर्ण बनाया। उन्होंने 1 मई, 1759 को अपनी कंपनी बनाई थी, जो आज भी कारोबार में है। 'वेजवुड चाइना' नाम से जानी जानेवाली इस कंपनी की माँग दुनिया भर में है।

हिल ने अपनी जिंदगी सफल लोगों के अध्ययन में बिताई; लेकिन उन्होंने लोगों की असफलता के कारणों को

समझने में भी समय लगाया। काफी प्रशंसित पुस्तक 'लेडीज होम जर्नल' के प्रकाशक एडवर्ड बॉक की जिंदगी का भी हिल ने अध्ययन किया, क्योंकि वे भी दुर्दिनों से उबरकर सफलता के शिखर तक पहुँचे थे। बॉक ने हिल को पत्र लिखा था और वही पत्र 'जॉर्ज वाशिंगटन इंस्टीट्यूट' के छात्रों के लिए हिल के एक व्याख्यान 'अवसर-विहीन व्यक्ति' का आधार बना। एडवर्ड बॉक की कहानी इस बात का उदाहरण है कि लोग किस तरह से दूसरों की पराजय और कठिनाइयों से उबरने के अनुभवों का इस्तेमाल करते हैं।

–डॉन ग्रीन

अवसरविहीन व्यक्ति

अपने पेशे से संबंधित काम में मुझे सैकड़ों लोगों के पत्र मिलते हैं, जो कहते हैं, "मुझे कभी कोई अवसर नहीं मिला!" उनमें से अनेक इस बात की शिकायत करते हैं कि उनकी असफलताओं, अक्षमताओं और कमियों के लिए मुश्किल वक्त जिम्मेदार था। बेचारे लोग, वे नहीं जानते हैं कि वे कितने धनी हैं! उन्होंने यह नहीं सीखा होता है कि अधिकतर कठिनाइयाँ वास्तव में छिपे रूप में उनके लिए वरदान होती हैं। मैंने कभी ऐसे व्यक्ति के बारे में नहीं सुना, जो कड़े अनुभवों से गुजरा हो और उसे मैंने न कहा हो, "बधाई!"

कुछ साल पहले मेरा छोटा भाई लॉ स्कूल से ग्रेजुएट हुआ था। स्कूल में उसने अपने खर्चे का भुगतान खुद किया था। वह पूरे दिन काम करता था और रात को स्कूल जाता था। उपाधि दिवस पर मैंने उसे एक छोटी सी परची लिखकर भिजवाई—

"भाई, तुम्हारे लिए बहुत बड़ा दिन है! यह बड़ा दिन है, क्योंकि तुम कानून सीखना शुरू करने के लिए तैयार हो। लॉ स्कूल के चार वर्षों ने एक बहुत अच्छी नींव डाली है, जिस पर एक स्थायी कानूनी इमारत खड़ी होनी है। ये चार साल तुम्हारे लिए कतई आसान नहीं रहे हैं। मेरे खुद के अनुभव से मैं इसकी परीक्षा कर सकता हूँ। पूरी ईमानदारी से मेरी इच्छा है कि अगले चार वर्षों के दौरान तुम अनुभव की प्रक्रिया पूरी कर लोगे और सचमुच के वकील बन जाओगे। मुझे तुम पर पूरा विश्वास है कि शुरुआत में तुम आर्थिक रूप से सफल नहीं होगे। अगर तुम होते हो तो यह तुम्हें उस बात से वंचित कर देगा, जिसकी तुम्हें जरूरत है। इसके पहले कि तुम दुनिया भर के सभी क्षेत्रों के स्त्री-पुरुषों के लिए कानूनी सलाहकार के रूप में काम करने की जिम्मेदारी समझो, तुम्हें जिंदगी के कड़वे पक्ष का भी

अनुभव होना चाहिए। अतः अगले चार साल (और ईश्वर करे, तुम्हें इस काम के लिए इससे ज्यादा समय की जरूरत न पड़े) मैं चाहता हूँ कि तुम जानो कि भूखे रहना क्या होता है?

"मैं चाहता हूँ कि तुम उस जरूरी अनुभव से गुजरो, जिससे ज्यादातर लोग गुजरे हैं। भाई, जिस पेशे को तुमने चुना है, उसमें दुनिया की सेवा करने के लिए तैयार होने से पहले तुम्हें आग के बपतिस्मा की जरूरत है। अन्य लोग तुम्हारे लिए कामना कर रहे होंगे कि तुम थोड़े से ही प्रयासों में सफल हो जाओ और मैं कामना कर रहा हूँ कि तुम बड़ी मेहनत से सफलता पाओ। मुझे पूरा यकीन है कि इस तरह का पत्र तुम्हें कोई और तो नहीं ही मिलेगा। हालाँकि यह मैं तुम पर छोड़ता हूँ कि तुम्हें सफलता के लिए जिस चीज की आवश्यकता है, उसकी बेहतर जानकारी किसको है—तुम्हारा विनम्र सेवक, लेखक या वे, जो तुम पर बधाइयाँ लुटा रहे हैं।"

यह अपने ही भाई को लिखा एक निष्ठुर पत्र लग सकता है। जिन्होंने कठिन समय का मूल्य अब तक नहीं समझा है, उन्हें तो जरूर ऐसा लगेगा। हालाँकि जो अपने अस्तित्व के लिए संघर्ष के मूल्यवान् अनुभव से गुजरे हैं, उनके सामने मुझे अपने भाई को ऐसा पत्र लिखने के लिए क्षमा माँगने की कोई जरूरत नहीं है। वे लोग समझ जाएँगे!

मुझे भी उस तरह का 'चैन का समय' नहीं मिला; लेकिन मेरा अनुभव उतना कड़वा नहीं था, जितना कुछ अन्य लोगों का रहा। यही कारण है कि मैं इसके विवरण में नहीं जाऊँगा। अपनी कहानी के बजाय मैं एक दूसरी कहानी बताऊँगा, जो मेरी बात के ज्यादा अनुकूल है।

जब मैंने यह व्याख्यान लिखना शुरू किया था, तो मैंने अपने कुछ ऐसे परिचित लोगों को याद करना शुरू किया, जिन्होंने एकदम धरातल से शुरुआत की थी और कठोर अनुभव के रास्ते से होते हुए शीर्ष पर पहुँचे। उन लोगों में दुनिया की महानतम पत्रिकाओं में से एक 'लेडीज होम जर्नल' के संपादक एडवर्ड डब्ल्यू. बॉक थे। मैंने उनसे उनकी कहानी भेजने का अनुरोध किया था। यहाँ उसे मैं उसी रूप में दे रहा हूँ, जिस रूप में उन्होंने इसे भेजा था और अगर इसे पढ़ते हुए आपकी आँखों में कोई आँसू न आएँ तो आपको घोषणा कर देनी चाहिए कि आपके अंदर भावनात्मक अहसास की कमी है।

मैं गरीबी में यकीन इसलिए करता हूँ,
क्योंकि सबसे धनी अनुभव किसी बच्चे को ही मिल सकता है।

मैं अपनी आजीविका 'लेडीज होम जर्नल' के संपादन की कोशिश से जुटाकर कमाता हूँ और जनता इस पत्रिका को सबसे ज्यादा उदारता से स्वीकार करती है, इसलिए इसकी सफलता का एक हिस्सा तार्किक रूप से मेरा भी है।

ऐसे में, मेरे कई सारे अच्छे पाठकों के मन में एक विचार होता है, जिनमें सुधार करने का मेरा मन अकसर होता है। यह ऐसा आकर्षण है, जिसके सामने मैं अब झुक जाता हूँ। मेरे पास आनेवाले पत्रों में अलग-अलग तरह से आरोप लगाए जाते हैं; लेकिन एक पत्र का यह हिस्सा एक अच्छा उदाहरण है—

"जब आपको इसकी आवश्यकता न हो, तब आपको अर्थव्यवस्था के बारे में हमें उपदेश देना बहुत आसान हो जाता है; जैसे कि उदाहरण के लिए, मेरे अपने मामले को लें। हम लोग मेरे पति की 800 डॉलर सालाना की आय में रहने पर मजबूर हैं; लेकिन आपको यह कभी पता नहीं होगा कि हजार डॉलर से कम में गुजारा करना क्या होता है? आप तो मुँह में चाँदी की चम्मच के साथ पैदा हुए होंगे तो आपको यह कभी नहीं पता चला होगा कि हम में से ज्यादातर लोग जिस तरह से दिन-ब-दिन और साल-दर-साल दो जून की रोटी के लिए जूझ रहे लोगों की तुलना में सिद्धांतवादी लेखन करना कितना अच्छा और बेकार है। यह ऐसा अनुभव है, जिससे आप गुजरे होंगे?"

"यह ऐसा अनुभव है, जिससे आप गुजरे होंगे!"

अब, इस बात से सच्चाई कितनी दूर है?

मैं नहीं कह सकता कि मैं कथित रूप से चाँदी की चम्मच मुँह में लेकर पैदा हुआ था या नहीं! मेरा जन्म काफी संपन्न माता-पिता के घर हुआ था; लेकिन जब मैं छह साल का था, तभी मेरे पिता ने सबकुछ गँवा दिया और वे पैंतालीस साल की उम्र में एक अजनबी देश में बिना कुछ लिये जिंदगी का सामना करने आ गए थे। ऐसे पुरुष और उनकी पत्नियाँ होंगी, जो यह जानते हैं कि किसी व्यक्ति के लिए पैंतालीस साल की उम्र में फिर से वापसी करने की कोशिश करनेवाले इनसान के लिए यह क्या मायने रखता है!

मेरे साथ दिक्कत यह थी कि मैं अंग्रेजी भाषा का एक शब्द भी नहीं जानता था। मैं एक पब्लिक स्कूल में गया और वहाँ मैं जो सीख सकता था, वह सीखा।

और वहाँ लोग एक-से-एक विचित्र थे।

लड़के क्रूर थे, जैसे कि होते हैं। अध्यापक बेसब्र थे, जैसे कि थके हुए अध्यापक होते हैं।

मेरे पिता इस दुनिया में अपनी जगह नहीं बना सके थे। मेरी माता के आगे-पीछे हमेशा नौकर रहते थे; लेकिन अब वे घर-गृहस्थी के कामकाज की ऐसी समस्याएँ झेल रही थीं, जिनसे निपटना न उन्होंने कभी सीखा था और न ही उन्हें सिखाया गया था।

और, पैसा भी नहीं था।

तो, स्कूल के बाद मेरा भाई और मैं घर जाते थे, लेकिन खेलने के लिए नहीं। स्कूल के बाद के समय का मतलब हमारे लिए होता था कि माँ की मदद करें, जो लगातार ऐसे बोझ के तले दबी कमजोर होती जा रही थीं, जिसे वे नहीं उठा सकती थीं। दिनों तक नहीं, कई वर्षों तक हम दोनों बच्चे इन्हीं मुश्किलों में रहे। जब बच्चों को बिस्तर में लपेटा जाता था, तब उसी सर्दी की ठंडी सुबह में हम उठते थे और रात की जली आग के ढेर से राख या बिना जला कोयला लाते थे, जिसके जरिए हम आग जलाकर अपने कमरे को गरम करते थे। इसके बाद हम थोड़ा-बहुत नाश्ता करते थे और स्कूल जाते थे तथा स्कूल के बाद सीधे हम बरतन साफ करते थे और फर्श पर झाड़ू-पोंछा करते थे।

तीन लोगों के परिवार में हमें हर तीसरे सप्ताह पहली मंजिल से लेकर तीसरी मंजिल तक की सारी सीढ़ियों पर और दरवाजे की सीढ़ियों के साथ-साथ अगल-बगल की जगह पर पोंछा लगाना पड़ता था। यह वाला काम सबसे ज्यादा कठिन था, क्योंकि इसे हम शनिवार को करते थे और पास-पड़ोस के बच्चे हमें बिना किसी दया-भाव के देखते थे, इसलिए हम बगल के मैदान में बल्ला-गेंद की टकराहट की गूँज में खो जाते!

शाम को जब अन्य बच्चे लैंप के पास बैठते थे और अपनी पढ़ाई करते थे, वहाँ हम दोनों बच्चे टोकरी लेकर बाहर जाते थे और आसपास के इलाके से लकड़ी व कोयला उठाने जाते थे, या हमारे एक पड़ोसी द्वारा

दोपहर में रखे गए टनों कोयले में से छूट गए टुकड़े उठा लाते थे। हम दिन भर यही भूखे विचार बनाए रहते थे कि कोयला लाने-ले जानेवाला व्यक्ति लापरवाह हो और गिरे हुए टुकड़े न उठाए!

ऐसा अनुभव, जिसे आप नहीं जानते! क्या मैं भी नहीं?

दस साल की उम्र में मुझे अपनी पहली नौकरी मिली—एक बेकर की दुकान पर प्रति सप्ताह 50 सेंट के बदले खिड़कियाँ साफ करनी होती थीं। एक या दो सप्ताह में मुझे काउंटर पर बैठकर ब्रेड और केक बेचने का अवसर दे दिया गया। स्कूल की छुट्टी के बाद यह काम करने पर 1 डॉलर प्रति सप्ताह इससे मिलने लगा—ताजा बनी और गरम खुशबूदार ब्रेड उठाकर देते समय मेरे मुँह में दिन भर पानी बना रहता!

इसके बाद शनिवार की सुबह मैं एक साप्ताहिक अखबार बाँटता और बचे हुए अखबार सड़क पर बेचा करता। इससे मुझे एक दिन में 60 से 70 सेंट मिल जाते थे।

मैं ब्रुकलिन, न्यूयॉर्क में रहता था और कोनी आइलैंड के लिए आने-जाने का मुख्य साधन घोड़ागाड़ी ही थी।

जहाँ हम रहते थे, उसी के पास घोड़ागाड़ियाँ अपने घोड़ों को पानी पिलाने के लिए रुकती थीं। लोग उतरकर आते और पानी पीते थे; लेकिन महिलाओं के पास प्यास बुझाने का कोई साधन नहीं था। इस परेशानी को देखकर मैं बाल्टी लाया और उसमें पानी भरा तथा उसमें कुछ बर्फ डाली एवं गिलास लेकर शनिवार को दोपहर बाद और रविवार को पूरा दिन हर कार के पास जाने लगा और 1 सेंट प्रति गिलास बेचने लगा। जब अन्य बच्चों ने देखा कि रविवार के इस काम में 2 या 3 डॉलर मिल जाते हैं तो फिर प्रतिस्पर्धा शुरू हो गई। इस पर मैंने अपने बरतन में नींबू निचोड़कर देना शुरू कर दिया, जिससे मेरा नींबू का शरबत तैयार हो जाता और मैं एक गिलास को 2 सेंट में बेचने लगा। इस तरह से रविवार को मैं 5 डॉलर कमाने लगा।

इसके बाद मैं शाम को रिपोर्टर और दिन के समय ऑफिस बॉय बन गया तथा रात में स्टेनोग्राफी सीखने लगा।

मुझे पत्र लिखनेवाली ने बताया कि वह अपने पति व बच्चे का परिवार 800 डॉलर प्रतिवर्ष के खर्चे पर पाल रही है और यह भी कहती है

कि मुझे इसका मतलब कतई पता नहीं होगा! मैं तीन लोगों का परिवार 6 डॉलर और 25 सेंट प्रति सप्ताह पर पालता था—उसकी वार्षिक आमदनी के आधे से भी कम पर। जब मेरा भाई और मैं मिलकर एक साल में 800 डॉलर लाए तो हमें लगा कि हम धनी हो गए हैं!

मैंने पहली बार यह ब्योरा मुद्रित रूप में पेश किया है, ताकि आप खुद जान सकें कि अर्थव्यवस्था के बारे में उपदेश देनेवाला या किसी छोटी अथवा अदृश्य आमदनी के लिए जूझते 'लेडीज होम जर्नल' का संपादक महज सिद्धांतकारी नहीं है। प्रत्यक्ष गरीबी का एक भी कदम, उसके रास्ते का एक इंच भी ऐसा नहीं है, जिसे मैं न जानता हूँ या जिसका मुझे अनुभव न हो और हर विचार, हर भावना तथा हर कठिनाई का अनुभव रखनेवालों से आज मैं कहता हूँ कि हर उस बच्चे के साथ आनंद मनाइए, जो इन्हीं अनुभवों से गुजर रहा हो।

इस तरह के संघर्ष का मतलब जिन कठिनाइयों से है, मैं उनकी एक भी टीस को न तो कम करके आँक रहा हूँ और न भूल रहा हूँ। मैं बेहद कठिनाइयों के अपने उन वर्षों के अनुभवों के बारे में आज नहीं बताऊँगा, जिन्हें कोई बच्चा मेरे किसी एक अनुभव से जान सकता है या उनसे गुजर सकता है। मैं जानता हूँ कि 1 डॉलर नहीं, बल्कि 2 सेंट कमाने का मतलब क्या होता है! मैं धन का मूल्य समझता हूँ, क्योंकि मैंने यह किसी अन्य तरीके से नहीं सीखा या जाना है। मैंने जिंदगी का यह प्रशिक्षण किसी निश्चित तरीके से नहीं हासिल किया है। मैं इस बात की सच्ची समझ हासिल नहीं कर पाया कि ऐसे दिन का सामना करने का क्या मतलब होता है, जब हाथ में एक पाई न हो, अलमारी में रोटी का एक टुकड़ा न हो, जलाने के लिए लकड़ी का एक टुकड़ा न हो—कुछ भी खाने को न हो तथा नौ-दस साल का बच्चा हो, साथ में कमजोर और निरुत्साहित माँ हो!

ऐसा अनुभव, जिसके बारे में आप नहीं जानते! क्या मैं भी नहीं?

और तब भी मैं इस अनुभव का आनंद लेता हूँ और मैं दोबारा कहता हूँ, मुझे हर उस बच्चे से ईर्ष्या है, जो उस स्थिति में है और उससे गुजर रहा है। हालाँकि बच्चे को निष्कपट आशीष के रूप में यहाँ गरीबी में मेरी इस मजबूत धारणा का आधार है—मैं अनुभव की शर्त के रूप में इससे

गुजरने और फिर उससे भरने के लिए गरीबी में यकीन करता हूँ, उसमें बने रहने की शर्त के रूप में नहीं। "यह सब बहुत अच्छी बात है।" कुछ लोग कहेंगे। "कहने में आसान है, लेकिन इससे बाहर कैसे निकला जाए?" यह बात कोई भी निश्चित रूप से नहीं कह सकता।

मुझे किसी ने नहीं बताया। कोई भी दो आदमी इसका एक समान रास्ता नहीं खोज सकते। हर कोई अपने लिए अलग रास्ता तलाशता है। यह उस बच्चे पर निर्भर करता है। मैं उस गरीबी से बाहर निकलने के लिए प्रतिबद्ध था; क्योंकि मेरी माँ उसमें पैदा नहीं हुई थीं, उसे नहीं सह सकती थीं और उनका इससे वास्ता नहीं था। इससे मुझे पहली जरूरी अनिवार्यता मिली।

इसके बाद मैं काम करने और जो भी काम मिले, उसे करने के प्रयास और इच्छा के इरादे से लग गया। इससे कोई मतलब नहीं था कि वह काम क्या है, बस, मेरा मतलब 'बाहर जाने' से था। मैंने सोच-विचार कर चुनाव नहीं किया; मेरे सामने जो आता गया, मैं उसे लेता गया और उसे अपनी जानकारी के अनुसार श्रेष्ठ तरीके से किया और जब मुझे वह काम पसंद नहीं आता था, तब भी मैं उसे अच्छी तरह से करता था; बल्कि मैं यह देखता था कि मैं उसे न भी करूँ, तब भी मुझे वह करना ही था। मैं सीढ़ी ऊपर चढ़ने के लिए हरेक पायदान का इस्तेमाल करता था। इसका मतलब प्रयास करना था; लेकिन इसी प्रयास और काम से मिलनेवाला अनुभव, निर्माण, विकास, समझने और समर्थन करने की क्षमता सबसे महान् विरासत थी, जो किसी बच्चे को मिल सकती है; और दुनिया में कोई चीज किसी बच्चे को यह नहीं दे सकती थी, जो उसके मन में उस तरह से बैठ जाए, जिस तरह से गरीबी बैठी थी। यही कारण है कि मैं गरीबी में इतना ज्यादा यकीन करता हूँ। वह किसी बच्चे के गहन और पूर्ण अनुभव के रास्ते में आनेवाली सबसे महान् कृपा है। हालाँकि जैसा कि मैं दोहराता हूँ, यह हमेशा बाहर निकलने की परिस्थिति होती है, उसी में बने रहने की नहीं।

आपने उस इनसान की कहानी पढ़ी होगी, "जिसके पास कोई अवसर नहीं था।" और आपको उस स्थिति में मौजूद इनसान से ईर्ष्या भी होती होगी। है न? मुझे होती है! एडवर्ड बॉक ने इस तरह से बहुत अच्छी सफलता पाई। उन्होंने अपनी आरंभिक कठिनाइयों से लाभ उठाया। सचमुच, वे छिपे रूप में उसके लिए वरदान

ही थीं! मुझे श्री बॉक के शुरुआती संघर्षों की कहानी पढ़ना पसंद है। मैंने उसे तब तक पढ़ा, जब तक कि वह मुझे दिल से याद नहीं हो गई। इससे मुझे नया साहस और संकल्प मिलता है। जब मेरे पैर थक जाते हैं और मैं गिरनेवाला होता हूँ, तब यह उन थके पैरों को मुझे सहारा देने में मदद करती है। यह मेरी तलवार को म्यान से बाहर निकलवाती है और दिखनेवाली कठिनाइयों से लड़ने के लिए प्रेरित करती है, जो नरक से निकलनेवाले दैत्यों की तरह होती हैं। यह निरुत्साह को खत्म कर देती है और जिंदगी में मेरे रास्ते को रोशन कर देती है। यह मेरे मन में दुनिया के प्रति और ज्यादा प्रेम पैदा करती है। यह मुझे बेहतर नागरिक बनाती है। मुझे विश्वास है कि श्री बॉक की सरल व छोटी सी कहानी लाखों पाठकों के दिलों तक पहुँचेगी और उन्हें प्रोत्साहित करेगी।

कठिनाइयाँ मेरे अंदर दुनिया के प्रति
और ज्यादा प्रेम पैदा करती हैं। ये मुझे बेहतर नागरिक बनाती हैं।

मुझे एक और व्यक्ति रेडी जॉनसन की कहानी पता है, जो आप सुनना चाहेंगे। वे भी अब बहुत बड़े व सफल व्यापारी हैं और श्री बॉक की तरह उन्होंने भी एकदम नीचे से शुरुआत की थी। ज्यादा साल नहीं हुए, जब वे केवल 1.60 डॉलर प्रतिदिन की मजदूरी पर मशीन की एक दुकान पर हेल्पर थे। अब वे पूरा काम सँभालते हैं और साथ में कई बड़े-बड़े काम करते हैं। मैं चाहता हूँ कि आप '*उसने कैसे अपनी सेवाएँ बेचीं*' की कहानी जानें! किसी अज्ञात लेखक की इस कहानी में आप इस विषय पर मेरी मूल बात को पाएँगे, जो कि इस तरह से है—

> "आजकल जिंदगी में सफलता के बारे में बहुत सारी बातें छिपी हुई हैं। इनमें से कुछ बहुत अच्छी हैं और मैं मानता हूँ कि ये अच्छा काम करती हैं। आप लोगों में से बहुत सारे किसी-न-किसी तरह की कटाई-छँटाई की जरूरत महसूस करते होंगे; लेकिन मुझे लगता है कि वे मुद्दे की तह तक उस तरह से नहीं पहुँच पाते, जिस तरह से मेरा पहला अध्याय पहुँचा। आप लोग अच्छे आदमियों की कमी होने की बात करते हैं। बताइए, आप कैसे फोरमैन को सुरक्षित रखने के लिए प्रेरित होते हैं, जो उन लोगों से थोड़ा अधिक जानता है, जिन पर वह रोब जमाता है? कितने कम अधीक्षक हैं, कितने अच्छे विक्रेता हैं, यदि उनका वजन सोने या इस तरह की अन्य चीजों के मूल्य से कराया जाए। मुझे लगता है, यह कुछ लोगों को प्रेरित

करता है, जो पहले से ही सही रास्ते पर हैं, ताकि वे खुद को थोड़ा-थोड़ा बेहतर बनाते रहें; किंतु यह मामले की तह तक नहीं जाता। यह जीवंत नवयुवकों की फसल शुरू नहीं करता, जो हम सभी सफेद बालों या मेरे जैसे बाल-रहित लोगों की जगह लेने के लिए उपयुक्त होंगे।

"अब मैं उस हिसाब की चिंता नहीं कर रहा हूँ। मुझे फैक्टरी में ट्रेनिंग के लिए युवाओं की एक जिंदादिल फौज मिल गई है और उनमें से कुछ को मैंने ऋण देने की बजाय उन्हें रहस्य बताए हैं और जैसे ही वे थोड़ा और परिपक्व हो जाएँगे, मैं उन्हें वापस बुला लूँगा। आप जिन लोगों को चुनते हैं, उनमें से हरेक को सेल्समैन या फोरमैन नहीं बना सकते; लेकिन यदि आप ठीक ढंग से शुरुआत करें, उन्हें उचित मानसिक प्रशिक्षण दें और जिस तरह से मुझे बहुत सारा अभ्यास करने को मिला, वैसा ही अभ्यास उन्हें करने दें तो लड़कों की संख्या के आश्चर्यजनक हिस्से को आप बेहतर बना सकते हैं।"

"आप हमें तरीका बताइए, अंकल।" लाल बालोंवाले और आभूषणों से सुसज्जित ड्रमर ने कहा, "मुझ खुद अपने लिए ज्यादा वेतन की जरूरत है और मैं उसके तरीके खोज रहा हूँ।"

"फिर वही—चलो, कोई बात नहीं, पहले से बेहतर है।—मैं एक मशीन की दुकान पर काम करनेवाला लाल बालों का बच्चा था। मुझे लगता है कि मैं काफी घमंडी था। मैं करीब अठारह साल का था और काफी काम कर चुका था और अब दुनिया का हर काम छोड़कर बस, फोरमैन का काम मुझे चाहिए था।

"समय से पहले ही फोरमैन बनने की मेरी इस इच्छा पर आप हँसेंगे; लेकिन अगर उस उम्र के हर बच्चे के आदर्श के बारे में पता चले तो सच्चाई सामने आएगी। वे ऐसा कहते नहीं हैं—तब मैं भी नहीं कहता था, लेकिन बात वही है और यह अच्छी व उचित आकांक्षा है।

"हमारे पास वान नाम का एक यात्री था, जिसने दुकान का लगभग सारा सामान बेच दिया था और उस समय खबर थी कि उसने दुकान से काम करते हुए ही ग्रेजुएशन की थी और अपनी मरजी का काम करते हुए 3,000 डॉलर सालाना कमा रहा था। वह जब भी सड़क से आता तो दुकान पर आता, फोरमैन और पर्यवेक्षक को सिगार देता, दुकान में मौजूद हर आदमी और लड़के से हाथ मिलाता। इसके बाद वह बुजुर्ग आदमी के पास

जाकर काम की बातें करता और अपने ऑर्डरों का ब्योरा देखता और वह जो कहता था, बुजुर्ग आदमी वैसा ही करता था। जिसको पहले से पता न हो, वह ऐसा ही समझता कि वही दुकान का मालिक है और बुजुर्ग आदमी सुपरवाइजर है। अत: मैं वान को एक राजकुमार की तरह मानता था। जब मैं अपने को फोरमैन के रूप में कल्पना करते थक जाता था तो कई बार मैं सोचा करता था कि क्या मैं भी कभी वान की तरह 3,000 डॉलर सालाना कमा पाऊँगा? और मुझे मिल रहे थे रोज के 1.60 डॉलर। 3,000 डॉलर तो मेरे लिए बेहिसाब रकम थी।

"एक दिन सुबह मैं डर की मन:स्थिति में था—अपने आप से और दुनिया से असंतुष्ट; कुछ लोगों ने कुछ पुराने मजाक किए थे और मैंने भी उनको जवाब दे दिया था। वान मेरे पीछे आया और उसने धुएँ का बादल उड़ा दिया, जिससे मुझे खाँसी आने लगी। मैंने एक रिंच उठा लिया; लेकिन जब मैंने देखा कि यह तो वान है तो मैंने उसे रख दिया और हँसने लगा। वान से तो कोई गुस्सा हो ही नहीं सकता था।

"'तो रेडी!' वह बोला, 'तुम फोरमैन कब बन रहे हो?' इसके बाद वह बैठ गया और मुझे बाहर खींच ले गया, 'तुम्हें लोगों पर नियंत्रण करने का पर्याप्त अभ्यास होते ही तुम फोरमैन बन जाओगे, चाहे यहाँ या किसी और जगह। फोरमैन और सुपरिंटेंडेंट तथा सेल्समैन तो हर किसी को चाहिए होते हैं, बस, तुम्हें इसकी प्रैक्टिस करनी शुरू कर देनी होगी, जैसी कि तुमने खराब मशीन और प्लेनर के लिए की थी।'

"'मैं प्रैक्टिस कैसे कर सकता हूँ? मैं तो यहाँ नया लड़का हूँ। हर कोई मुझे काम बताता रहता है और मुझे वह करना पड़ता है। वे तो मेरे ऊपर प्रैक्टिस कर सकते हैं; ज्यादातर लोग अच्छी तरह से और बहुत ज्यादा कर भी रहे हैं। मुझे प्रैक्टिस के लिए कोई कैसे मिलेगा?'

"'देखो रेडी, एक आदमी है, जिस पर तुम प्रैक्टिस कर सकते हो। वो है जॉनसन।'

"'मैं?'

"'नहीं, तुम नहीं, बल्कि जॉनसन। हर इनसान की एक शख्सियत में दो निहायत ही अलग-अलग शख्सियतें होती हैं। एक ऊर्जावान्, महत्त्वाकांक्षी होती है, सही काम करना चाहती है और आगे बढ़ना चाहती

है, जो तुम हो। दूसरी शख्सियत लापरवाह, उत्साहहीन, आलसी और मस्ती करनेवाली, जो कि जॉनसन है। अब तुम्हें जॉनसन को काबू करना सीखना है और तुम्हें पता लगेगा कि इसके लिए बहुत सारी प्रैक्टिस चाहिए। जब तुम यह कर लोगे तो तुम सफलतापूर्वक जानसन को काबू कर सकते हो। पूरे समय उसका काम ठीक से करो और उसका अच्छे से ध्यान रखो। यह तब तक करते रहो, जब तक कि तुम्हें एक से ज्यादा लोगों पर काबू करने का कौशल और अभ्यास न हो जाए। अब तो तुम्हारे पास प्रैक्टिस करने के लिए एक इनसान है। क्या तुम प्रैक्टिस करोगे? हाथ मिलाओ! जॉनसन के लिए मुझे बुरा लग रहा है, क्योंकि उसे यह सब झेलना पड़ेगा। मैं एक सप्ताह के लिए यहाँ रहने जा रहा हूँ और मैं तुम्हें अभी शुरू करने को कहूँगा। मैं तुम्हें बताऊँगा कि क्या करना है और तुम जॉनसन से यह कह सकते हो, जैसे कि वह बुजुर्ग सुपरवाइजर को आदेश देता है और सुपरवाइजर से तुम आदेश लेते हो। इस तरह से पूरी श्रृंखला बनती है और एक कार्य-साधक समझौता हो जाता है।"

"देखो, मैं लड़का ही था, अतः यह विचार मुझे पसंद आया। वान पास आता था और कहता था, 'रेडी, यह बात जाकर जॉनसन से बोल दो और उस पर नजर रखो; देखो कि वह इसे करता है या नहीं!'

"एक सप्ताह में मुझे वह खेल पसंद आने लगा। मुझे बहुत सारी ऐसी चीजें पता चलीं, जिनके बारे में मैंने कभी संदेह नहीं किया था। फोरमैन रेडी के रूप में मैं अपने को कामगार जॉनसन के बराबर स्थापित करने की कोशिश करता और रेडी के मुताबिक, जॉनसन बहुत कामचोर था। वान काम पर चला गया और मैं जॉनसन के पीछे दिन-रात लगा रहा। मैं उसे सोने के लिए ऑर्डर देता और उठने को भी बोलता। फोरमैन रेडी के रूप में मैं अपने को कामगार जॉनसन से कमतर समझता रहा, जब तक कि जॉनसन के बारे में मेरी राय बहुत नीची नहीं हो गई। मैंने गौर किया कि वह बुजुर्ग आदमी मुझमें काफी संभावना देखने लगा था और मुझे डर लगने लगा था कि जॉनसन को नौकरी से निकाल न दिया जाए! इसलिए रेडी ने जॉनसन से पहले से ज्यादा मेहनत करानी शुरू कर दी।

जॉनसन पर काबू करना

"एक रात मैं एक शो देखने गया और परदा उठने से पहले मैंने अपने

सामने दो लोगों को बातें करते सुना। एक थोड़ा दूर था। वह बोला, 'रेडी जॉनसन कैसा कर रहा है?' 'बढ़िया।' दूसरे ने जवाब दिया, 'वह अब दुकान का असिस्टेंट फोरमैन है। वह इरेक्टिंग का काम देखता है और तीन से दस आदमी हमेशा उसके मातहत काम करते हैं।'

"अब मुझे नाटक में कुछ सुनाई नहीं दिया। क्या मैं फोरमैन बन गया था? मैं फोरमैन कब बना? मुझे फोरमैन बने कितना समय हो गया? जब छह महीने पहले नया विभाग बना तो मुझे उसका काम सौंपा गया और मुझे कुछ हेल्पर दिए गए और मेरा वेतन बढ़ा दिया गया था। जी हाँ, मैं छह महीने से फोरमैन था और मैं जॉनसन को काबू करने में इतना व्यस्त रहा कि मैंने इस पर ध्यान ही नहीं दिया। मुझे बाहरवालों से यह बात पता लगी थी।

"छह महीने बाद मुझे करीब दोगुने वेतन पर एक अन्य फैक्टरी में सुपरिंटेंडेंट के काम का प्रस्ताव दिया गया और कंपनी ने मुझे उसे स्वीकार करने की सलाह दी और कहा, अगर मैं उसे ठीक से नहीं कर पाया तो मैं वापस आ सकता हूँ। इससे मेरे अंदर लड़ाई छिड़ गई और मैंने अच्छा काम किया। मुझे लगता है कि हर नौसिखिया चापलूसी के प्रति संवेदनशील होता है।

"मैं तब तक जॉनसन पर टिका रहा, जब तक कि मैं सेल्समैन नहीं बन गया। अब मैं खुद का काम करता हूँ। वान के 3,000 डॉलर सालाना के वेतन से मेरा वेतन उतना ही ज्यादा है, जितना कि शुरुआत में कम था। बीस वर्षों से मैंने कोई वेतन नहीं लिया। अपने काम में मुझे अनेक बच्चे मिले, जिन्होंने फोरमैन का काम सँभालने तक स्वयं पर प्रैक्टिस जारी रखी और कुछ अनुभव लेने के लिए यहाँ-वहाँ हैं और मैं जब चाहूँ, उनको वापस ले सकता हूँ। यह योजना उनके साथ भी उतनी ही कारगर हो रही है, जितनी कि मेरे साथ रही। आप देखें, यह बुनियादी है। इससे लड़के की सही शुरुआत होती है और उसे शुरू में ही आत्मनियंत्रण का विचार मिल जाता है। इसी सबसे मालिक और कर्मचारी का भेद बनता है—कोई अपने पर नियंत्रण कर सकता है तो दूसरा नहीं कर सकता। यह पुराना विचार है। 'बाइबिल' में कहा गया है, 'जो अपना मालिक है, वह शहर के मालिक से बड़ा होता है।' मैं एक डेमोक्रेट हूँ और धर्मग्रंथों को उद्धृत नहीं कर सकता; लेकिन इसका कुछ प्रभाव होता है।

"अब मेरे लाल बालोंवाले दोस्त, तुमने कहा कि तुम वेतन बढ़वाना चाहते हो। अब ऐसी शुरुआत क्यों नहीं करते कि तुम्हें किसी वेतन की जरूरत ही न पड़े! नहीं स्वीकार करोगे? बच्चो, मैं तुमसे कहता हूँ, वेतन से मुक्ति पाने के लिए तुम्हें जॉनसन को काबू में करना होगा—हर वक्त, रात और दिन।"

वह बुजुर्ग आदमी बाहर गया और दस मिनट तक कोई कुछ नहीं बोला। वे केवल बैठे रहे और सोचते रहे।

अब अगर मेरे पाठक, आपने 'जॉनसन को काबू' करना नहीं सीखा तो तुरंत लग जाइए और जब आप यह अच्छी तरह से कर लें तो मजबूत बनिए, अपने आसपास देखिए और आप पाएँगे कि आप अपने काम के मुखिया बन गए हैं।

कभी-कभी मुझे किसी उत्साही और नेकनीयत साथी का पत्र मिलता है, जो इस बात की शिकायत करता है कि वह ठीक तरह से आगे नहीं बढ़ पा रहा है, क्योंकि उसे कॉलेज जाने का मौका नहीं मिल पाया। जब मुझे ये शिकायतें मिलती हैं तो मैं अपने को उन चार लोगों के मामलों को याद करने से नहीं रोक पाता, जिनके बारे में मुझे पता है कि उन्हें कॉलेज जाने का मौका नहीं मिला था। फिर भी वे सफल हो रहे हैं। इन युवाओं में से एक मेरा निजी सचिव था। जब मैं एक पश्चिमी कॉरपोरेशन में विज्ञापन प्रबंधक था, तब उसने मेरे साथ काम करना शुरू किया था। उसका शुरुआती वेतन 75 डॉलर प्रति माह था। वह बिजनेस कॉलेज से बस, निकला ही था और वह अच्छा स्टेनोग्राफर तक नहीं था। वह हाई स्कूल कभी नहीं गया। वास्तव में, उसने स्कूली पढ़ाई कभी पूरी की ही नहीं थी। छह माह बाद वह 150 डॉलर प्रतिमाह पर मेरा सहायक बन गया और जब मैंने इस्तीफा दिया तो उसे काफी ज्यादा वेतन पर मेरी जगह मिल गई।

इसी क्रिसमस पर मुझे उन लड़कों में से तीन के पत्र मिले थे। वे उसी समय बिजनेस कॉलेज में थे, जब मैं वहाँ था। उनमें से एक अब न्यूयॉर्क में एक बड़े डिपार्टमेंटल स्टोर में 10,000 डॉलर सालाना के वेतन पर विज्ञापन प्रबंधक है, एक यूनाइटेड स्टेट्स स्टील कॉरपोरेशन के एक बड़े अधिकारी का 6,000 डॉलर सालाना वेतनवाला सहायक है और एक अन्य देश की सबसे बड़ी ऑटोमोबाइल कंपनियों में से एक में 8,000 डॉलर सालाना के वेतन पर सेक्रेटरी है। हम सभी ने एक साथ ही शुरुआत की थी, एक ही बिजनेस कॉलेज से की थी। हम सभी के पास पूर्व की शिक्षा का फायदा था, जो बहुत ज्यादा नहीं थी। हम सभी ने स्टेनोग्राफर और बुककीपर के पदों से शुरुआत की थी।

मुझे ऐसा कभी नहीं लगा कि इनमें से किसी लड़के को कॉलेज न जाने की वजह से कभी कोई ज्यादा तकलीफ हुई हो। वे अब उससे बेहतर ही कर रहे हैं, जो वे कॉलेज जाने के बाद कर पाते और यह भी है कि तब वे इतना अच्छा नहीं कर पाते; क्योंकि कॉलेज जानेवाले लड़के स्टेनोग्राफर जैसी छोटी पोस्ट से काम शुरू करने के इच्छुक नहीं होते।

मैंने 'सफलता का शिक्षा से संबंध' विषय पर एक बहुत अच्छा लेख पढ़ा, जो 'द फ्रा' में कुछ महीने पहले प्रकाशित हुआ था। इसे 'द साइंटिफिक अमेरिकन' के संपादक मिस्टर सी.ए. मन ने लिखा था। यह लेख पढ़वाने लायक है, इसलिए इसे यहाँ दे रहा हूँ—

> जहाँ हमारे दिनों में उच्च शिक्षा का मूल्य आमतौर पर काफी सराहा जाने लगा है, वहीं ऐसी आवाजें नहीं दिखतीं, जो पूछें, "इस शिक्षा से इनसान को क्या फायदा होता है? क्या यह सही नहीं है कि बहुत कम स्कूली पढ़ाईवाले या बिना स्कूली पढ़ाईवाले लोग हमें उन लोगों से दौड़ में जीतते दिख रहे हैं, जिन्हें शिक्षण संस्थाओं से मिलनेवाला हर तरह का अवसर हासिल रहा? नहीं, इतना ही नहीं, ऐसे उदाहरण भी बहुत ज्यादा नहीं हैं, जिनमें लोगों के लिए शिक्षा कोई बहुत बड़ी बाधा साबित हुई हो। कम पढ़े-लिखे और शायद ज्यादा समझवाले अपने ज्यादा सतर्क भाइयों ने अवसरों की ज्यादा पहचान की और उनका लाभ उठाया हो? क्या हम शिक्षित लोगों को सपनों और विचारों का पीछा करते नहीं देखते, जबकि कम विद्वान्, लेकिन ज्यादा व्यावहारिक लोग ज्यादा भौतिक सफलता हासिल कर रहे हैं?" संक्षेप में, "क्या शिक्षा ही सफलता का मूल आधार होती है?"
>
> अगर शिक्षा से आशय आदर्श शिक्षा ही हो तो हम ज्यादा ठोस 'हाँ' में उत्तर देने में शायद ही हिचकिचाएँ।
>
> हालाँकि, जहाँ तक वास्तविक शिक्षा आदर्श शिक्षा से अलग है तो निस्संदेह, ऐसे उदाहरण होंगे, जिनमें यह सफलता के उच्चतम स्तर तक ले जाने में असफल होती है; जबकि उसे बताई गई परिस्थितियों में कच्चे माल के साथ हासिल किया जा सकता है।

हमें चीजों को उनके सही परिप्रेक्ष्य में देखने का प्रयास करना होगा।

इस प्रश्न पर सही निर्णय सुनाने के लिए हमें निजी नजरिए को एक तरफ कर देना होगा, चाहे वह हमारे अपने बारे में केंद्रित हो या किसी और ऐसे खास व्यक्ति के बारे में केंद्रित हो, जिसमें हम शायद निजी रूप से दिलचस्पी रखते हों। हमें चीजों को उनके सही परिप्रेक्ष्य में देखने का प्रयास करना होगा। ऐसे शिक्षक इस नजरिए से भलीभाँति परिचित हो सकते हैं, जिनका काम इस पीढ़ी की गीली मिट्टी को आकार देने में सहायता करना है और इस काम की प्रकृति ऐसी है कि यह व्यक्तियों के विचारों को सामूहिक रूप से पेश करता है।

अगर अपने प्रभार का यह या वह व्यक्ति बाद के वर्षों में बिना उचित मुआवजे के अपने साथियों की कीमत पर निजी मुनाफा अर्जित करता है तो क्या यह उन विधियों या सामग्री में कुछ अपूर्णता का स्पष्ट संकेत नहीं है, जिनका वह इस्तेमाल करता है? तथापि, जब तक वह कानून का पालन करता है और प्रचलित तौर-तरीकों को स्वीकार करता है, तब तक वह ऐसा कर सकता है और उसे कई लोग 'सफल' होने का दर्जा देंगे; क्योंकि वे लोग इस स्थिति का केवल निजी सर्वेक्षण करते हैं और समुदाय के हितों की अनदेखी कर देते हैं।

उपर्युक्त सिद्धांतों के धड़ल्ले से उल्लंघन को जहाँ सब अपराध मानते हैं, वहीं आमतौर पर अब भी इस बात को नहीं समझा जाता कि प्रत्येक 'सफलता', जिसे केवल किसी व्यक्तिगत दृष्टिकोण से सफलता माना जाता है, वह वास्तव में विफलता होती है; लेकिन कुछ अपवादों को छोड़कर कुछ लोग सवाल उठा सकते हैं कि दुनिया किसी व्यक्ति के मूल्य का जो आकलन करती है, क्या वह सच्चाई के करीब होता है? इसका उत्तर यह हो सकता है कि व्यापक स्तर पर बात करें तो किसी व्यक्ति की सेवाओं को लेकर दुनिया का आकलन, अधिकांश मामलों में, सही मायने में सच्चाई के करीब होता है। लेकिन यहाँ हम उस मामले की बात नहीं कर रहे, जो इस नियम पर आधारित है। नियम के रूप में इस बात पर व्यापक आम सहमति है कि उच्च शिक्षा सफलता की दिशा में एक सहायक साधन है। वर्तमान चर्चा में हम जिन अपवाद के मामलों की बात कर रहे हैं, उनमें यह स्पष्ट है कि शिक्षा व्यक्ति के लिए बाधा बन गई। कम-से-कम कुछ मामलों में इस स्पष्टीकरण का उद्देश्य क्या यह पता लगाना नहीं कि जो काम किए जाते हैं, उसका मूल्य और बाजार में उसकी कीमत के बीच असमानता है? इस बात को याद रखना चाहिए कि बाजार की कीमत मनुष्य के आकलन पर निर्भर करती है, जिसमें गलती हो सकती है; जबकि प्राकृतिक नियम ही पूर्ण मूल्य का निर्धारण करता है। क्या कुछ

लोगों को उनके गलत दृष्टिकोण के कारण विफल नहीं मान लिया जाता है, जबकि उन्हें सफल माना जाना चाहिए था? और शायद इसके उलट, क्या हम अकसर आनन–फानन में किसी व्यक्ति को सफल नहीं घोषित कर देते, क्योंकि उसने खूब मुनाफा कमाया है; जबकि हम यह नहीं देखते कि समाज को उसकी कितनी भारी कीमत चुकानी पड़ी है और क्या हमारा निष्कर्ष सही होता है? इसमें कोई संदेह नहीं कि शिक्षा जिस आदर्श को लेकर चलती है, उसके अनुसार उच्च शिक्षा सफलता में सहायक होती है, बशर्ते हमें यह अच्छी तरह मालूम हो कि किन बातों से सफलता तय होती है! आपकी सफलता इस बात से तय नहीं होती कि यह दुनिया आपको क्या देती है, बल्कि इससे होती है कि आप इस संसार को क्या देते हैं।[4]

आपकी सफलता इस बात से तय नहीं होती
कि यह दुनिया आपको क्या देती है,
बल्कि इससे होती है कि आप इस संसार को क्या देते हैं।

इससे पहले कि आप खुद को 'ढूँढ़ें', आपको पर्याप्त शिक्षा की जरूरत पड़ेगी। आपको जैसी प्रतिभा चाहिए, उसकी मन में एक तसवीर बनाने के काबिल तो आपको होना ही चाहिए। 'शिक्षा' से मेरा मतलब किताबी ज्ञान से नहीं है। कोई बच्चा किसी कविता को याद कर उसे अपनी स्मृति से बिल्कुल अच्छी तरह दोहरा सकता है; लेकिन हो सकता है कि उसे उस कविता का अर्थ मालूम न हो। हाल ही में मैं सड़क पर एक भिखारी से मिला, जो लगभग एक दर्जन भाषाओं को बोल सकता था, फिर भी वह अपनी आजीविका नहीं कमा पा रहा था। वह उस मायने में शिक्षित था, जिसमें हम अकसर शिक्षा की बात करते हैं; लेकिन उसके लिए वैसी शिक्षा निरर्थक थी। मैं ऐसे लोगों को जानता हूँ, जो न तो पढ़ सकते हैं, न ही लिख सकते हैं, लेकिन व्यवसाय में 10 लाख डॉलर से भी अधिक इकट्ठा कर चुके हैं। वे भी शिक्षित हैं, लेकिन वह व्यावहारिक किस्म की शिक्षा है। इससे हम इस दिलचस्प बात का पता लगाने की स्थिति में आ गए हैं कि शिक्षा क्या होती है और उसे कैसे हासिल किया जा सकता है! मैं यह बड़े आराम से कह सकता हूँ कि हजार में से एक भी व्यक्ति *'शिक्षा'* की सही परिभाषा नहीं दे सकता है। दस हजार में से एक व्यक्ति भी आपको ऐसा नहीं मिलेगा, जो आपको बता पाएगा कि शिक्षा कैसे हासिल की जाए? शिक्षा पाने की इच्छा रखनेवाला औसत व्यक्ति शायद पहले किसी कॉलेज या यूनिवर्सिटी के बारे में सोचेगा, जिसे यह गलतफहमी होगी

कि ऐसे संस्थान अपने छात्रों को 'शिक्षित' कर सकते हैं; लेकिन इस संसार में इससे अधिक सत्य से परे कुछ और नहीं हो सकता। सच्चाई यह है कि इस धरती पर कोई भी स्कूल, सिवाय एक स्कूल को छोड़कर बस इतना कर सकता है कि शिक्षा प्राप्त करने का आधार तैयार कर दे और वह एक स्कूल है—जीवन का स्कूल, जहाँ मानवीय अनुभव की किताबों से पढ़ाई कराई जाती है। इसे मत भूलिए। पल भर के लिए भी यह मत सोचिए कि आप शिक्षा को पैसे से खरीद सकते हैं। आप ऐसा कर ही नहीं सकते। शिक्षा ऐसी चीज है, जिसे आपको कमाना पड़ेगा। इसके साथ ही, इसे सामान्य रूप से कॉलेज के चार वर्षों में हासिल नहीं किया जा सकता है। यदि हम अच्छे छात्र हैं तो हम हमेशा स्कूल जाते रहते हैं। हम उस स्कूल से कभी पास नहीं होते। जीवन एक सतत स्कूल है और हम किस प्रकार के छात्र हैं, यह इस पर निर्भर करता है कि इस महान् *'यूनिवर्सिटी'* में पढ़ते हुए हम किस प्रकार के काम करते हैं!

'शिकागो एग्जामिनर' के हाल ही के एक संपादकीय में मैंने 'शिक्षा कैसे प्राप्त की जाए', इस पर अब तक का सबसे अच्छा वर्णन पढ़ा है। यह इतना अच्छा है कि मैंने उसे उसी रूप में यहाँ रख दिया है। यह लेख इतना अच्छा है कि सभी को इसे पढ़ना चाहिए—

शिक्षा क्या है ?

शिक्षा कोई सौगात नहीं, एक उपलब्धि है। इसे आपको खुद पाना होता है और इसे पाने के लिए आपको ही मेहनत करनी पड़ेगी। आपको श्रम करना होगा और इसे बनाए रखने के लिए काम करते रहना होगा। अपनी खोज करना ही शिक्षा है। यह पता लगाना है कि आप कौन हैं? आप क्या समझ सकते हैं और आप क्या कर सकते हैं। *'शिक्षा'* शब्द का अर्थ—'सार निकालना, बाहर लाना, बढ़ना, विकसित होना' है। किसी मांसपेशी को मजबूत करने का एक ही रास्ता है कि आप उसका इस्तेमाल करें। मन पर भी यही बात लागू होती है। मस्तिष्क एक अंग है और इसे स्वस्थ रखने के लिए आपको इसे कसरत कराने की जरूरत पड़ती है तथा आप अध्ययन, चिंतन एवं काम से इसे कसरत कराते हैं। किसी भी चीज को हर दिन आधे घंटे पढ़िए और कुछ ही वर्षों में आप शिक्षित हो जाएँगे। 'आपने अपनी शिक्षा पूरी कर ली' जैसी कोई चीज नहीं होती। यह

तुलनात्मक होता है और एक प्रकार से शिक्षा का उद्‌देश्य लोगों को यह सिखाना है कि वे कितना कम जानते हैं!

वह व्यक्ति सबसे अधिक शिक्षित होता है, जो सबसे ज्यादा उपयोगी होता है। इस दुनिया के कुछ सबसे ताकतवर और सबसे धनी व्यक्ति वे रहे हैं, जिनके लिए 'अनुकूल परिस्थितियाँ' नहीं थीं। बेशक, यह भी उतना ही सही है कि बहुत बड़ी संख्या में कॉलेज के ग्रेजुएट आगे बढ़े, जबकि दूसरी तरफ कॉलेज की डिग्री योग्यता का सबूत नहीं होती और जब तक कुछ लोग, जो कॉलेज में नहीं पढ़े हैं, वे शोहरत में अव्वल नंबर पर हैं और जो कॉलेज में पढ़े, वे दूर-दूर तक कहीं नजर नहीं आए, तब तक सबसे अधिक चिंतनशील लोग इस बात को सहर्ष स्वीकार करेंगे कि शिक्षा के विज्ञान पर विजय हासिल करना अभी बाकी है। कॉलेज में पढ़े सफल लोगों में से कौन कहेगा कि उन्हें कॉलेज के कारण और उसकी सहायता से या उसके बिना सफलता मिली? फिर भी, ऐसे कई लोग रोना रोएँगे, "काश, मुझे कॉलेज की शिक्षा की सुविधा मिल जाती!"

यदि ऐसा होता तो यह उनके व्यक्तित्व को बेड़ियों में जकड़ देता।

ऐसा दिन भी आएगा, जब किसी युवक को, मान लें, उसकी उम्र अठारह वर्ष है, चार साल के लिए शिक्षा से दूर कर देना, जबकि उस दौरान वह मेहनत करता रहता है, सबसे विचित्र बात मानी जाएगी। इस प्रकार की बात जिन दार्शनिकों ने कही थी, उनकी सोच यह थी कि उस युवक के भीतर 'पवित्र' विषयों की जानकारी बिठा दी जाए। इस कारण उनके लिए मृत हो चुकी भाषाओं और उस प्रकार की शिक्षा को लेकर घिसी-पिटी सोच का कोई स्थान नहीं था। अनेक वर्षों तक व्यावहारिक दुनिया से इस प्रकार अलग कर दिए जाने के कारण जब कोई उपयोगी कार्य नहीं होता था और सारा ध्यान अमूर्त विषयों एवं सिद्धांतों पर टिका था, तब अकसर मनुष्य सांसारिक जिम्मेदारियों को वापस लौटकर निभा नहीं पाता था और उसकी कोई उपयोगिता नहीं रह जाती थी। वह उत्पादक नहीं रह जाता था और उसका जीवन चुंगियों और करों से मिले पैसे देकर चलाना पड़ता था।

छोटे-छोटे कॉलेजों में अकसर इस तरह के छात्रों के कई उदाहरण मिलते हैं, जिनमें वे पढ़ाई के साथ-साथ काम भी करते हैं। ऐसे छात्रों

के पास इस दुनिया की रेस में टिके रहने की उन छात्रों की तुलना में अधिक संभावना होती है, जिन्हें सबकुछ हाथ में दे दिया जाता है, लेकिन व्यावहारिक बातों से दूर रखा जाता है। अपनी देखभाल करने की जिम्मेदारी मनुष्य के विकास का एक अनिवार्य पहलू है। किसी युवक को अठारह से बाईस वर्ष के बीच व्यावहारिक दुनिया से दूर कर देना उसे जीवन भर के लिए बरबाद कर देनेवाले जोखिम जैसा है। शायद आपने उससे अवसर छीन लिया और उसे याददाश्त मशीन बना दिया है।

ऐसे लोग होते हैं, जो हमेशा 'जीवन की तैयारी' की बात करते रहते हैं। जीवन की तैयारी करने का सबसे अच्छा तरीका उसे जीने की शुरुआत कर देना होता है। जीवन ही स्कूल होना चाहिए। सांसारिक कामों के लिए तैयार करने के लिए दुनिया से कट जाना एक गलती है। आप किसी लड़के को लुहार का काम सिखाने के लिए किसी लुहार की दुकान पर ले जा सकते हैं। चौदह साल की उम्र के बाद छात्र को लगना चाहिए कि वह कुछ उपयोगी करने जा रहा है, न कि महज समय काट रहा है और इस कारण उसका काम तथा उसकी पढ़ाई साथ-साथ चलनी चाहिए। शिक्षित व्यक्ति उपयोगी व्यक्ति होता है और चाहे किसी व्यक्ति के पास कॉलेज की कितनी ही डिग्रियाँ क्यों न हों, यदि वह सच में कमा नहीं सकता तो वह शिक्षित नहीं है और बीते कल में जी रहा है, जहाँ से वह गुमनामी की मौत की तरफ धीरे-धीरे बढ़ता चला जाता है।

तीस वर्षों के दौरान बच्चों की शिक्षा-पद्धति में निश्चित रूप से विकास चल रहा है। ये परिवर्तन इतने जबरदस्त रहे हैं कि उन्हें सही अर्थों में 'क्रांति' का नाम दिया जा सकता है। इस प्रकार के परिवर्तन मुख्य रूप से एक व्यक्ति के कारण आए हैं। वे व्यक्ति हैं, फ्रेडरिक फ्रोबेल। फ्रोबेल किंडरगार्टन के आविष्कारक और प्रवर्तक थे। किंडरगार्टन उन्नीसवीं सदी की सबसे अच्छी, सबसे महत्त्वपूर्ण और सबसे उपयोगी खोज थी। लोगों को एक जगह से दूसरी जगह तक बिजली की रफ्तार से जानेवाला परिवहन का कोई साधन हो या फिर 500 मील दूर रह रहे अपनों से फोन पर बात करने के माध्यम का आविष्कार, इनमें से किसी का भी मोल उसकी तुलना में कुछ भी नहीं, जो क्रूरता की बजाय प्रेम, भय की बजाय भरोसा, निराशा की बजाय उम्मीद और बनावटी के स्थान पर स्वाभाविकता देता है। वह है किंडरगार्टन! 'बच्चों का गार्डन'—एक ऐसी जगह, जहाँ भगवान् के भेजे छोटे-छोटे फूलों की कलियाँ निकलती हैं और फिर वे खिल जाते हैं। आप

किसी पौधे से फूल नहीं खिला सकते। फिर भी, आप उसे धूप में रखकर पोषण और ओस दे सकते हैं, लेकिन इसके बाद का काम प्रकृति करती है। ऐसा ही शिक्षा देने के साथ भी होता है। हम बस, इतना कर सकते हैं कि बच्चे के विकास की परिस्थितियाँ बना सकते हैं और बाकी का काम भगवान् करते हैं।

***हम प्रकृति के जितने करीब जाते हैं,
उतने ही ताकतवर बन सकते हैं।***

हम प्रकृति के जितने करीब जाते हैं, उतने ही ताकतवर बन सकते हैं। हम आगे तभी बढ़ सकते हैं, जब हम इस संसार की शक्तियों के साथ जुड़े रहें। मनुष्य प्रकृति का उस प्रकार एक अंग है, जिस प्रकार वृक्ष और पक्षी। कुल मिलाकर, हर पशु और हर जीवन वही करता है, जो उसके लिए सबसे अच्छा है। फ्रोबेल का मानना था कि मनुष्य का स्वभाव अपनी सारी बातों के साथ झूठ और त्रुटियों से उतना ही मुक्त है, जितना कि प्रकृति अन्य किसी भी पहलू से। किंडरगार्टन की प्रणाली सरल रूप में ऐसी होती है, जिसमें शिक्षा के लिए खेल का उपयोग प्रमुख कारक के रूप में किया जाता है। फ्रोबेल ने इस बात का पता लगाया कि खेल को बच्चों को शिक्षित करने का माध्यम बनाना भगवान् की ही सोच है, इसलिए उसने इसे अपनाया। फ्रोबेल से पहले सभी को शायद यही लगता था कि खेल-कूद से बच्चों का समय बरबाद होता है और जो बड़े हो गए हैं, उनके लिए तो यह पाप है। वह सबकुछ पाप था, जिससे आनंद मिलता हो। कुछ लोग तो आज भी इस बात को मानते हैं; लेकिन ऐसे लोग अब अलग-थलग पड़ते जा रहे हैं। सन् 1850 में फ्रोबेल की मृत्यु हुई थी। उससे एक साल पहले उन्होंने कहा था, "मेरे सिद्धांतों को समझने में इस दुनिया को 400 साल लग जाएँगे।"

अभी तो केवल 75 वर्ष बीते हैं और हमने देख लिया है कि किस प्रकार पढ़ाने की पूरी योजना पर किंडरगार्टन का विचार हावी हो गया है। जिस प्रकार पानी के ड्रम में कोलतार की एक भी बूँद दिखाई पड़ जाती है, उसी प्रकार इसका प्रभाव चारों तरफ देखा जा रहा है। चलिए, उस दिन का इंतजार करते हैं, जब शिक्षा के अवसर प्राकृतिक तसवीर की तरह होंगे, जो उसे निहारना चाहता है; ऐसे हर व्यक्ति के लिए वह निःशुल्क होगा। 'शिक्षित वर्ग' और 'श्रेष्ठ वर्ग' जैसा कुछ नहीं होना चाहिए। प्रत्येक मनुष्य को यह लगे कि वह उस चीज को लेने और उसका आनंद उठाने के मामले में श्रेष्ठ है, जिनसे किसी गरीब के घर में पैदा हुआ व्यक्ति वंचित

हो जाता है। जब तक दूसरे लोग कैद में रहेंगे, तब तक हम भी बंधनों में जकड़े रहेंगे। लेकिन यह विश्व अब बेहतर हो रहा है। जाइए और किसी सरकारी स्कूल में जाकर देखिए या फिर किसी भी स्कूल में और उसकी तुलना 25 साल पहले के स्कूल से कीजिए। दीवारों पर सुंदरता है, स्वच्छता है, ताजा हवा है, रोशन और प्यार भरा माहौल है। परफेक्शन मत ढूँढ़िए, क्योंकि अभी बहुत कुछ किया जाना बाकी है।

जिंदगी की एक सबसे बड़ी बात और सबसे बड़ा हिस्सा अपने आप को उन चीजों को देना होता है, जिनकी आपको जरूरत होती है और शिक्षा, जो कि विकास है, वह चीजों को किए बिना मिलती है, चीजों को बनाकर मिलती है और उन चीजों के विषय में बात कर, जो आपके पास नहीं हैं और काफी हद तक उन साधनों व उपकरणों के उपयोग से, जिन्हें अमीर लोग आपको मुफ्त में ही दे देते हैं। यदि हमारे लिए सबकुछ कर दिया जाए तो हम अपने लिए ज्यादा कुछ नहीं करेंगे। आजीविका अर्जित करना उतना ही अनिवार्य है, जितना कि किसी ग्रीक क्रिया के लिए व्याकरण। औद्योगिक कॉलेज इस कारण कभी विकसित नहीं हो सके, क्योंकि हमने अब तक इतने अच्छे लोग नहीं तैयार किए, जो शिक्षा और उद्योग—दोनों की कमान सँभाल सकें। हमारे पास कॉलेज का प्रेसिडेंट बनाने के लिए कई बड़े लोग हैं, हजारों हैं; लेकिन ऐसे लोग नहीं हैं, जो युवाओं और युवतियों की ऊर्जा को उपयोगी दिशा में ले जा सकें और उसके साथ ही उनकी विस्तृत होती सोच को और समृद्ध बना सकें। हम यहाँ से आगे नहीं बढ़ पाते। ऐसे व्यक्ति की जरूरत है, जो एक ऐसा पाठ्यक्रम शुरू करे, जो आजीविका कमाने के साथ ही मानसिक विकास को शामिल करे और उन दोनों को साथ-साथ चलाए। ऐसा व्यक्ति, जो जीवन और शिक्षा को जोड़ दे, पीठ ठोंकने के लिए उसका इंतजार है। कॉलेजों की सबसे बड़ी कमी इस बात में छिपी है कि उन्होंने दुनिया की संस्कृति और काम की दुनिया को अलग-अलग कर दिया है। उन्होंने इस झूठ को फलने-फूलने दिया कि कुछ लोगों को सारे मेहनतवाले काम करने चाहिए और दूसरी किस्म के लोगों को शिक्षा प्राप्त करनी चाहिए, यानी कुछ लोग उपयोगी होने चाहिए, जबकि अन्य दिखावटी होने चाहिए। शिक्षा केवल कुछ किस्मतवालों को ही नहीं, बल्कि सभी को मिलनी चाहिए। किसी मनुष्य के जीवन को उसके गुण ही उपयोगिता से भरते हैं, न कि उसके दिमाग में भरी जानकारियाँ ऐसा करती हैं। उस स्कूल की माँग भविष्य में सबसे अधिक होगी, जो चरित्र का निर्माण करता है, न कि वह स्कूल, जो सबसे

ज्यादा जानकारी देता है। क्या दुनिया का एक भी कॉलेज या एक भी यूनिवर्सिटी ऐसी है, जो गुणों पर ध्यान देती है? हमारे कई कॉलेजों में सिगरेट पीना वैकल्पिक है; लेकिन कोई अजनबी उन्हें पूरी तन्मयता के साथ कश लगाते देखकर जरूर सोच सकता है कि वहाँ सिगरेट पीना अनिवार्य है। वह युवक, जिसे कॉलेज में तंबाकू की लत नहीं लगती, उसे सनकी समझा जाता है। यही बात उससे कम अपनाई जानेवाली आदत, यानी शराब के लिए कही जाती है। कई प्रोफेसर सिगरेट की आदत का उदाहरण देकर पढ़ाते हैं। हमारे सारे बड़े-बड़े कॉलेजों में व्यायामशाला में जाना वैकल्पिक होता है। शरीर बनाने की संस्कृति की बजाय एथलेटिक्स को बढ़ावा दिया जाता है और जिन्हें व्यायामशाला में जाने की सबसे ज्यादा जरूरत रहती है, उन्हें वहाँ दिखने में भी शर्म आती है। मैं ऐसा नहीं कहना चाहता कि 'उच्च शिक्षा' का मेरे लिहाज से कोई काम नहीं है, जिसे पाकर कॉलेज में पढ़नेवाला छात्र खूब इतराता है। किसी युवक या युवती के लिए कॉलेज की शिक्षा सही है, जो किसी-न-किसी पेशे को अपनाना चाहता है, बशर्ते और यहाँ काफी खतरनाक मुद्दा उठा रहा हूँ; लेकिन मैं दुश्मनी मोल नहीं लेना चाहता, इसलिए कहूँगा कि युवक या युवती कॉलेज से इस भावना के साथ नहीं निकलते कि वे उन लोगों से श्रेष्ठ हैं, जिन्हें कॉलेज की शिक्षा नहीं मिली और यह तभी हो सकता है, जब कॉलेज की पढ़ाई के दौरान वे अपने व्यक्तित्व को न खो दें। मैंने कई वर्षों तक कठोर परिश्रम के बाद जो अनुभव प्राप्त किया है, उससे मैं अपनी उस धारणा तक पहुँचा हूँ कि किसी कॉलेज में शिक्षा प्राप्त न करने पर भी मैं उन लोगों को कड़ी टक्कर दे सकता हूँ, जिन्होंने कॉलेज की शिक्षा पाई है। कई वर्षों तक मैं इसी गलत धारणा के कारण परेशान रहा कि मैं कभी इतना बड़ा नहीं बन सकता या दुनिया की सेवा काफी उपयोगी तरीके से नहीं कर सकता, क्योंकि मैंने कॉलेज की शिक्षा प्राप्त नहीं की थी।

झटके, कठिनाइयाँ, गरीबी

किसी भी पुरुष या स्त्री को जो सबसे अच्छी शिक्षा मिल सकती है, वह *'झटकों', 'कठिनाइयों'* और *'गरीबी'* के कड़े *स्वाद* को चखकर ही मिल सकती है। कॉलेज की ऐसी कौन सी शिक्षा है, जो जीवन के उन अनुभवों की बराबरी कर सकती है, जिससे कोई व्यक्ति अपने साथियों के लिए भी सोच-विचार करने लग जाए? मैं यह नहीं कह रहा कि कॉलेज की शिक्षा किसी को सहानुभूति-रहित बना

देती है; लेकिन मैं इतना कहूँगा कि गरीबी और कड़वे अनुभव निश्चित रूप से ऐसे स्रोत हैं, जिनसे सहानुभूति पैदा होती है। मेरा सबसे बड़ा बेटा पाँच साल का होने ही वाला है। वह जब बमुश्किल इतना बड़ा था कि थोड़ा-बहुत बोल लेता था, तब उसने मुझसे कहा था कि मैं गाड़ी लेकर आऊँ और उसे थिएटर ले चलूँ! एक वह दिन था और एक आज का दिन है, जब मैं उस बड़ी जिम्मेदारी को देख रहा हूँ, जो मेरे सामने है—जिम्मेदारी उस बच्चे को यह सिखाने की कि मौजूदा पीढ़ी एक खतरनाक दिशा में जा रही है और इस देश की बेहिसाब दौलत के कारण खतरनाक रफ्तार के साथ, ऐसी दौलत, जिसे हासिल करना तुलनात्मक रूप से आसान है। अगले दस वर्षों में मेरी वित्तीय स्थिति क्या होगी, इसकी परवाह किए बिना मुझे अपने बेटे को यह सिखाना है कि खर्च करने का अधिकार लेने से पहले, किसी को भी कमाना पड़ता है। मैं स्वीकार करता हूँ कि मुझे इस काम से डर लगता है।

मुझमें अपने बेटों के लिए सबकुछ 'आसान बनाने' की प्रवृत्ति है; लेकिन मेरा मन और मेरा वास्तविक अनुभव कहता है कि उनके लिए सबकुछ 'आसान बनाने' का सबसे अच्छा तरीका उनके लिए पहले सबकुछ 'कठिन बनाने' का है। मेरे दोनों ही बेटों के कान सिक्कों की खनक से ही खड़े हो जाते हैं। कभी-कभी तो 5 सेंट में काम चल जाता है; लेकिन आमतौर पर 25 सेंट से कम में वे मानते नहीं हैं। मैंने उन्हें वेतन देने की योजना अपनाई है। जो सबसे बड़ा है, उसे मैं हर हफ्ते 25 सेंट देता हूँ और जो सबसे छोटा है, उसे 10 सेंट। इसके बदले उन्हें घर के पिछले दरवाजे से अखबार लाना होता है और घर के छोटे-छोटे कामों में अपनी माँ का हाथ बँटाना पड़ता है। वह भी अच्छी तरह, तभी वह शनिवार की रात उनके वेतन पर 'हाँ' की मुहर लगाती है। अगर बात नहीं मानी तो एक बार में 5 सेंट का जुरमाना लगता है। आज्ञा के उससे भी गंभीर उल्लंघन पर पूरे हफ्ते के वेतन से हाथ धोना पड़ सकता है।

ये परिवार के रुटीन के साधारण से मामले हैं; लेकिन जैसे-जैसे मेरे बेटे बड़े हो रहे हैं, मुझे उनकी शिक्षा के लिए एक व्यावहारिक आधार तैयार करना होगा, जिससे कि *'वे अच्छा जीवन जी सकें और इस दुनिया के भी काम आ सकें।'* यह असंभव होगा, यदि मैंने उन्हें अच्छे और ठोस काम के मूल्य की शिक्षा नहीं दी। मैं गरीब बनना नहीं चाहता। हम में से जिसने भी गरीबी के कड़वे अनुभव को झेला है, वह फिर कभी उससे गुजरना नहीं चाहेगा। हम में से जो भी आज तक उसकी कष्टदायी मार से उबर नहीं पाया है, वह जितनी जल्दी संभव हो, उतनी जल्दी इसके

चंगुल से निकलना चाहता है; लेकिन मैं इतना जरूर चाहता हूँ कि मेरे बेटे गरीबी के मोल को समझें, जैसे मैं समझता हूँ। 'मैं चाहता हूँ कि शिक्षा के लिए उन्हें यह आवश्यक बुनियाद मिले।' फिर चाहे वे कॉलेज जाएँ या नहीं। यदि वे गरीबी के सबक को अच्छी तरह सीख लेते हैं तो अधिक भाग्यशाली लोगों के साथ स्पर्धा कर सकेंगे, जिन्हें कॉलेज की शिक्षा मिली है। इस दुनिया में अधिकांश लोग कॉलेज की शिक्षा-प्राप्त नहीं हैं। *'वैसे लोग, जिन्हें कोई अवसर नहीं मिला'*, उनके लिए मेरे संदेश का मकसद ऐसे योग्य व्यक्तियों के वर्ग में उम्मीद और उत्साह जगाना है। यदि आप उनमें से एक हैं तो मैं आपको आश्वस्त कर दूँ कि भरपूर आत्मविश्वास के साथ जबरदस्त उम्मीद और प्रफुल्लित मन हो तो वह किसी कॉलेज की डिग्री से कम नहीं है। इन मानवीय गुणों के अत्यधिक आवश्यक भंडार के बिना इस दुनिया के किसी भी कॉलेज की कोई भी डिग्री का मोल उस चर्म-पत्र के जितना भी नहीं होगा, जिस पर वह छपी है। यदि मुझे कहा जाए कि किसी व्यक्ति को ऐसा जाम पिला दूँ, जिसे पीकर वह स्वस्थ हो जाए और आपको बता दूँ कि मैं स्वास्थ्य को सबसे बड़ी सफलता मानता हूँ तो मैं वह जाम उस व्यक्ति को पिलाऊँगा, *'जिसे कोई अवसर नहीं मिला है।'* उसके कंधों पर ही इस दुनिया की किस्मत निर्भर करेगी। वैसे भी, वह पैसों और समाज के स्तर पर इस दुनिया का बोझ उठा रहा होता है। वह हमारी रेलवे या बैंकों, हमारे बड़े-बड़े उद्योगों को चलाने में न केवल अहम भूमिका निभाता है, बल्कि वह दुनिया के सबसे बड़े देशों के मामलों को दिशा दे रहा होता है। सलाम है *उस आदमी को, जिसे मौका नहीं मिला।* हम सबको उसे सलाम करना चाहिए। फिर भी वह हम सब में सबसे साधारण व्यक्ति है। वह सबसे कम दिलचस्प, सबसे अधिक सहानुभूतिपूर्ण और दयालु होता है। वह हमारी सफलताओं में आनंद लेता है और हमारी मुसीबतों में कष्ट सहता है। उस पर दया मत दिखाओ, उससे ईर्ष्या करो! यदि आप इस वर्ग के हैं तो इस सबसे बड़ी विरासत का लाभ उठाइए, जो किसी मनुष्य को मिल सकती है।

□

वर्ष 1922 में नेपोलियन हिल को वर्जीनिया के सलेम स्थित सलेम कॉलेज में दीक्षांत भाषण देने के लिए बुलाया गया था। उस कॉलेज की स्थापना सन् 1888 में उदार कला, शिक्षकों के शिक्षण संस्थान और नर्सिंग कॉलेज के रूप में हुई थी। दीक्षांत भाषण को 'इंद्रधनुष का आखिरी छोर' नाम दिया गया था। वह हिल का अब तक का सबसे प्रभावशाली भाषण था। सन् 1922 में जब हिल ने वह भाषण दिया, तब उनकी उम्र उनतालीस साल थी और उन्हें लेखन व संबोधन में कई वर्षों का अनुभव था; लेकिन उनकी पहली पुस्तक का प्रकाशन तब भी कई वर्षों बाद जाकर हुआ। उन्हें जहाँ कहीं सुननेवाले मिल जाते, वहीं पूरे मन से संबोधनों और व्याख्यानों में जुटे थे। आगे चलकर जब नेपोलियन हिल प्रसिद्ध हो गए, खासतौर पर जब उनकी पुस्तकें छपीं, तब उनके व्याख्यानों की जबरदस्त माँग हो गई। 'नेपोलियन हिल फाउंडेशन' के अभिलेखागारों में नवासी संबोधनों का संग्रह है, जिन्हें उन्होंने देश भर में केवल एक साल की अवधि के दौरान दिया था। सन् 1922 में सलेम कॉलेज में उन्होंने जो भाषण दिया था, उससे प्रेरित होनेवाले कांग्रेस के सदस्य जेनिंग्स रैंडॉल्फ का एक पत्र उन्हें मिला। हिल उस पत्र (इस पुस्तक के परिशिष्ट में भी पाठकों के लिए उपलब्ध है) की चर्चा सन् 1937 में लिखी अपनी पुस्तक *'थिंक एंड ग्रो रिच'* के परिचय में करने वाले थे और रैंडॉल्फ के प्रेरणादायी पत्र को प्रकाशित करने वाले थे। रैंडॉल्फ ने कांग्रेस

में अपनी सीट पर सन् 1932 में जीत हासिल की, उसी साल, जिस साल फ्रैंकलिन डी. रूजवेल्ट अमेरिका के राष्ट्रपति चुने गए थे। रूजवेल्ट से हिल का परिचय रैंडॉल्फ ने ही कराया था और महामंदी के दौरान हिल राष्ट्रपति के अवैतनिक सलाहकार बने। व्हाइट हाउस से लिखित पत्राचार 'नेपोलियन हिल फाउंडेशन' के अभिलेखागार में मौजूद है। रैंडॉल्फ आगे जाकर अमेरिकी सीनेटर और 'नेपोलियन हिल फाउंडेशन' के ट्रस्टी बने। उनकी मृत्यु सन् 1998 में हुई और वे फ्रैंकलिन डी. रूजवेल्ट प्रशासन के शुरुआत में कार्य करनेवाले कांग्रेस के आखिरी सदस्य थे। अखबार में छपे उस भाषण को दुनिया के सामने लाने का श्रेय नेपोलियन हिल के पोते डॉ. जे.बी. हिल को जाता है, जिन्होंने उस भाषण को एक माइक्रोफिल्म से ढूँढ़ निकाला और डॉ. जे.बी. हिल की पत्नी को भी जाता है, जिन्होंने उसे फिर से टाइप किया। आगे उस भाषण को पढ़ा जा सकता है।

—डॉन ग्रीन

इंद्रधनुष का आखिरी छोर

1922, सलेम कॉलेज में दीक्षांत समारोह संबोधन

मानव जाति जितनी पुरानी है, उतनी ही पुरानी एक कहानी भी है, जो हमें बताती है कि किसी इंद्रधनुष के आखिरी छोर पर सोने का कलश मिल सकता है। कल्पनाशील बच्चे के मन को वश में कर लेनेवाली इस परी कथा का संबंध आज के जमाने के इनसानों की उस प्रवृत्ति से हो सकता है, जो अमीर बनने के आसान रास्ते ढूँढ़ते रहते हैं। लगभग बीस वर्षों तक मैं अपने इंद्रधनुष के अंतिम छोर को ढूँढ़ता रहा, ताकि मुझे भी सोने का वह कलश मिल जाए। इंद्रधनुष के छलनेवाले आखिरी छोर की मेरी तलाश अंतहीन थी। सोने के उस बहुत बड़े कलश की तलाश मुझे विफलता के पर्वत तक ऊपर और निराशा की खाई तक नीचे ले गई और मैं उसके आकर्षण में भटकता रहा।

एक रात मैं खुद से अधिक उम्र के लोगों के साथ अलाव के सामने बैठा था, जो आंदोलन में मजदूरों की भूमिका पर चर्चा कर रहे थे। देश के उस इलाके में, जहाँ मैं रहता था, मजदूर संघ के आंदोलन ने अपना असर दिखाया था और मजदूर संगठनों ने जो तरीके अपनाए थे, उसने मुझे काफी प्रभावित किया था; क्योंकि वे बेहद क्रांतिकारी और स्थायी सफलता के लिए जबरदस्त विघ्नकारी थे। अलाव के सामने मेरे साथ बैठे एक व्यक्ति ने कुछ ऐसा कहा, जो मेरी ओर से अपनाई जानेवाली अब तक की सबसे अच्छी सलाह साबित हुई। उसने मेरी तरफ हाथ बढ़ाया और मेरे कंधों पर मजबूत पकड़ बनाने के साथ ही मेरी आँखों में आँखें डालते हुए कहा, "तुम होशियार लड़के हो और अगर तुमने शिक्षा प्राप्त कर ली तो इस दुनिया में तुम अपनी छाप छोड़ सकते हो।"[5]

उसकी बात का पहला ठोस नतीजा यह निकला कि मैंने एक स्थानीय बिजनेस

कॉलेज में दाखिला ले लिया और मैं पूरे मन से स्वीकार करूँगा कि वह एक कदम अब तक सबसे मददगार कदम साबित हुआ, जिसे मैंने उठाया था; क्योंकि बिजनेस कॉलेज में मुझे पहली बार उसकी पहली झलक मिली, जिसे *'आप अनुपातों की सही समझ'*[6] कह सकते हैं। बिजनेस कॉलेज की पढ़ाई पूरी करने के बाद मुझे स्टेनोग्राफर और बही-खाते का हिसाब रखने की नौकरी मिल गई, जिस पद पर मैं कई वर्षों तक काम करता रहा।[7]

मैंने *'प्राप्त पैसों से अधिक सेवा और बेहतर सेवा देने'* के जिस सिद्धांत को बिजनेस कॉलेज में सीखा था, उसी का नतीजा था कि मैं तेजी से तरक्की करता गया और अकसर उन बड़े पदों की जिम्मेदारी सँभालता रहा, जिनकी तुलना में मेरी उम्र काफी कम हुआ करती थी, लेकिन वेतन उन पदों के बराबर रहता था।

मैंने पैसे बचाए और देखते-ही-देखते मेरे बैंक खाते में कई हजार डॉलर जमा हो गए। मैं तेजी से अपने इंद्रधनुष के अंत की ओर बढ़ रहा था। मेरी ख्याति तेजी से फैली और मैंने पाया कि मेरी सेवा लेनेवालों के बीच होड़ लगी है। मुझे हाथोहाथ लिया जा रहा था और इसका कारण मेरी जानकारी नहीं थी, जो ज्यादा नहीं थी; बल्कि इस कारण कि 'मैं जो थोड़ा-बहुत भी जानता था, उसका सबसे अच्छा इस्तेमाल करने की मुझमें तत्परता' थी। मैंने अगर कुछ सीखा था तो वह तत्परता की यही भावना थी, जो सबसे सशक्त और महत्त्वपूर्ण सिद्धांत सिद्ध हुई।[8]

मेरी किस्मत मुझे दक्षिण की दिशा में ले गई और मैं लकड़ी के सामान बनानेवाली एक बड़ी कंपनी का सेल्स मैनेजर बन गया। मैं लकड़ियों के बारे में कुछ भी नहीं जानता था, न ही यह कि सेल्स मैनेजमेंट किस चिड़िया का नाम है; लेकिन इतना जरूर सीखा था कि 'मुझे जितने पैसे मिलें, उससे बेहतर और अधिक सेवा देना' मेरा काम है। और जब यह सिद्धांत मेरे भीतर उफान पर था, तब मैंने अपनी नौकरी इस मजबूत इरादे के साथ की कि मुझे लकड़ी बेचने के बारे में जो कुछ जानना चाहिए, वह सब मैं जान लूँगा। मैंने अच्छा काम किया। मेरा वेतन उस साल दो बार बढ़ाया गया और मेरा बैंक खाता भारी से भारी-भरकम होता जा रहा था। मैंने अपने मालिक के लिए लकड़ी की बिक्री में इतना अच्छा काम किया कि उसने लकड़ी की एक नई कंपनी खोल ली और मुझे अपना पार्टनर भी बना लिया।

मैं देख रहा था कि मैं इंद्रधनुष के उस अंत के करीब, ज्यादा करीब पहुँचता जा रहा था। हर दिशा से पैसों और सफलता की जैसे बाढ़-सी आ गई थी और उन सभी में मेरा ध्यान सोने के उस कलश पर टिका था, जिसे मैं बस, अपनी आँखों

के सामने देख रहा था। उस समय तक मेरी समझ में ऐसा बिल्कुल भी नहीं आया कि सफलता का मतलब सबकुछ हो सकता है, सिवाय सोने के उस कलश को छोड़कर!

अदृश्य हाथ

मैं जब तक अपने महत्त्व को समझता, तब तक उस 'अदृश्य हाथ' के कारण अपने ही घमंड में चूर होकर अकड़कर घूमता रहा। अब चूँकि समझदारी भरे लंबे समय को देखने और मनुष्य जीवन की घटनाओं को ज्यादा अच्छी तरह समझ लेने के बाद मुझे यह सोचकर हैरानी होती है कि क्या वह 'अदृश्य हाथ' जानबूझकर हम मूर्ख मनुष्यों को अपने घमंड के आईने के आगे नहीं घुमाता रहता है, ताकि एक समय पर हम देख सकें कि हम कितने फूहड़ हैं और घमंड करना बंद कर दें।

खैर, मुझे अपने सामने की पटरी साफ दिख रही थी। बंकर में कोयला था, टंकी में पानी। मेरा हाथ ढक्कन पर था और मैंने उसे पूरी तरह खोल दिया। आनेवाले मोड़ पर मेरी किस्मत भारी-भरकम गदा लिये मेरा इंतजार कर रही थी और गदा रुई की नहीं थी। मुझे पड़नेवाली मार की भनक तब तक नहीं लगी, जब तक कि वह पड़ नहीं गई।

साफ व नीले आसमान में जैसे बिजली कड़कती है, कुछ उसी तरह आर्थिक तबाही के सैलाब और दहशत ने मुझे अपनी चपेट में ले लिया। रातोरात उसके साथ एक-एक डॉलर बह गया, जो मेरे पास था। मैं जिस आदमी के साथ कारोबार कर रहा था, उसने हाथ खींच लिये—दहशत में, लेकिन किसी घाटे को उठाए बिना; जबकि मेरे हिस्से खोखली कंपनी आई, जिसके पास अच्छी ख्याति के सिवाय कुछ भी नहीं था। उस ख्याति के दम पर मैं 1,000 डॉलर की लकड़ी खरीद सकता था।

मेरे पास जो कंपनी बची थी, उसकी ख्याति के नाम पर एक धूर्त वकील को पैसे कमाने का मौका नजर आया। उसने और अन्य लोगों के समूह ने मिलकर उस कंपनी को खरीदा और चलाने लगे। बाद में मुझे पता चला कि वे जितनी लकड़ी हासिल कर सकते थे, उसे हासिल किया, फिर उसे बेच दिया, लेकिन उनके पैसे नहीं चुकाए। इस तरह, मैं अनजाने में ही वह जरिया बन गया था, जिसका इस्तेमाल करते हुए उन्होंने देनदारों को चूना लगाया, जिन्हें इस बात का पता चलते-चलते काफी देर हो चुकी थी कि उस कंपनी से मेरा कोई लेना-देना नहीं रह गया था।

इससे पहले कि मैं लकड़ी के धंधे को छोड़ कानून की पढ़ाई करता, एक

आर्थिक तबाही और उसके बाद की विफलता का भी मुझे सामना करना पड़ा। इस धरती पर कुछ नहीं, बल्कि विफलता या जिसे मैं तब विफलता कहता था, वही उस नतीजे को लेकर आ सकती थी। इस प्रकार, विफलता के पंख लगाकर मेरे जीवन में बदलाव का एक पल आया।

हर विफलता में एक बड़ा सबक होता है, चाहे हम उसे समझ सकें या नहीं।

मैंने लॉ कॉलेज में इस दृढ़ विश्वास के साथ दाखिला लिया कि इंद्रधनुष के उस अंत तक पहुँचने के लिए मैं दोगुनी तैयारी करूँगा और सोने के अपने उस कलश को हासिल कर लूँगा। उस समय तक भी पैसों का अंबार लगाने के सिवाय मेरी कोई और इच्छा नहीं थी। फिर भी, मैं जिस चीज को सबसे अधिक पूजता था, वह इस धरती की सबसे मायावी चीज थी, क्योंकि वह हमेशा मुझसे दूर भागती थी। भले ही हमेशा दिखाई देती थी, लेकिन उस तक मैं पहुँच नहीं पाता था।

रात को मैं लॉ कॉलेज जाता और दिन में ऑटोमोबाइल कंपनी के सेल्समैन के तौर पर काम करता। लकड़ी के धंधे में बिक्री का मेरा अनुभव काफी काम आया। मैंने तेजी से तरक्की की। *'मिलनेवाले पैसों से अधिक और बेहतर सेवा देने की आदत'* के चलते इतनी तेजी से फलता-फूलता गया कि एक स्कूल खोलने का अवसर मिला, जहाँ मशीन का काम करनेवाले सामान्य लोगों को मोटर गाड़ी की एसेंबली और मरम्मत के काम का प्रशिक्षण दिया जा सके। यह स्कूल तब तक तरक्की करता रहा, जब तक कि मेरा हर महीने का वेतन काफी बड़ा नहीं हो गया। एक बार फिर मुझे अपने इंद्रधनुष का आखिरी छोर नजर आने लगा। एक बार फिर मुझे लगा कि काम-धंधे के इस संसार में मैंने अपना लक्ष्य हासिल कर लिया है। फिर से मैं जान गया कि अपने रास्ते से मुझे कुछ भी भटका नहीं सकता या मेरा ध्यान भंग नहीं कर सकता।

मेरे बैंकर ने देखा कि मैं तरक्की कर रहा था। विस्तार के लिए उसने कर्ज भी दिया। उसने कारोबार के बाहर भी निवेश करने के लिए मुझे उत्साहित किया। वह मुझे इस संसार के सबसे बेहतरीन लोगों में से एक लग रहा था। उसने मेरे दस्तखत पर, बिना किसी की सिफारिश के, कई हजार डॉलर के कर्ज दे दिए। मेरा बैंकर तब तक कर्ज पर पैसे देता रहा, जब तक कि मैं बुरी तरह से कर्ज के जाल में नहीं फँस गया और फिर उसने मेरे कारोबार पर कब्जा जमा लिया। यह सबकुछ इतना अचानक हुआ कि मैं भौंचक्का रह गया। मैं यह सोच भी नहीं सकता था कि ऐसा कुछ हो सकता है। देखा आपने, अब भी मुझे इस दुनिया के चलन के बारे में बहुत कुछ सीखना था, खासतौर पर ऐसे लोगों के बारे में, जिनमें से एक मेरा वह

बैंकर था—एक ऐसा व्यक्ति, जो बैंकिंग के धंधे की कसम खाकर कहूँ तो विरले ही देखने को मिलता है।

यह नाकामी अब तक की सबसे बड़ी मेहरबानी थी, जो ऊपरवाले ने मुझ पर की थी।

कभी मैं एक अच्छी कमाई करनेवाला, आधा दर्जन गाड़ियों और वैसी ही बेकार की चीजों का मालिक था, जिनकी मुझे जरूरत नहीं थी और अब मैं कंगाल हो चुका था। इंद्रधनुष का आखिरी छोर गायब हो चुका था और कई साल पहले मैंने सबक सीख लिया था कि *'नाकामी मुझ पर की गई अब तक की सबसे बड़ी मेहरबानी थी'*, क्योंकि उसने मुझे एक ऐसे कारोबार से जबरन बाहर निकाला, जो किसी भी तरह मेरे मानवीय पक्ष को बेहतर नहीं बना रहा था, न ही मेरी कोशिशों को उस रास्ते पर ले जा रहा था, जहाँ मुझे वैसा अनुभव मिले, जिसकी मुझे सबसे ज्यादा जरूरत थी।

मुझे लगता है, यहाँ यह बता देना जरूरी है कि इस घटना के कुछ वर्षों बाद मैं वाशिंगटन डी.सी. लौट गया और उत्सुकतावश उस पुराने बैंक में गया, जहाँ कभी मुझे दिल खोलकर कर्ज मिला करता था। बेशक, मैं इस उम्मीद के साथ गया था कि वह अब भी चल रहा होगा। मैं यह जानकर हैरान रह गया कि बैंक का धंधा चौपट हो चुका था और मेरा पुराना बैंकर अब बदहाली व कंगाली के दिन गुजार रहा था। सड़क किनारे मैंने उसे पाया तो सच में उसके पास फूटी कौड़ी तक नहीं थी। उसकी लाल और सूजी हुई आँखों ने मुझे अपने जीवन में पहली बार खुद से यह पूछने पर मजबूर कर दिया कि क्या इंद्रधनुष के उस अंतिम छोर पर पैसे के सिवाय भी कोई मूल्यवान् चीज मिल सकती है?

चूँकि मैं अपनी पत्नी की बात माननेवाला पति था और उसकी कई लोगों से जान-पहचान थी, इसलिए मैंने एक परिवार के स्वामित्ववाले कारोबार में मुख्य सलाहकार के सहायक की नौकरी हासिल कर ली। मेरा वेतन उन नौसिखियों की तुलना में काफी ज्यादा था, जो कंपनी उन्हें आमतौर पर दिया करती थी; फिर भी, मेरी जितनी कीमत थी, उससे काफी कम थी। लेकिन जो था, सो था और मैं वहाँ था तो था। यह बात सामने आई कि कानून के मामले में मुझमें जो कमी थी, उसे मैंने उस एक ठोस व मौलिक सिद्धांत से पूरी की, जिसे मैंने बिजनेस कॉलेज के दिनों में सीखा था, यानी जब भी संभव हो, 'जितने पैसे मिलें, उससे अधिक और बेहतर सेवा

देना।' बिना किसी समस्या के मैं अपनी जिम्मेदारी सँभाल रहा था। सच कहूँ तो मेरे पास जीवन में एक स्थिरता थी, बशर्ते मैं उसे जारी रखना चाहता। एक दिन मैंने कुछ ऐसा किया, जिसे मेरे करीबी और अभिन्न मित्रों व रिश्तेदारों ने बेवकूफी का नाम दिया—अचानक ही मैंने नौकरी छोड़ दी।

जब मुझसे बार-बार कारण पूछा गया, तब मैंने ऐसा कारण बताया, जो मुझे काफी दमदार लग रहा था; लेकिन परिवार के लोगों को समझाना मेरे लिए मुश्किल था कि मैंने बुद्धिमानी भरा कदम उठाया है और अपने कुछ दोस्तों को यह समझाना तो उससे भी ज्यादा मुश्किल था कि मैं पूरे होशो-हवास में हूँ। मैंने वह नौकरी इसलिए छोड़ दी, क्योंकि मुझे अपना काम काफी आसान लगा और मुझे लगा कि मैं बहक रहा हूँ।[10] यह कदम मेरे जीवन का एक निर्णायक मोड़ साबित हुआ, भले ही इसके बाद मुझे दस वर्षों तक संघर्ष करना पड़ा, जब मुझे हर उस दुःख से गुजरना पड़ा, जिसे किसी इनसान का दिल सह सकता है। मैंने कानून के क्षेत्र की अपनी नौकरी छोड़ दी, जहाँ मैं ठीक-ठाक काम कर रहा था, अपने दोस्तों व रिश्तेदारों के साथ रह रहा था, जिसे वे एक उज्ज्वल और असाधारण रूप से कामयाब भविष्य के तौर पर देख रहे थे और शिकागो चला आया।

मैंने शिकागो को इस कारण चुना, क्योंकि मुझे लगता था कि यह दुनिया का सबसे प्रतिस्पर्धी शहर है। मुझे लगा कि अगर मैं शिकागो चला जाऊँ और किसी भी सही काम में पहचान बना लूँ तो मैं साबित कर सकता हूँ कि मेरे भीतर ऐसी बात है, जिसे किसी दिन मैं वास्तविक क्षमता के रूप में विकसित कर सकता हूँ। शिकागो में मुझे विज्ञापन मैनेजर की नौकरी मिल गई।[11] विज्ञापन किस बला का नाम है, मैं जानता तक नहीं था; लेकिन सेल्समैन के तौर पर मेरा पिछला अनुभव मेरे काम आया और मदद के लिए पुराना दोस्त तो था ही, 'वही—जितने पैसे मिलें, उससे अधिक सेवा देने की आदत', जिसने मेरी आमदनी को खर्च के मुकाबले बेहतर बनाए रखा।

पहले साल मैंने खूब तरक्की की। मेरी कमाई दिन दूनी, रात चौगुनी हो रही थी। धीरे-धीरे वही इंद्रधनुष एक बार फिर से मेरे चारों ओर घेरा बनाने लगा और फिर से मुझे वह चमचमाता सोने का कलश एकदम अपनी पहुँच में दिखने लगा। यहाँ मैं एक बात जरूर याद करना चाहूँगा कि मेरी सफलता का पैमाना डॉलरों में था और मेरे इंद्रधनुष के आखिरी छोर पर कुछ और नहीं, बस, सोने के उस कलश के मिलने की उम्मीद थी। अब तक अगर मेरे मन में यह खयाल आया भी कि इंद्रधनुष के आखिरी छोर पर सोने के सिवाय भी कुछ मिल सकता है, तो वह पल भर की

बात थी, जो जल्दी ही हवा हो गई। मेरी पाँचों उँगलियाँ घी में थीं, जबकि मैंने अपने पतन के बारे में सोचा तक नहीं था। मुझे लगता है कि कोई भी तब तक अपने गर्त में गिरने की बात नहीं सोचता, जब तक कि वह सच में उसके कगार पर नहीं पहुँच जाता है और उसकी नौबत आती भी है, बशर्ते किसी के मौलिक मार्गदर्शक सिद्धांत एकदम ठोस न हों।

विज्ञापन मैनेजर के तौर पर मैंने खूब नाम कमाया। कंपनी का प्रेसिडेंट मेरे काम से खुश था और बाद में उसने 'बेट्सी रॉस कैंडी' कंपनी के गठन में सहायता की तथा मैं उसका प्रेसिडेंट बन गया। इस प्रकार, मेरे जीवन का अगला महत्त्वपूर्ण मोड़ शुरू हुआ और उसके साथ ही एक और विफलता की स्क्रिप्ट भी तैयार होने लगी।[12] हमारा कारोबार बढ़ने लगा और तब तक बढ़ता गया, जब तक कि कई शहरों में स्टोर्स की चेन नहीं खुल गई।[13] एक बार फिर मुझे अपने इंद्रधनुष का आखिरी छोर लगभग अपनी पहुँच में दिखने लगा। मैं जान गया कि आखिरकार, मुझे वह कारोबार मिल ही गया, जिसे मैं जीवन भर करना चाहता था और मैं खुलकर स्वीकार करना चाहता हूँ कि हमारा व्यवसाय एक और कैंडी कंपनी की तर्ज पर बना था, जिसके पश्चिमी इलाके का मैनेजर मेरा जिगरी दोस्त था। उसकी जबरदस्त सफलता के चलते ही मैं कैंडी के कारोबार में आया। कुछ समय तक सबकुछ ठीक-ठाक चला, जब तक कि कारोबार में मेरा सहयोगी और वह तीसरा व्यक्ति नहीं आया, जिसे हमने बाद में रखा था और जिसने बिना पैसे दिए मेरे हितों पर नियंत्रण की अवधारणा तैयार की थी। यह एक ऐसी गलती थी, जिसे लोग कभी समझ नहीं पाते कि वे क्या कर रहे हैं और जब तक समझ पाते हैं, तब तक बहुत देर हो जाती है और उन्हें अपनी गलती की बहुत बड़ी कीमत चुकानी पड़ती है।

चाल कामयाब हुई

चाल कामयाब हुई, लेकिन मैंने जिस सख्ती से विरोध किया, उसका उन्हें अंदाजा नहीं था और इस कारण ही बड़े प्यार से 'सम्मान के साथ' मुझे बाहर का रास्ता दिखाने के लिए उन्होंने एक झूठे आरोप पर मुझे गिरफ्तार करवा दिया और उस मामले को इस शर्त पर कोर्ट से बाहर निपटाने का ऑफर दिया कि मैं अपने हितों को कंपनी के हवाले कर दूँ। मैंने इनकार कर दिया और मुकदमा लड़ने के लिए तैयार हो गया। जब कोर्ट की काररवाई का समय आया तो आरोप लगानेवाला कोई था ही नहीं। हमने अभियोजन की काररवाई के लिए दबाव डाला और कोर्ट से आग्रह किया

कि वह शिकायत करनेवाले गवाह को बुलवाए तथा उससे कहे कि वह अभियोजन का काम शुरू करे। यह काम हुआ भी। केस की सुनवाई करनेवाले जज, माननीय अर्नोल्ड हीप ने काररवाई रोक दी और इससे पहले कि यह ज्यादा आगे बढ़ती, केस को इस कथन के साथ खारिज कर दिया कि "आज तक मेरे पास जोर-जबरदस्ती से वसूली के जितने केस आए, उनमें से यह सबसे निंदनीय मामलों में से एक है।"

अपनी ख्याति की रक्षा के लिए मैंने 50,000 डॉलर की मानहानि का मुकदमा किया। उस केस की सुनवाई पाँच साल बाद हुई और शिकागो के सुपीरियर कोर्ट से मेरे पक्ष में फैसला भी हो गया। यह मुकदमा 'यातना की काररवाई' थी, मतलब यह कि झूठ बोलकर मेरी प्रतिष्ठा पर दाग लगाने के एवज में मुआवजे की माँग थी; लेकिन मुझे लगा कि एक उससे भी कहीं अधिक कठोर कानून था, जिसके तहत यातना की काररवाई उन पाँच वर्षों के दौरान चल रही थी, जब एक पक्ष, जिसने कारोबार में मुझसे मेरा हक छीनने के लिए साजिश की थी, वह संघीय जेल में सजा भुगत रहा था, उस समय तक मेरे मुकदमे की सुनवाई के बाद की काररवाई भी नहीं हुई थी। वह उस अपराध की सजा भुगत रहा था, जो उसने मेरे खिलाफ साजिश रचने से पहले किया था। उस मामले में दूसरा पक्ष जीवन में मान-मर्यादा के स्तर से गिरकर गरीबी और बदनामी झेल रहा था।

शिकागो के सुपीरियर कोर्ट के दस्तावेजों में मेरे पक्ष में सुनाया गया फैसला मेरे चरित्र को बेदाग साबित करता है और वह मेरी बेगुनाही से कहीं ज्यादा बड़ी चीज का प्रमाण है, यानी उस 'अदृश्य हाथ' का, जो उन सभी लोगों के प्रारब्ध की दिशा तय करता है, जो पूरे मन से सच को सामने लाना चाहते हैं। उस अदृश्य हाथ ने मेरे मन से बदले की हर भावना को पूरी तरह मिटा दिया था। मैंने उस फैसले पर काररवाई की माँग नहीं की, जिसे मुझे बदनाम करनेवालों के खिलाफ सुना गया था और मैं ऐसा कभी करूँगा भी नहीं!

मैं उस पर कम-से-कम इस जीवन में तो काररवाई की माँग नहीं ही करूँगा, क्योंकि मुझे लगता है कि उसके मुकाबले कहीं अधिक तकलीफ, पछतावा और विफलता का सामना उन लोगों को करना पड़ा होगा, जिन्होंने अपने स्वार्थ के लिए मेरे चरित्र को तार-तार करने की नाकाम कोशिश की थी।

'यह अब तक के सबसे बड़े आशीर्वाद में से एक था, जो कभी मुझे मिला था', क्योंकि इसने मुझे माफ करना सिखाया! इसने मुझे यह भी सिखाया कि मुआवजे का नियम हमेशा चालू रहता है और यह सच है कि 'कोई भी इनसान वही काटता है, जो

वह बोता है।'[14] इसने हमेशा-हमेशा के लिए मेरे भीतर से किसी भी समय, किसी भी परिस्थिति में बदला लेने की भावना को समाप्त कर दिया। इसने मुझे सिखाया कि समय उन सभी लोगों का साथी होता है, जो सही होते हैं और उन लोगों का जानी दुश्मन, जो गलत हैं और किसी को बरबाद करने का प्रयास करते हैं। इसके बाद मुझे मालिक की वह बात याद आ गई, जिन्होंने कहा था, "हे ईश्वर! इन्हें माफ कर देना, क्योंकि ये नहीं जानते कि ये क्या कर रहे हैं।"

शिक्षण

अब हम एक और व्यवसाय की बात करते हैं, जो मुझे किसी भी अन्य धंधे के मुकाबले इंद्रधनुष के आखिरी छोर के अधिक करीब लेकर आया; क्योंकि इसने मुझे उस स्थान तक पहुँचाया, जहाँ मुझे लगा कि उस समय तक मैंने हर उस विषय पर जितना भी ज्ञान प्राप्त किया था, जिससे मेरा परिचय हुआ था और जिसने मुझे अपने आप को व्यक्त करने तथा व्यक्तित्व के विकास का ऐसा अवसर दिया था, जो किसी व्यक्ति के जीवन में इतनी जल्दी विरले ही आता है, उन सभी को साथ लाऊँ। मैंने अब अपना ध्यान विज्ञापन और सेल्समैनशिप की शिक्षा देने की ओर लगा दिया।[15]

किसी ज्ञानी दार्शनिक ने कहा था कि हम तब तक ज्यादा नहीं सीखते, जब तक कि दूसरों को शिक्षा देना शुरू न कर दें। एक शिक्षक के रूप में मेरे अनुभव ने साबित किया कि यह बात सच है। शुरुआत से ही मेरा स्कूल फलने-फूलने लगा। मेरा एक आवासीय और एक पत्राचार स्कूल था, जिसके माध्यम से मैं लगभग हर अंग्रेजी भाषी देश के छात्रों को शिक्षा दे रहा था। युद्ध की बरबादियों के बावजूद मेरा स्कूल जबरदस्त तरक्की कर रहा था और मैं अपने इंद्रधनुष के छोर को करीब और करीब आता देख रहा था। मैं इतना करीब था कि हाथ बढ़ाकर सोने के कलश को छू सकता था। मैं जिस तरह के रिकॉर्ड बना रहा था और जितनी पहचान मुझे मिल रही थी, उसे देखते हुए एक कॉरपोरेशन के प्रमुख का ध्यान मेरी तरफ गया, जिसने हर महीने 1,05,200 डॉलर के वेतन पर मुझे रख लिया, जिसमें हर महीने मुझे तीन हफ्ते काम करना पड़ता था। यह उस वेतन से काफी ज्यादा था, जो अमेरिका के राष्ट्रपति को मिलता है।

छह महीने से भी कम समय में मैंने अमेरिका में सबसे कुशल कामगारों में से एक की फौज खड़ी कर दी और कंपनी की परिसंपत्तियों को वहाँ तक पहुँचा दिया, जहाँ उसे उस समय की तुलना में उसकी कीमत के मुकाबले 2 करोड़ डॉलर ज्यादा

का प्रस्ताव दिया गया, जब उसकी मैंने शुरुआत की थी। सच-सच बताइए, अगर आप मेरी जगह होते तो क्या आपका कहना सही नहीं होता कि आपको आपके इंद्रधनुष का अंतिम छोर मिल गया है ? क्या आपका यह कहना सही नहीं होता कि आपने सफलता प्राप्त कर ली है ?

मैंने सोचा कि मैंने ऐसा कर लिया है; लेकिन अब तक का सबसे भयंकर झटका मेरा इंतजार कर रहा था, जिसमें एक बड़ा हिस्सा उस कॉरपोरेशन का प्रमुख था, जिसके लिए मैं काम कर रहा था। लेकिन सीधे तौर पर कहूँ तो मुझे लगता है कि भाग्य को शायद यही मंजूर था कि मुझे कुछ सीखना चाहिए।

मेरे वेतन का 1 लाख डॉलर इस शर्त के साथ जुड़ा था कि मुझे स्टाफ के डायरेक्टिंग हेड के पद पर एक साल तक बने रहना है। उससे आधे ही समय में मुझे यह दिखने लगा था कि मैं सत्ता की बुनियाद की तरह नीचे धँसता जा रहा था और सबकुछ एक ऐसे आदमी के हाथों में सौंप रहा था, जो सत्ता के मद में चूर होता जा रहा था। मैं देख रहा था कि वह तबाही के कगार तक पहुँच चुका है। इस बात से मुझे काफी तकलीफ हुई।

नैतिक रूप से मैं इसके लिए जिम्मेदार था कि मैंने अमेरिका के लोगों को इस कॉरपोरेशन में कई लाख डॉलर का निवेश करने के लिए प्रेरित किया। बेशक, कानूनी तौर पर मैं कहीं से भी जिम्मेदार नहीं था। आखिरकार, मैंने इस मामले को उठा ही दिया, जब मैंने कॉरपोरेशन के प्रमुख को अल्टीमेटम दे दिया कि कंपनी के फंड की सुरक्षा के लिए उसे वित्तीय नियंत्रणवाले एक बोर्ड के अधीन किया जाए या फिर मेरा इस्तीफा स्वीकार किया जाए। वह इस सुझाव पर हँसने लगा, क्योंकि उसे लगा कि मैं अपना 1 लाख डॉलर खोकर अपने अनुबंध को नहीं तोड़ूँगा। शायद मैं ऐसा नहीं भी करता, अगर मैं हजारों निवेशकों के प्रति नैतिक रूप से जिम्मेदार न होता। मैंने इस्तीफा दे दिया और कंपनी कोर्ट की निगरानी में एक अधिकारी के नियंत्रण में चली गई। इस प्रकार, मैंने उसकी रक्षा के लिए जो कुछ संभव था, वह किया, ताकि पैसों के पीछे पागल एक युवक के कुप्रबंधन से उसे बचा सकूँ। इसके बदले मुझे थोड़ा सा सुकून मिला, जिसके बदले मुझे दुनिया भर का उपहास और 1 लाख डॉलर की चपत भी झेलनी पड़ी।

कुछ समय तक मेरे इंद्रधनुष का अंतिम छोर धुँधला और कुछ हद तक दूर दिखा। ऐसे भी पल आए, जब मैंने सोचा कि मैंने इतनी बड़ी बेवकूफी क्यों की और महज उन लोगों के हितों की रक्षा के लिए अपना इतना बड़ा नुकसान किया,

जिन्हें कभी यह पता भी नहीं चलेगा कि मैंने उनके लिए कितना बड़ा त्याग किया है। मैं जब अपने चरमोत्कर्ष पर हूँ, तब इसका लेखा-जोखा निकाल रहा हूँ कि हर बड़ी विफलता और अपने जीवन के महत्त्वपूर्ण पड़ावों से मैंने क्या सीखा; लेकिन सबसे पहले मैं आपको उन विफलताओं के बारे में बताता हूँ। इसके लिए मुझे उस घटनात्मक दिन 11 नवंबर, 1918 की तरफ लौटना होगा। उस दिन युद्ध-विराम दिवस था, जैसा कि सब जानते हैं। ज्यादातर लोगों की तरह मैं जोश और खुशी के मद में इतना चूर हो गया, जितना किसी को शराब का भी नशा नहीं हुआ होगा।

सच कहूँ तो मेरे पास फूटी कौड़ी भी नहीं बची थी, क्योंकि युद्ध के कारण मेरा धंधा चौपट हो चुका था। मैंने अपना ध्यान युद्ध के काम में लगा दिया था; लेकिन मैं यह जानकर खुश था कि जितनी बरबादी होनी थी, हो चुकी और एक बार फिर सच्चाई इस धरती पर अपनी अच्छाई फैलाने वाली है। युद्ध ने मेरे स्कूल को कंगाल कर दिया था, जिसके छात्रों को अगर युद्ध के लिए तैयार नहीं किया होता और मुझे भी ऐसा नहीं लगता कि मुश्किल घड़ी में अपने देश की सहायता करना मेरा कर्तव्य है, तो प्रति वर्ष मेरी आमदनी 15,000 डॉलर से भी अधिक होती। मैं अपने इंद्रधनुष के अंतिम छोर से उस दिन उतना ही दूर था, जितना कि बीस साल पहले, जब मैं एक कोयला खदान के मुहाने पर खड़ा था, जहाँ मैं मजदूरी करता था और उस कथन को याद कर रहा था, जिसे मैंने एक दयालु बुजुर्ग से एक रात पहले सुना था। लेकिन मुझे यह भी अहसास हुआ कि खदान में मजदूरी करने और किसी भी प्रकार की उपलब्धि को हासिल करने के बीच एक बहुत गहरी खाई थी।

फिर से खुश

लेकिन मैं फिर से खुश था! एक बार फिर वही खयाल उड़ते-उड़ते मेरे मन में आया कि कहीं अपने इंद्रधनुष के अंतिम छोर पर मैं किसी तरह के गलत इनाम की खोज तो नहीं कर रहा था। मैं अपने टाइपराइटर पर बैठ गया, जबकि मेरे दिमाग में कुछ भी विशेष नहीं था। मैं हैरान रह गया, जब मेरे हाथ टाइपराइटर पर एक खास लय के साथ चलने लगे। उस दिन से पहले मैंने कभी इतनी तेजी या आसानी से नहीं लिखा था। मैंने बिल्कुल भी नहीं सोचा कि मैं क्या लिख रहा था। मैं बस, लिखता गया, लिखता गया। मैंने जब लिख लिया, तब मेरे पास पाँच पन्नों का लेख था और जहाँ तक मैं समझ पा रहा था, वह लेख मेरे दिमाग में बिना किसी संगठित सोच के बाद लिखा गया था। यह एक संपादकीय था, जिससे मेरी पहली पत्रिका, *'नेपोलियन*

हिल्स गोल्डन रूल मैगजीन' का जन्म हुआ। मैं उस संपादकीय के साथ एक धनी व्यक्ति से मिला और उसे पढ़कर सुनाया। इससे पहले कि मैं उसकी आखिरी पंक्ति को पढ़ता, वह मेरी पत्रिका का खर्च उठाने के लिए राजी हो चुका था। इस प्रकार, काफी हद तक नाटकीय तरीके से एक इच्छा, जो मेरे मन में लगभग बीस वर्षों तक शांत पड़ी थी, उसने खुद को अभिव्यक्त करना शुरू कर दिया। यह वही इच्छा थी, जो मेरे दिमाग में उस समय थी, जब उस बुजुर्ग ने मेरे कंधे पर हाथ रखा और बीस साल पहले वह सौभाग्यशाली बयान दिया, जिसकी मूल सोच यह थी कि सारे मानवीय संबंधों में सुनहरा सिद्धांत मार्गदर्शक भावना का आधार होना चाहिए।

जीवन भर की मेरी इच्छा थी कि मैं किसी समाचार-पत्र का संपादक बनूँ। बीस साल से भी अधिक पहले, जब मैं काफी कम उम्र का लड़का था, मैं प्रेस में अपने पिता की मदद किया करता था, जो एक छोटा सा अखबार निकालते थे। बड़ा होते-होते मुझे प्रिंटर की स्याही की महक अच्छी लगने लगी। मैं एक महत्त्वपूर्ण बात की ओर आपका ध्यान ले जाना चाहूँगा कि मैंने आखिरकार उस काम को चुना, जिसे मैं अपनी ताकत मानता था और मैं इससे काफी खुश था। हैरानी इस बात की है कि मैंने इसी काम से अपनी शुरुआत की थी और आखिरी दौर में भी मैं इसी काम की तरफ लौटा और इन सबके बीच न जाने अपने इंद्रधनुष के आखिरी छोर की तलाश में मैं कहाँ-कहाँ भटकता रहा; जबकि सोने का कलश चाहकर भी हासिल नहीं कर सका।

शुरुआत से ही पत्रिका चल निकली। छह महीने से भी कम समय में दुनिया के हर अंग्रेजी-भाषी देश में इसे पढ़ा जा रहा था। इसने दुनिया के लगभग हर हिस्से में मुझे पहचान दिलाई, जिसका नतीजा यह हुआ कि सन् 1920 में मैं सार्वजनिक अभिभाषण के दौरे पर निकला और अमेरिका के हर बड़े शहर में गया। अब तक मेरे जितने दोस्त थे, उतने दुश्मन मैंने बना लिये थे। अब एक विचित्र बात भी हुई—अपने शुरुआती संपादकीय कार्य के साथ-साथ मैंने दोस्त बनाने शुरू किए और आज की तारीख तक यह संख्या बढ़ती हुई एक लाख तक पहुँच गई है, जिनमें वे लोग हैं, जो मेरे साथ खड़े हैं, क्योंकि उन्हें मुझ पर और मेरे संदेश पर विश्वास है।

यह बदलाव कैसे आया ?

अगर आप आकर्षण के नियम को समझते हैं तो इसका उत्तर दे सकते हैं; क्योंकि आपको पता होगा कि एक जैसे लोग एक जैसे लोगों को आकर्षित करते हैं, जिसमें कोई व्यक्ति उन विचारों की प्रकृति के अनुसार दोस्तों या दुश्मनों को आकर्षित करता है, जो उसके मन पर हावी रहते हैं। आप जीवन के प्रति झगड़ालू रवैया रखकर इसकी उम्मीद नहीं कर सकते कि आप दोस्त बना लेंगे। मैंने जब अपनी पहली

पत्रिका में सुनहरे सिद्धांतों का प्रचार-प्रसार शुरू किया तो मैंने जहाँ तक संभव था, उनके पालन का प्रयास किया।

सुनहरे नियमों में कहने भर के लिए यकीन करना और अपने कार्यों में व्यावहारिक रूप से उन्हें अपनाने के बीच बड़ा फर्क होता है। यह ऐसी सच्चाई थी, जो मेरी समझ में तब आई, जब मैंने अपनी पहली पत्रिका की शुरुआत की। इस अहसास ने अचानक ही मेरे भीतर एक ऐसे सिद्धांत को लेकर समझ पैदा की, जो मेरे मन में रहनेवाले हर विचार में बसा है और हर उस कार्य में, जहाँ तक संभव है, प्रभावी रहता है। वह विचार वही है, जिसे ईसा मसीह ने अपने उपदेश में व्यक्त किया, जब उन्होंने हमें सिखाया था कि "दूसरों के साथ वैसा ही व्यवहार करो, जैसा तुम चाहते हो कि दूसरे तुम्हारे साथ करें।"

बीते तीस वर्षों के दौरान मैंने सुनहरे सिद्धांतों की भावना का प्रसार लाखों लोगों के बीच किया है। विचारों की ऐसी तरंगें उन लोगों से टकराकर अनगिनत हो गईं और मुझ तक उन लोगों की शुभकामनाओं की एक बाढ़ लेकर आईं, जिन लोगों तक मेरा संदेश पहुँचा। सातवीं और आखिरी बार मैं तेजी से इंद्रधनुष के आखिरी छोर की तरफ बढ़ रहा था। विफलता के सारे रास्ते बंद दिख रहे थे। मेरे शत्रु धीरे-धीरे मित्र बनते जा रहे थे और अब मैं हजारों की संख्या में नए-नए दोस्त बना रहा था; लेकिन एक आखिरी इम्तिहान अभी बाकी था।

जैसा कि मैंने बताया, मैं इस दृढ़ विश्वास के साथ अपने इंद्रधनुष के अंत की ओर बढ़ रहा था कि दुनिया की कोई भी ताकत मुझे वहाँ तक पहुँचने से और अपने सोने के कलश तथा अन्य सारी चीजों को पाने से रोक नहीं सकती, जिस बड़े इनाम को पाने की आशा किसी उसकी तलाश करनेवाले को रहती है। बिल्कुल साफ आसमान में जैसे बिजली कड़कने लगे, कुछ उसी अप्रत्याशित रूप से मुझे एक झटका लगा।

वह हुआ, जो असंभव था। मेरी पहली पत्रिका, 'नेपोलियन हिल्स गोल्डन रूल मैगजीन' को न केवल रातोरात मुझसे छीन लिया गया, बल्कि उसने अपनी जो धाक जमाई थी, उसे कुछ समय के लिए मेरे ही खिलाफ हथियार बना दिया गया। एक बार फिर इनसान ने मुझे धोखा दिया था और इनसानों को लेकर मेरे मन में बेहद क्षोभ था। जब मेरी नींद खुली तो यह बात समझ आ गई कि मैं अपनी पत्रिका के जरिए और आमने-सामने हजारों लोगों को सुनहरे सिद्धांतों के बारे में जो उपदेश दे रहा था और जिन पर अपने जीवन को यथासंभव आधारित कर रहा था, उनमें कोई सच्चाई नहीं थी।

यह अग्निपरीक्षा की सबसे बड़ी घड़ी थी। क्या मेरे अनुभव ने मेरे सबसे प्रिय सिद्धांत को गलत साबित किया था और वह एक ऐसा जाल था, जिसमें भोले-भाले लोगों को फँसाया जाए, या मैं किसी बड़े सबक को सीखने जा रहा था, जो मेरे बाकी के जीवन में और शायद अनंत काल तक उन सिद्धांतों की सच्चाई व दृढ़ता को स्थापित करने वाला था? ये ऐसे सवाल थे, जो मुझे बेचैन कर रहे थे। मैंने उनका जवाब तुरंत नहीं दिया। मैं दे भी नहीं सकता था। मैं इतना निस्तब्ध था कि मुझे रुकना पड़ा और अपनी साँसों को थामना पड़ा। मैं यह उपदेश दे रहा था कि कोई किसी व्यक्ति की अवधारणाओं या योजनाओं अथवा वस्तुओं को चुराकर समृद्ध नहीं हो सकता। मेरा अनुभव अब उन सारी बातों को झुठला रहा था, जिन्हें मैंने इसी तरह की सोच के साथ कहा या लिखा था; क्योंकि जिन लोगों ने मेरे दिल व दिमाग के टुकड़े को चुराया, वे न केवल उसकी वजह से फल-फूल रहे थे, बल्कि वास्तव में उसका इस्तेमाल मुझे अपनी योजनाओं को मानव जाति के हित में दुनिया भर में लागू करने से रोकने के साधन के तौर पर भी कर रहे थे।

कई महीने गुजर गए और मैं कुछ भी नहीं कर पा रहा था। मुझे बेदखल कर दिया गया। मेरी पत्रिका को मुझसे छीन लिया गया। मेरे दोस्त मुझे ऐसी नजर से देख रहे थे, जैसे मैं हारा हुआ रिचर्ड द लायनहार्ट (इंग्लैंड का बादशाह, जिसने कई युद्ध जीते थे) था। कुछ ने कहा—मैं जोरदार वापसी करूँगा, जिसकी मिसाल सभी देंगे। अन्य लोगों ने कहा कि मेरा खेल खत्म हो चुका था। इस तरह की बातें कही जाती रहीं, लेकिन मैं हैरान होकर सबकुछ देखता रहा और ऐसा महसूस करता रहा, जैसा कि वह व्यक्ति करता है, जो किसी डरावने सपने को देख रहा होता है और जो न तो नींद से जाग पाता है, न ही उस स्थिति से निकल पाता है।

सच कहूँ तो मैं खुली आँखों से किसी डरावने सपने को देख रहा था, जिसने मुझ पर अपना शिकंजा कस दिया था। मैं हिम्मत हार चुका था। मानवता से मेरा विश्वास उठ चुका था। मानवता के प्रति मेरा प्रेम कमजोर हो रहा था। धीरे-धीरे, लेकिन निश्चित रूप से उन सर्वोच्च और सर्वश्रेष्ठ आदर्शों के प्रति मेरे विचार पलटते जा रहे थे, जिन्हें मैं कई वर्षों से बनाता जा रहा था। एक-एक हफ्ता जैसे अनंत काल की तरह बीत रहा था। एक-एक दिन पूरी उम्र जितना लंबा हो गया था। एक-एक दिन माहौल साफ होने लगा। आमतौर पर बादलों से घिरे माहौल साफ हो ही जाते हैं। समय जख्मों का सबसे अच्छा मरहम होता है।

समय हर उस चीज को ठीक कर देता है,
जो बीमार या लाचार होती है
और अकसर हममें से अधिकांश दोनों ही स्थिति में होते हैं।

अपने जीवन की सातवीं और सबसे बड़ी विफलता के दौरान मैं इतनी भयंकर गरीबी में डूब चुका था, जितनी गरीबी मैंने कभी देखी नहीं थी। एक सजे-सँवरे घर की बजाय मैं रातोरात एक कमरे के मकान में समेट दिया गया था। यह झटका मुझे ठीक उस वक्त लगा, जब अपने इंद्रधनुष के अंत में सोने का कलश मेरे हाथ आने ही वाला था। नतीजा यह हुआ कि मेरे दिल में बेहद घिनौना और गहरा घाव लगा। अग्निपरीक्षा के इस छोटे से दौर में मुझे गरीबी के आगे घुटने टेकने पड़े और अतीत में की गई अपनी सारी गलतियों का भुगतान करना पड़ा। मैं पूरी तरह से हिम्मत हारने ही वाला था कि अंधकार का बादल उसी तेजी के साथ छँटने लगा, जिस तेजी के साथ वह आया था।

मैं अब तक की अपनी सबसे कठिन परीक्षा में से एक का सामना कर रहा था। संभवत: किसी भी इनसान को उस भयंकर यातना से नहीं गुजरना पड़ा होगा, जिसे मैं झेल रहा था। कम-से-कम उस समय तो मुझे ऐसा ही लग रहा था। डाकिया मेरे गिने-चुने पत्रों में से कुछ को देकर जा चुका था। मैं जब उन्हें खोल रहा था, तब देख रहा था कि पीला सुर्ख सूरज पश्चिम के क्षितिज में छिप रहा था। मैं इसे उस घटना का प्रतीक मान रहा था, जो मेरे साथ घटने वाली थी; क्योंकि मैंने अपनी उम्मीद के सूरज को भी पश्चिम दिशा में अस्त होते देखा। मैंने सबसे ऊपर रखे लिफाफे को खोला और जब मैंने ऐसा किया, तब जमा राशि का एक प्रमाण-पत्र लहराता हुआ फर्श पर आ गिरा, जिसका सामने का हिस्सा ऊपर की तरफ था। यह 25,000 डॉलर का था। पूरे एक मिनट तक मैं उस कागज के टुकड़े को नजरें गड़ाकर देखता रहा और सोचता रहा कि कहीं मैं सपना तो नहीं देख रहा हूँ। मैं उसके पास गया और उसे उठा लिया तथा उसके साथ आई चिट्ठी को पढ़ने लगा।

वह पैसा मेरा था! मैं जब चाहूँ, उसे बैंक से निकाल सकता था। उसके साथ केवल दो शर्तें जुड़ी थीं; लेकिन उन शर्तों के मुताबिक मेरे लिए जरूरी हो गया कि मैं अब तक निजी हित के आगे सार्वजनिक हित को महत्त्व देने की जिन बातों का उपदेश देता रहा, उनसे नैतिक रूप से आँखें फेर लूँ। परीक्षा की सबसे मुश्किल घड़ी आ चुकी थी। क्या मैं उस पैसे को स्वीकार करूँगा, जो इतनी बड़ी पूँजी थी कि मैं अपनी पत्रिका का प्रकाशन कर सकता था या मैं उसे वापस कर दूँगा और ऐसे ही

कुछ दिन और काट लूँगा? सबसे पहले तो यही सवाल मेरे मन में घूम रहे थे। फिर मैंने अपने दिल में बजती घंटी को सुना। मेरी रगों में दौड़ता खून झनझनाने लगा। घंटी के बजने के साथ ही वह सबसे सीधा आदेश सुनाई पड़ा, जिसकी छाप आज भी मेरे मन पर है और उस आदेश के साथ मेरे दिमाग में एक रासायनिक परिवर्तन आया, जिसका अनुभव मैंने पहले कभी नहीं किया था। यह एक सकारात्मक एवं चौंकानेवाला आदेश था और इसके साथ ही यह संदेश आया, जिसे मैं समझ नहीं पाया। किसी इनाम के भरोसे के बिना ही इसने मुझे उस 25,000 डॉलर को लौटाने पर मजबूर कर दिया। मैं हिचकिचाया। वह घंटी बजती रही। ऐसा लगा, जैसे मेरे पैर जम गए हों। मैं जहाँ खड़ा था, वहाँ से आगे नहीं बढ़ पा रहा था। फिर मैंने अपना फैसला कर लिया। मैंने उस संदेश को सुनने का फैसला किया, जिसे कोई मूर्ख ही नहीं समझ सकता था।

मैं जिस पल इस नतीजे पर पहुँचा, उसी पल बढ़ते धुँधलके के बीच मैंने इंद्रधनुष के अंतिम छोर को देखा। आखिरकार, मैंने उसे पा ही लिया। मुझे सोने का कोई भी कलश नहीं दिखा, सिवाय उसके, जिसे मैं उसे वापस करने वाला था, जहाँ से वह आया था; लेकिन मुझे पूरी दुनिया में जितना भी सोना है, उससे भी कहीं अधिक कीमती चीज मिली, जब मैंने उस एक आवाज को अपने कानों से नहीं, बल्कि दिल से सुना, जो मेरे पास आ रही थी और उसने कहा, "प्रत्येक विफलता के साए में भगवान् खड़े रहते हैं।" मेरे इंद्रधनुष के छोर के कारण सोने पर मेरे सिद्धांतों की जीत हुई। इसके कारण मुझे इस ब्रह्मांड की महान् 'अदृश्य शक्ति' के सान्निध्य में आने का अवसर मिला और मुझमें उन करोड़ों थके-माँदे यात्रियों के हृदय में सुनहरे नियमों के बीज बोने का नया संकल्प पैदा हुआ।

जो अपने इंद्रधनुष के आखिरी छोर की तलाश कर रहे हैं।

'नेपोलियन हिल्स मैगजीन' के जुलाई 1921 के अंक में मेरी सेक्रेटरी ने एक बेहद नाटकीय घटना का जिक्र किया, जो मेरे उस फैसले के बाद घटी थी, जिसमें मैंने निश्चय किया था कि ऐसे किसी स्रोत से वित्तीय सहायता नहीं लूँगा, जो किसी भी प्रकार से मेरी कलम को नियंत्रित करने का प्रयास करेगा। वह तो ऐसी एक ही घटना है, जिसमें मूर्खों के सिवाय सभी को इस बात के लिए राजी करने के पर्याप्त प्रमाण हैं कि सुनहरा नियम सच में कारगर होता है और यह भी कि मुआवजे का

नियम लागू रहता है, जो कहता है कि "इनसान जो भी बोएगा, उसे ही वह काटेगा।"

मुझे न केवल *'नेपोलियन हिल्स मैगजीन'* को शुरुआती दौर में चलाने के लिए पूँजी मिली, जब इसकी अपनी आय इसके प्रकाशन के लिए पर्याप्त नहीं थी, बल्कि इससे भी बड़ी महत्त्वपूर्ण बात यह थी कि यहाँ से वह पत्रिका तेजी से तरक्की करने लगी, जो इस प्रकार की पत्र-पत्रिकाओं के क्षेत्र में अनोखी बात है। पाठकों और लोगों ने आमतौर पर हमारी उस भावना को समझा, जिससे हम काम कर रहे हैं और उन्होंने बढ़ते मुनाफे के नियम को हमारे पक्ष में लागू कर दिया है।

सबसे महत्त्वपूर्ण सबक

चलिए, अब ऐसे सबसे महत्त्वपूर्ण सबक को संक्षेप में बताता हूँ, जिन्हें मैंने इंद्रधनुष के अंतिम छोर को लेकर अपनी तलाश के दौरान सीखा। मैं सारे सबक की नहीं, बल्कि उनमें से जो सबसे महत्त्वपूर्ण हैं, उनकी ही चर्चा करूँगा। मैं यहाँ ज्यादा कुछ नहीं बताऊँगा और यह आपकी कल्पना पर छोड़ दूँगा, ताकि आप स्वयं उन्हें समझ लें।

पहली और सबसे महत्त्वपूर्ण बात यह है कि इंद्रधनुष के आखिरी छोर की अपनी तलाश में मैंने भगवान् को हर ठोस, समझने योग्य और सुकून पहुँचानेवाले रूप में देखा, जो कुछ नहीं मिला, तब भी काफी मायने रखता है। जीवन भर मैं उस 'अदृश्य हाथ' की तरह कुछ हद तक भटकता ही रहा, जो इस संसार को चलाता है। लेकिन आखिर में जीवन में इंद्रधनुष के आखिरी छोर की तलाश में मेरे सात बड़े मोड़ मुझे उस निष्कर्ष तक लेकर आए, जिससे मुझे संतुष्टि होती है। मेरा निष्कर्ष सही है या गलत, यह अधिक मायने नहीं रखता। मुख्य बात यह है कि इससे मुझे संतुष्टि मिलती है।

मैंने जो महत्त्वपूर्ण सबक सीखे, वे इस प्रकार हैं—

जिन लोगों को हम अपना दुश्मन मानते हैं, वे वास्तव में हमारे दोस्त होते हैं। जो कुछ हुआ है, उसके आलोक में मैं पीछे नहीं लौटूँगा, न ही एक भी कड़वे अनुभव से बचना चाहूँगा, जिनका मैंने सामना किया; क्योंकि उनमें से हर एक ने मुझे सुनहरे नियम और मुआवजे के नियम के पक्के होने का सबूत दिया, जिनसे हम अच्छाई के बदले अपना इनाम पाते हैं और अपनी अज्ञानता के लिए दंड भुगतते हैं।

मैंने सीखा कि समय उन सभी का साथी होता है, जिनके विचारों कर्मों का आधार सच्चाई एवं न्याय होता है और यह उन सभी का घातक शत्रु होता है, जो ऐसा

नहीं करते, भले ही उन लोगों को दंड मिलते-मिलते देर हो जाती है, जो इसके भागी होते हैं। मैंने सीखा कि प्रयास ही करना है तो सोने के केवल उसी कलश के लिए किया जाए, जो अपने प्रयासों से दूसरों की खुशी को देखकर मिली संतुष्टि के रूप में होता है। एक के बाद एक मैंने देखा कि जिन लोगों ने मेरे साथ नाइनसाफी की, उन्हें विफलता ने तुच्छ बना दिया। मैंने अपने जीवन में उनमें से एक-एक को इतना अधिक विफल होते देखा, जितना कि उन्होंने मेरी विफलता की भी साजिश नहीं की थी। वह बैंकर, जिसका मैंने जिक्र किया था, वह गरीबी में डूब चुका था। वे लोग, जिन्होंने 'बेट्सी रॉस कैंडी' कंपनी में मेरा हक छीना और मेरी छवि खराब करने की कोशिश की, इस हाल में पहुँच गए हैं, जैसे स्थायी रूप से विफल हो चुके हैं। उनमें से एक दोषी करार दिए जाने के बाद संघीय जेल में जीवन गुजार रहा है। वह आदमी, जिसने मेरे साथ मेरे 1 लाख डॉलर के वेतन की धोखाधड़ी की और जिसे मैंने धन-दौलत व ऐश्वर्य तक पहुँचाया, वह तंगी और बदहाली में पहुँच गया है। जीवन में कई मोड़ इंद्रधनुष के आखिरी छोर को देखने के बाद आखिर में जब मैंने उसे पा लिया तो मुझे उस सुनहरे नियम के सिद्धांत को आगे बढ़ाने का बेदाग प्रमाण मिला, जिसे मैं संगठित प्रयास से लाखों लोगों तक पहुँचा रहा हूँ।

आखिरकार, मैंने उस घंटी के बजने की आवाज को सुनना सीख लिया है, जो मुझे उस वक्त राह दिखाती है, जब मैं शंका और हिचकिचाहट के चौराहे पर होता हूँ। अब तक जो स्रोत मेरे लिए अनजान था, उसका अब मैंने लाभ उठाना सीख लिया है, जिससे मुझे उस समय संकेत मिलते हैं, जब मैं यह जानना चाहता हूँ कि कहाँ जाऊँ और क्या करूँ? और ऐसे संकेत मुझे कभी गलत दिशा में नहीं ले गए।

मैं अपनी बात जब समाप्त कर रहा हूँ, तब मैं अपने अध्ययन कक्ष की दीवारों पर उन महान् लोगों की तसवीरों को देख रहा हूँ, जिनके आदर्शों का अनुकरण करने का मैंने प्रयास किया है। उनमें अमर हो चुके अब्राहम लिंकन शामिल हैं, जिनके रूखे, चिंता से भरे चेहरे पर मैं हल्की सी मुसकान को देख रहा हूँ और ऐसा लग रहा है, मानो उनके मुँह से निकलते इन चामत्कारिक शब्दों को मैं सुन पा रहा हूँ, "सभी के प्रति परोपकार, द्वेष किसी के प्रति नहीं।" और अपने दिल की गहराई में मैं उस रहस्यमयी घंटी को बजता सुन रहा हूँ, जो एक बार फिर शोर कर रही है, जब मैं अपने जेहन में आए अब तक के सबसे महान् संदेश के साथ इन पंक्तियों को समाप्त कर रहा हूँ—"प्रत्येक विफलता के साए में भगवान् खड़े रहते हैं।"

□

नेपोलियन हिल से जब कहा गया कि उन्हें 2 जून, 1957 को सलेम कॉलेज में दीक्षांत समारोह को संबोधित करना है, उससे पैंतीस वर्ष पहले उन्होंने उसी कॉलेज में स्नातक के छात्रों को आरंभिक भाषण दिया था। सलेम कॉलेज के स्कूली अखबार *'द एलुमनी इकोस'* की हेडलाइन थी—'दीक्षांत समारोह आज'। उस अखबार में नेपोलियन हिल के विषय में निम्नलिखित बातें लिखी थीं—

दार्शनिक, लेखक और शिक्षाविद् नेपोलियन हिल, जिन्होंने किसी भी अन्य जीवित व्यक्ति की तुलना में अधिक-से-अधिक लोगों को यह सिखाया है कि जीवन में वित्तीय और आध्यात्मिक सफलता कैसे प्राप्त करें। वे 2 जून, रविवार को रात 8 बजे सलेम कॉलेज सभागृह में स्नातक की उपाधि दिए जाने के समारोह को संबोधित करेंगे। अपने रोमांचक व्यक्तिगत जीवन में उन्होंने 'सफलता के विज्ञान' को विकसित किया, जो ऐसे सिद्धांत देनेवाला एक सटीक अध्ययन है, जिसकी सहायता से कोई भी अपने भौतिक लक्ष्यों को प्राप्त कर सकता है, चाहे उसकी महत्त्वाकांक्षा कुछ भी हो।

यही नहीं, श्री हिल राष्ट्रपतियों, उद्योगपतियों तथा सरकारी नेताओं के सहयोगी व सलाहकार रह चुके हैं, जिनमें फ्रैंकलिन डी. रूजवेल्ट, वुडरो विल्सन, एंड्रयू कारनेगी तथा हेनरी फोर्ड शामिल हैं। वास्तव में, वे कारनेगी ही थे, जिन्होंने श्री हिल को उस शोध के लिए प्रेरित किया, जो 'सफलता के सत्रह

सिद्धांतों' के रूप में फलीभूत हुआ। सच कहें तो ऐसे लाखों लोग हैं, जो इस बात का श्रेय श्री हिल को देते हैं कि उनकी ही प्रेरणा से उन्होंने जीवन में सफलता की महान् ऊँचाइयों को छुआ, जिसकी उन्होंने कल्पना तक नहीं की थी। इससे भी कहीं अधिक श्री हिल ने उन्हें उनके उद्देश्यों को पूरा करने के लिए एक-एक कदम को व्यावहारिक रूप से बताया।

"मनुष्य का मन जो सोच लेता है और जिस पर यकीन करता है, उसे मनुष्य का मन प्राप्त कर सकता है।" यही श्री हिल के दर्शन का मूल मंत्र है।

"आप कर सकते हैं," वे कहते हैं, "चाहे आप कुछ भी बनना चाहते हों, बशर्ते आप पर्याप्त आत्मबल से उस पर विश्वास करते हैं और अपने विश्वास के अनुसार कार्य करते हैं।" ऐसा अनुमान है कि दुनिया भर में 6 करोड़ लोगों ने सन् 1937 में प्रकाशित उनकी सबसे प्रसिद्ध पुस्तक, *'थिंक एंड ग्रो रिच'* को पढ़ा और उससे लाभ उठाया है।

नेपोलियन हिल का जन्म वाइज काउंटी, वर्जीनिया में 26 अक्तूबर, 1883 को शराब तस्करों, पहाड़ के सन्नाटे, अशिक्षा और जानलेवा झगड़ों के बीच हुआ। ऐसा कहा जाता है कि गरीबी में जन्म लेने के बाद भी उन्हें नेपोलियन जैसा असाधारण सा नाम उनके अमीर ताऊ के सम्मान में दिया गया था। अपनी आगे की शिक्षा के लिए पैसे जुटाने के उद्देश्य से श्री हिल ने पच्चीस साल की उम्र में एक नए प्रोजेक्ट को शुरू किया। उन्होंने टेनेसी के सीनेटर और उस समय की एक प्रमुख पत्रिका के प्रकाशक बॉब टेलर के लिए सफल लोगों के जीवनी संबंधी लेख लिखने शुरू किए। रिपोर्टर जेनिंग्स रैंडॉल्फ, जिन्होंने 'कैपिटल एयरलाइंस' के एक अधिकारी के रूप में अपनी सफलता का श्रेय हिल को दिया, उन्होंने ही सन् 1933 में श्री हिल की जान-पहचान फ्रैंकलिन डी. रूजवेल्ट

से कराई, जिसके फलस्वरूप वे राष्ट्रपति के सलाहकार बन गए। उन्होंने ही रूजवेल्ट को उनके प्रसिद्ध भाषण 'हमें डर के सिवाय किसी से भी डरने की जरूरत नहीं है,' का आइडिया दिया था, जिसने भयंकर मंदी के दौर में वित्तीय हिस्टीरिया को रोकने में मदद की थी।

श्री हिल बरसों पहले सलेम कॉलेज से जुड़े और उन्होंने सन् 1922 में आरंभिक भाषण दिया था। वे *'सक्सेस अनलिमिटेड'* पत्रिका के प्रकाशक थे। वे व्यक्तिगत विकास विषय की अनेक पुस्तकों के लेखक हैं, जिनमें 'थिंक एंड ग्रो रिच' शामिल है, जिसकी 6 करोड़ से भी अधिक प्रतियाँ बिक चुकी हैं और कई देशों में विभिन्न भाषाओं में उसका प्रकाशन हो चुका है। उनके सबसे ताजा खंडों में से एक *'हाऊ टू रेज योर ऑन सैलरी' (अपना वेतन स्वयं कैसे बढ़ाएँ)* है।

हिल विवाहित हैं और उनके तीन वयस्क बेटे हैं। वह और उनकी पत्नी कैलिफोर्निया के ग्लेंडेल में शांतिपूर्ण जीवन व्यतीत कर रहे हैं। सन् 1922 में जब उन्होंने कांग्रेस में वेस्ट वर्जीनिया का प्रतिनिधित्व करनेवाले जेनिंग्स रैंडॉल्फ समेत पच्चीस स्नातकों को संबोधित किया था, तब से लेकर अब तक हिल के जीवन में बहुत कुछ हो चुका है। श्री रैंडॉल्फ अमेरिकी कांग्रेस में कई वर्षों तक रहे और हिल के दोस्त बन गए तथा आगे चलकर उन्होंने 'नेपोलियन हिल फाउंडेशन' के बोर्ड में ट्रस्टी के रूप में भी सेवा दी।

सन् 1957 के संबोधन में हिल को साहित्य में मानद डॉक्टरेट की उपाधि प्राप्त हुई।

—डॉन ग्रीन

सफलता के पाँच अनिवार्य तत्त्व

सन् 1957 में सलेम कॉलेज का दीक्षांत व्याख्यान

शब्दकोश में 'उपाधि वितरण समारोह' के लिए अंग्रेजी शब्द baccalaureate का जो अर्थ है, वह इस प्रकार है—'अमेरिकी दीक्षांत समारोह में स्नातक वर्ग को दिया विदाई उपदेश।'

मुझे आपसे जो कहना है, उसमें कोई उपदेश नहीं, न ही निश्चित तौर पर इसमें किसी भी प्रकार से कोई विदाई है। वास्तव में, आपके लिए मेरा संदेश कुशल-क्षेम का है, क्योंकि यह मेरे लिए अपार हर्ष और सम्मान का विषय है कि जब आप शैक्षिक संसार से जा रहे हैं और कारोबारी तथा पेशेवर जगत् में कदम रख रहे हैं, तब मैं आपका हार्दिक स्वागत कर रहा हूँ। मुझे पूरी आशा है कि वक्तृत्व कला की मेरी शक्तियाँ इसके लिए पर्याप्त हैं कि मैं आपको काफी हद तक व्यक्तिगत संदेश दूँ, ताकि आप में से प्रत्येक युवती और युवक यह महसूस करे कि मैं सीधे आपसे बात कर रहा हूँ। इसका कारण यह है कि मुझे लगता है कि इसी व्यक्तिगत स्तर पर आपको मेरी बातों से सबसे अधिक लाभ मिल सकता है। दूसरे शब्दों में, मुझे उम्मीद है कि मैं जब अपनी बात समाप्त करूँगा, तब आपको उस स्त्री के जैसा नहीं लगेगा, जिसने एक रविवार को चर्च के बाद अपने पादरी से हाथ मिलाया और बोली, "आपका उपदेश शानदार था! मैं जानती हूँ कि हर बात किसी-न-किसी पर लागू होती है!"

यहाँ मैं उस पादरी की बात बताना चाहूँगा, जिसने अपने उद्‌देश्य की एक बात को समझाने के लिए कहा कि कुछ पौधे ऐसे होते हैं, जो धूप में काफी अच्छी रफ्तार से बढ़ते हैं, जबकि कुछ छाया में। पादरी ने सभा से कहा, "आप जानते हैं कि आपको गुलाब को सूरज की रोशनी में लगाना है; लेकिन आपको धूमल के

पौधे को हरा-भरा बनाना है तो उसे छाया में रखना होगा।" उसके बाद जब एक महिला ने पादरी का हाथ पकड़ा तो उनका दिल बाग-बाग हो गया। महिला ने कहा, "फादर, मैं आपके बेहतरीन उपदेश के लिए शुक्रगुजार हूँ!" लेकिन पादरी की खुशी यह सुनते ही हवा हो गई, "आपको पता है, मुझे इससे पहले पता ही नहीं था कि मेरे धूमल के पौधे खराब क्यों हो रहे हैं!"

मैं आशा करता हूँ कि आप में से हर एक यह जान लेगा कि ऐसे बीज कैसे लगाएँ, जिनसे आध्यात्मिक व भौतिक समृद्धि की अच्छी फसल पैदा हो।

मुझे लगता है कि आप में से किसी ने भी आज मेरे लिए धूमल उपजाने की बात नहीं सीखी होगी, लेकिन कुछ हद तक मेरा संदेश बागबानी पर लागू होता है। मेरी इन बातों से हटकर मुझे आशा है कि आप में से हर व्यक्ति यह सीख लेगा कि ऐसे बीज कैसे लगाएँ, जो आनेवाले वर्षों में आपके लिए आध्यात्मिक व भौतिक समृद्धि की लहलहाती फसल बन जाए और आप में से यदि हर एक धूमल के झाड़वाली महिला की तरह ही अपने जीवन के बाग की देखभाल का बस, एक उपाय सीख जाए तो मैं संतुष्ट हो जाऊँगा।

दूसरी तरफ, मुझे आशा है कि आप उस छोटी लड़की की तरह महसूस करते घर नहीं जाएँगे, जो पहली बार चर्च पहुँची थी। जब पादरी ने उससे पूछा कि आयोजन कैसा लगा, तो उसने कहा, "वैसे, मुझे लगता है कि संगीत काफी अच्छा था, लेकिन आपका विज्ञापन काफी लंबा था।" महज पैंतीस साल पहले ऐसी ही गरमी के मौसम में मैं इसी मंच पर खड़ा था और सलेम कॉलेज के स्नातकों को संबोधित कर रहा था। वह सन् 1922 की बात थी। प्रथम विश्व युद्ध बस, समाप्त ही हुआ था। उस महायुद्ध में मित्र राष्ट्रों को मिली विजय में अमेरिका की भूमिका निर्णायक थी। हमारा देश संसार की सबसे बड़ी राजनीतिक व आर्थिक शक्ति के रूप में उभर रहा था। इसका परिणाम यह हुआ कि सन् 1922 में सलेम कॉलेज के स्नातकों के सामने शानदार तसवीर खींचने के लिए मुझे भविष्यवाणी की किसी बहुत बड़ी क्षमता की आवश्यकता नहीं थी। उस समय मैंने बड़ी आसानी से स्नातकों का ध्यान इस देश में व्यक्तिगत तरक्की के बेहिसाब अवसरों की ओर खींचा था; साथ ही, मैंने यह सटीक अनुमान लगाया था कि हमारा देश इतिहास में अपने औद्योगिक और आर्थिक विस्तार के सबसे सुनहरे दौर में प्रवेश कर रहा है।

मुझे यह कहते हुए खुशी हो रही है कि कुछ चीजें ऐसी थीं, जिन्हें मैं उस वक्त नहीं देख पाया था। उनमें से एक '30 के दशक में आई भीषण मंदी थी। दूसरा था द्वितीय विश्व युद्ध और साम्यवाद का उदय।

ऐसा लगता है, मानो भगवान् की भविष्यवाणी भविष्य के परदे को थोड़ा सा उठाती है, ताकि हम आनेवाले समय की अच्छी-अच्छी बातों का अनुमान लगा सकें; जबकि दया दिखाते हुए वह आनेवाली मुश्किलों की जानकारी को छिपा लेता है। मेरा सौभाग्य रहा है कि बीते पैंतीस वर्षों के दौरान मैंने अपनी कई भविष्यवाणियों को सच होते देखा है, जिन्हें मैंने वर्ष 1922 में गरमियों के उस दिन किया था। हालाँकि मैं यह भी स्वीकार करना चाहूँगा कि उस दिन मेरे अधिकांश सबसे आशावादी सपने शानदार वास्तविकता को बताने के आसपास भी नहीं थे! इसमें संदेह नहीं कि आज के दर्शकों में कम-से-कम कुछ ऐसे हैं, जो वर्ष 1922 के उस स्नातक वर्ग में थे और मुझे विश्वास है कि वे मुझे इस बात के लिए क्षमा कर देंगे कि मैं विज्ञान और संस्कृति के क्षेत्रों में हैरान करनेवाली तरक्की को पहले नहीं देख पाया। वैसे भी, कौन सन् 1922 में परमाणु ऊर्जा, विमानन तथा इलेक्ट्रॉनिक्स उद्योग की जबरदस्त तरक्की या दूरी और समय पर हमारी जीत जैसी चीज की भविष्यवाणी कर सकता था! वैसे भी, यदि सन् 1922 में मैंने भविष्यवाणी की होती कि मनुष्य ध्वनि से दो और तीन गुना रफ्तार से हवा में सफर कर सकेगा, तो मैं पक्के तौर पर कह सकता हूँ कि फैकल्टी के सदस्य और स्नातक की पढ़ाई पूरी कर चुका वर्ग इतना हँसता कि मुझे मंच छोड़कर भागना पड़ता। *(कॉलेज प्रेसिडेंट की तरफ देखते हुए)* ऐसा ही होता न?

इन सारी बातों में आप युवाओं के लिए एक बहुत बड़ा सबक है। सरल शब्दों में यह है सबक—आज मेरे शब्द चाहे कितने ही आशावादी और उम्मीद जगाने वाले क्यों न हों, चाहे मैं अपनी कल्पना को कैसे भी उड़ान भरने दूँ, चाहे मैं भविष्य की कितनी ही शानदार तसवीर क्यों न पेश करूँ, फिर भी मैं शायद उन बेहतरीन उपलब्धियों की पूरी तसवीर नहीं खींच सकूँगा, जिन्हें मनुष्य अगले पैंतीस वर्षों में हासिल कर लेगा!

यहाँ मुझे वाशिंगटन, डी.सी. का वह टैक्सीवाला याद आ रहा है, जो पर्यटकों को सरकारी अभिलेखागार भवन के सामने से ले जा रहा था। उस इमारत पर एक आदर्श वाक्य खुदा हुआ है, जो कहता है—'जो अतीत है, वह प्रस्तावना है।'

"इस आदर्श वाक्य का अर्थ क्या है?" पर्यटक ने पूछा।

"असल में," ड्राइवर ने कहा, "इसका मतलब है, आपने अब तक कुछ भी नहीं देखा है!" उन चीजों को, जिन्हें अपने जीवनकाल में आपके लिए देखना निश्चित है, उन शानदार उपलब्धियों को, जिनमें आप शामिल होंगे, इस बात को नकार देते हैं!

कई साल पहले मैंने एक थ्योरी दी थी, जो अब तक इतनी बार दोहराई जा चुकी है कि अब यह मामूली बात लगती है। हालाँकि सच यही है कि मेरे कथन की सच्चाई हर दिन साबित हो रही है। वह कथन क्या था? बस, यही—

इनसान का मन जिस चीज का विचार कर लेता है और उस पर विश्वास करता है, मन उसे हासिल कर सकता है!

सच में, मेरे युवा साथियो! आपका भविष्य, आपकी योग्यताओं और उपलब्धियों को केवल आपकी कल्पना की सीमा ही सीमित कर सकती है! इसमें कोई शक नहीं कि आप में से हर एक को निराशा और कुछ समय के लिए झटकों का सामना करना पड़ेगा और इसमें भी शक नहीं कि वह सामूहिक त्रासदी, जो संभवत: युद्ध या मंदी के रूप में होगी, आपकी पीढ़ी को कष्ट पहुँचाएगी, जैसा कि आपसे पहले की पीढ़ी को झेलना पड़ा था। लेकिन यहाँ मैं आपको व्यक्तिगत उपलब्धि के विज्ञान से एक और सच के विषय में बताना चाहूँगा, जिसे मैंने बीते पचास वर्षों के दौरान ईजाद किया है—यही कि प्रत्येक विपरीत परिस्थिति अपने साथ समान लाभ के अवसर लेकर आती है। चलिए, मैं इसे फिर से दोहराता हूँ—*प्रत्येक विपरीत परिस्थिति अपने साथ समान लाभ के अवसर लेकर आती है।*

यह आप पर निर्भर करता है

हालाँकि यह आप पर निर्भर करता है कि आप उस अवसर को ढूँढ़ें, उसे विकसित करें और उसे पूरी तरह विकसित करने के साथ ही और फलीभूत भी करें। आपके लिए आपके सिवाय यह और कोई नहीं कर सकता है। हम में से हर एक, अपने परमात्मा की सहायता से, अपने प्रारब्ध का निर्माण स्वयं करता है और इस लिहाज से हम में से हर एक को उन छिपे हुए लाभों का पता लगाना चाहिए, जो ऊपरवाला हमें कठिन परिस्थितियों में देता है।

चलिए, मैं एक बार फिर उन दो कथनों को दोहराता हूँ, जो मैं समझता हूँ कि ऐसे दो खंभे हैं, जिन पर आप चाहें तो विश्वास के साथ एक सफल जीवन का ढाँचा खड़ा कर सकते हैं। पहला है—*इनसान का मन जिस चीज का विचार कर लेता है और उस पर विश्वास करता है, वह उसे हासिल कर सकता है!*

दूसरा, *प्रत्येक विपरीत परिस्थिति अपने साथ समान लाभ के अवसर लेकर आती है।*

अगर आपने इन दो अवधारणाओं को मन में बसा लिया तो समझिए, आपने खुशी प्राप्त करने की दिशा में दो बड़ी छलाँगें लगा दी हैं। बीते चार वर्षों के दौरान आपने अपने प्रयासों से जो काम किए और जैसी लगन दिखाई, उससे आप पहले ही सफलता के मार्ग पर बढ़ चुके हैं। इस अवधि के दौरान सलेम कॉलेज की फैकल्टी के प्रशंसनीय सहयोग से आपने जीवन के बाग की मिट्टी तैयार कर ली और उसमें पौधे को लगाने के लिए उसकी गुँड़ाई एवं खाद-पानी डालने का काम कर लिया है।

कॉलेज में आपने जो शिक्षा प्राप्त की है, उसके मूल्य को किसी को भी कम मत करने दीजिएगा। अपने भविष्य को आकार देने के लिए इससे आपको जबरदस्त लाभ मिलेगा। जैसे-जैसे समय बीतेगा, वैसे-वैसे आपको इस बात का पूरा अहसास होगा कि आपने कॉलेज स्टाफ के पुरुषों व स्त्रियों से किस प्रकार का सहयोग प्राप्त किया है और मुझे विश्वास है कि हर बीते वर्ष के साथ आपको उनके प्रति अधिक-से-अधिक आभार जताने की इच्छा होगी।

अब सलेम से स्नातक की पढ़ाई पूरी करने के बाद आपके लिए वास्तव में उन बीजों को बोने का समय है, जिनसे आप आगे चलकर जीवन में लहलहाती फसल काटेंगे। यहाँ मैं आपको इस संबंध में एक चेतावनी देना चाहूँगा—पौधे लगाने के लिए ज्यादा इंतजार मत कीजिएगा! आपके जीवन का वसंत आ चुका है। यही समय है, जब आपको तय करना है कि अपने जीवन में आप कैसी फसल काटना चाहते हैं। पौधे लगाने में आप जितनी देर करेंगे, फसल तैयार होने में उतनी ही देरी होगी और मेरे साथियो, इसके साथ ही मैं आज आपके साथ बातचीत के मूल विषय तक आ पहुँचा हूँ। मुझसे कहा गया है कि मैं आपको उन पाँच विशेषताओं या गुणों के विषय में बताऊँ, जिन्हें मैं जीवन में सफलता के लिए अनिवार्य मानता हूँ। आप पूछ सकते हैं कि क्या सफलता के इस विषय पर बोलने के लिए मैं योग्य हूँ? मुझे आशा है कि अपने पूरे जीवनकाल में आप हर उस व्यक्ति के लिए सवाल पूछने का यही रवैया अपनाएँगे, जो दावे के साथ बात करता है।

मैं आपको बता दूँ कि एक बार ओलिवर गोल्डस्मिथ ने कहा था, "आप अपने मुँह की बजाय अपने जीवन से बेहतर उपदेश दे सकते हैं।" इसलिए आशा है कि आप मुझे थोड़ा समय देंगे, ताकि व्यक्तिगत उपलब्धि के विषय पर बोलने

को लेकर मैं अपनी योग्यता बता सकूँ। वर्ष 1908 में पत्रिका के एक युवा लेखक के रूप में मैं स्टील के एक बहुत बड़े कारोबारी एंड्रयू कारनेगी के संपर्क में आया। कारनेगी के बारे में बहुत कुछ कहा व लिखा जा चुका है। उसमें से कुछ अपमानजनक है। लेकिन मैं आपको बता दूँ कि कई साल तक चली दोस्ती के दौरान मैं ऐसे किसी व्यक्ति से नहीं मिला, जिसके आदर्श इतने ऊँचे हों, जिसके हृदय में इतना प्रेम हो या जिसमें अपने साथियों के लिए इतना स्नेह हो। इस प्रेम का उन्होंने इससे अधिक प्रत्यक्ष रूप से कहीं प्रदर्शन नहीं किया। उन्होंने कहा कि मुझे मनुष्य की उपलब्धि के एक निश्चित दर्शन को तैयार करने की जिम्मेदारी सँभालनी चाहिए। उन्हें आशा थी कि आपके जैसे लोग गलती करने और फिर सीखने के बेतरतीब तरीके से बच सकते हैं, जिस तरीके को अपनाते हुए उन्हें कामयाबी मिली थी।

श्री एंड्रयू कारनेगी के सुझाव पर और उनकी सहायता से मैंने बीस वर्ष जीवन के सभी क्षेत्र के सैकड़ों सफल लोगों का साक्षात्कार करते हुए बिताए। उनमें से कई लोग मेरे अभिन्न मित्र बन गए। उनमें थॉमस एडिसन, अलेक्जेंडर ग्राहम बेल और हेनरी फोर्ड जैसे लोग शामिल हैं। इस शोध से जो निकला, उसे 'सफलता के विज्ञान' के रूप में जाना गया, जो सत्रह सिद्धांतों पर आधारित है, जिन्हें मैंने किसी व्यक्ति की सफलता या विफलता के निर्णायक कारक के रूप में पाया।

सफलता की पाँच नितांत अनिवार्य शर्तें

आज आपके समक्ष सफलता की नितांत अनिवार्य शर्तों के रूप में इनमें से पाँच सिद्धांतों को रखा जाएगा। यदि सही ढंग से लागू किया जाए तो वे आपको आज की स्थिति से वहाँ तक ले जाएँगे, जहाँ आप अपनी इच्छा के पेशे को अपना सकें। हालाँकि आपको मैं याद दिला दूँ कि इस संसार में ऐसा कुछ भी नहीं है कि बिना कुछ किए सबकुछ मिल जाए। हर महत्त्वपूर्ण चीज की एक कीमत होती है, जैसा कि एमर्सन ने खूबसूरती से कहा है—

"आपके सिवाय कोई भी आपको शांति नहीं दे सकता है। सिद्धांतों की विजय के सिवाय किसी भी चीज से आपको शांति नहीं मिल सकती है।"

इस बुद्धिमानी भरी सीख की व्याख्या करते हुए हम कह सकते हैं कि आप के सिवाय आपको कोई और सफलता नहीं दिला सकता है। ऐसे सिद्धांत, जिन्हें सभी प्रकार की सफलता मिलती है, उन्हें लागू किए बिना आप सफलता प्राप्त नहीं

कर सकते हैं।

चलिए, मैं आपके लिए सफलता की पाँच बातों की सूची पेश करता हूँ। वे हैं—

1. उद्‌देश्य की निश्चितता।
2. मास्टर माइंड का सिद्धांत।
3. विशेष प्रयास करना।
4. आत्मानुशासन।
5. प्रयुक्त विश्वास।

उद्‌देश्य की निश्चितता

सभी सफल उपलब्धियों की शुरुआत उद्‌देश्य की निश्चितता से होती है। कोई भी व्यक्ति तब तक सफलता की उम्मीद नहीं कर सकता है, जब तक कि उसे ठीक-ठीक मालूम न हो कि वह चाहता क्या है, और अपने मन को उस इच्छा को पूरा करने के लिए आवश्यक काररवाई को पूरा करने के अनुकूल नहीं बना लेता है। आखिर कैसे कोई उद्‌देश्य की निश्चितता के लिए अपने मन को अनुकूल बना सकता है? बड़ा आसान है। बस, भरोसा करने की एक गहरी और स्थायी क्षमता का निर्माण!

मैं एक के बाद एक ऐसे कई उदाहरण देकर साबित कर सकता हूँ कि उद्‌देश्य की निश्चितता कारगर होती है; लेकिन मुझे शिकागो के श्री डब्ल्यू. क्लीमेंट स्टोन से बेहतर उदाहरण नहीं याद आ रहा है। अपनी पुस्तक *थिंक 'एंड ग्रो रिच'* के प्रकाशन के कुछ समय बाद ही श्री स्टोन को उसकी एक प्रति मिली। उस समय वे एक बीमा विक्रयकर्ता के रूप में साधारण जीवन बिता रहे थे। यह सन् 1938 की बात है। मेरी पुस्तक ने जीवन में उद्‌देश्य की निश्चितता के बारे में जो कहा, उसके फलस्वरूप श्री स्टोन ने अपनी जेब से एक नोटबुक निकाली और निम्नलिखित शब्द लिखे—

"जीवन में यह मेरा लक्ष्य है—वर्ष 1956 तक मैं दुनिया की सबसे बड़ी विशेष स्थापित कानूनी रक्षा, स्वास्थ्य और दुर्घटना बीमा कंपनी का प्रेसिडेंट बनूँगा।" श्री स्टोन ने उस नोट पर दस्तखत किए और हर दिन उसे पढ़ना शुरू किया और तब तक ऐसा करते रहे, जब तक कि यह उनके दिमाग पर छप नहीं गई। चूँकि वे जानते थे कि उन्हें क्या चाहिए, इसलिए जब उनके सामने अवसर

आया, तब उन्होंने उसे पहचान लिया। जब उनके पास '*कंबाइंड इंश्योरेंस कंपनी ऑफ अमेरिका*' को खरीदने का अवसर आया तो उन्होंने अपने लक्ष्य को हासिल करने की दिशा में दृढ़ संकल्प के साथ काररवाई की और अपनी ऊर्जा के साथ यह कंपनी वह बन चुकी है, जैसा कि उन्होंने ठाना था, दुनिया की सबसे बड़ी विशेष दुर्घटना और स्वास्थ्य कंपनी।

यहाँ मैं यह भी कहना चाहूँगा कि श्री स्टोन अपना अधिकांश समय और अपनी प्रतिभा का उपयोग दूसरों की मदद करने में समर्पित करते हैं, ताकि वे अपने-अपने लक्ष्य को पा सकें। इसके लिए वे सफलता के विज्ञान के '*होम स्टडी कोर्स*' प्रायोजित करते हैं, साथ ही एक मासिक पत्रिका '*सक्सेस अनलिमिटेड*' का प्रकाशन भी करते हैं। श्री स्टोन सफल हुए, क्योंकि वे जानते थे कि उन्हें क्या चाहिए, विश्वास किया कि वे उसे पा लेंगे और उनका विश्वास तब तक बना रहा, जब तक कि उसने उनके सामने ऐसे अवसर नहीं उत्पन्न कर दिए, जिनकी उन्हें अपने उद्‌देश्य को पूरा करने की जरूरत थी। विचारों की शक्ति में कुछ तो ऐसा होता है, जो किसी व्यक्ति को उसके लक्ष्यों और उद्‌देश्यों के समान अनुपात में भौतिक चीजों के प्रति आकर्षित करता है। यह शक्ति मानव-निर्मित नहीं होती; लेकिन इसे बनाया गया, ताकि मनुष्य उसका उपयोग कर सके और वह अपनी अधिकांश सांसारिक नियति को नियंत्रित कर सके।

संक्षेप में कहें तो हम इस संसार में एक सीलबंद लिफाफे के साथ आते हैं, जिसमें उन आशीर्वादों की लंबी सूची होती है, जिसका आनंद हम में से प्रत्येक व्यक्ति अपने मन की शक्ति को अपनाकर और उसका उपयोग कर उठा सकता है। लेकिन उस लिफाफे में दंडों की भी एक सूची होती है, जिन्हें उस व्यक्ति को भुगतना पड़ता है, जो इस शक्ति को पहचानने और उसका उपयोग करने में कोताही बरतते हैं। यह उपहार ही एकमात्र ऐसी चीज है, जिसे हम में से कोई भी पूर्ण रूप से नियंत्रित कर सकता है। इस कारण, यह हमारे पास मौजूद सबसे कीमती चीज है।

बस, इस बात को याद रखिए—आपके पास चाहे जो कुछ भी हो, आपको उसका उपयोग बुद्धिमानी से करना चाहिए; नहीं तो आप उसे खो देंगे और इसमें शक नहीं कि इसमें जीवन में आपके अपने उद्‌देश्य को स्थापित करने का आपका वह अधिकार भी है, जिसे कोई छीन नहीं सकता और आपका मन उस उद्‌देश्य पर तब तक लगा रहता है, जब तक कि आप उसे पूरा नहीं कर लेते। इस बात को भी याद रखिए कि आप अपने लक्ष्य से अधिक बड़ी कामयाबी हासिल नहीं कर सकते।

इसलिए ऊँचा, बहुत ऊँचा लक्ष्य रखने से मत डरिए। इसी पर मुझे आज के जमाने के महान् ईसाई धर्म-प्रचारक ड्वाइट मूडी की याद आ रही है, जिन्होंने एक और पादरी के साथ मिलकर एक धनी महिला से बिल्डिंग फंड के लिए चंदा माँगा था। उस महिला के भव्य इमारत में दाखिल होने से पहले मूडी ने दूसरे पादरी से पूछा कि उन्हें महिला से कितना चंदा माँगना चाहिए?

पादरी ने कहा, "करीब 250 डॉलर।"

मूडी ने कहा, "आप छोड़िए, मुझे बात करने दीजिए।"

मूडी जब उस महिला से मिले तो उन्हें सीधे कहा, "हम आपसे एक नई इमारत के निर्माण के लिए 2,000 डॉलर की मदद माँगने आए हैं।"

उस महिला ने डर के मारे अपने हाथ-पैर पटकते हुए कहा—"अरे, मिस्टर मूडी! मैं 1,000 डॉलर से ज्यादा दे ही नहीं सकती।"

मूडी और उसके पादरी उतनी ही रकम का चेक लेकर चल दिए।

इस कहानी का मतलब है कि आप जैसे नौजवानों को जिंदगी आप जितना माँगोगे, उससे ज्यादा नहीं देगी। भले ही आप वह सबकुछ हासिल न कर सकें, जिसकी आपको उम्मीद होगी; लेकिन जब तक आप जीवन में एक निश्चित उद्देश्य हासिल नहीं करें, तब तक आप कुछ भी हासिल करने की उम्मीद नहीं कर सकते।

यह भी याद रखिए कि यह आवश्यक नहीं कि आप भौतिक संपत्ति इकट्ठा करने का ही लक्ष्य तय करें। अल्बर्ट श्विट्जर, जोनास साल्क एवं फादर डेमियन जैसे लोगों ने अपना निश्चित प्रमुख उद्देश्य प्राप्त किया है और इनमें से एक भी मामला ऐसा नहीं था, जिसमें उनका उद्देश्य पैसे के तौर पर एक अदद डॉलर भी हासिल करना था। निश्चित रूप से, मुझे लगता है कि जीवन में खुशी और मन की शांति प्राप्त करने के लिए आप इससे अच्छा लक्ष्य नहीं बना सकते कि आप अपने साथी मनुष्यों की सहायता करेंगे। दूसरी तरफ, मैं इस पर भी जोर देना चाहूँगा कि दौलत और मन की शांति की आध्यात्मिक स्थिति के बीच कोई टकराव नहीं है। ईमानदारी से जुटाई गई दौलत बहुत बड़ा आशीर्वाद होती है, विशेष रूप से तब, जब दौलतमंद व्यक्ति अपने आप को सेवक मानता है और अपने धन से दूसरों की सहायता करना चाहता है।

अपना लक्ष्य चुनते समय याद रखिए कि आज के जमाने में कुछ भी असंभव नहीं, जैसा कि रोजर्स और हैमरस्टीन ने *'सिंडरेला'* में कहा था, "असंभव चीजें आए दिन हो रही हैं।"

एक न्यूज रिपोर्टर के रूप में मैंने वह खबर दी थी, जब राइट ब्रदर्स वर्जीनिया के आर्लिंग्टन में नौसेना को यह यकीन दिला रहे थे कि हवा में उड़ान भरनेवाली कोई मशीन भी हो सकती है। मैंने तीन दिन अपनी गाड़ी में बैठकर बिताए, जब ओरविल और विल्बर राइट अपने विमान को हवा में उड़ाने का प्रयास कर रहे थे। आखिर में, वह कुछ सेकंड के लिए हवा में उड़ा, फिर धड़ाम से नीचे गिरा और लगा कि उसके टुकड़े-टुकड़े हो गए। पास खड़े एक बुजुर्ग ने कहा, "वे उसे कभी उड़ा नहीं पाएँगे। क्यों मेरे बेटे, क्या कहते हो? अगर भगवान् इनसानों को उड़ने के काबिल बनाना चाहता तो वह उन्हें पंख दे देता, है कि नहीं?"

उस समय लगा कि बुजुर्ग व्यक्ति का कहना सही था। लेकिन मैं अब सोचता हूँ कि उस सज्जन ने तब क्या कहा होता, जब कुछ दिन पहले वह मेरे साथ एक आधुनिक विमान में बैठकर प्रति घंटे 300 मील की रफ्तार से धरती से लगभग 5 मील ऊपर उड़ते हुए शांति से लंच कर रहे होते?

सफलता की पाँच अनिवार्य बातों में से पहली में आप महारत कैसे हासिल कर सकते हैं?

संभव हो तो अगले कुछ हफ्ते में जल्दी से अपने जीवन का एक प्रमुख उद्देश्य तय कर लीजिए। उसे स्पष्ट रूप से तथा विस्तार से पॉकेट साइज नोटबुक में लिख लीजिए। उस पर दस्तखत कीजिए, याद कर लीजिए और कम-से-कम हर दिन तीन बार जोर से पढ़िए, ताकि आप अपने विश्वास को दृढ़ कर सकें कि आप उसे हासिल कर सकते हैं। उसी नोटबुक में उस योजना को स्पष्ट रूप से लिखिए, जिससे आप अपने लक्ष्य को हासिल करना चाहते हैं। उस अधिकतम समय को लिखिए, जिसमें आप उसे प्राप्त करने का इरादा रखते हैं। इसके साथ ही, विस्तार से बताइए कि क्यों आपको लगता है कि आप अपने उद्देश्य को पूरा कर लेंगे और उसके बदले आप क्या देना चाहेंगे? दूसरी बात महत्त्वपूर्ण है। इस पर अच्छी तरह विचार कीजिए।

अपने लक्ष्य को निरंतर अपने सामने रखिए।

अपने लक्ष्य को निरंतर अपने सामने रखिए, ताकि आपका अवचेतन मन आत्म-सुझाव के ध्येय से उस पर काम कर सके और इन सबसे अधिक, प्रार्थना कर मार्गदर्शन की याचना करना मत भूलिए। अपने पूरे जीवनकाल में आपकी आत्मा आपके शरीर की रफ्तार से ही बढ़नी चाहिए। पूजा और कर्म—दोनों साथ-

साथ चलते हुए हमें मन की शांति देते हैं। इसे मठ के उस आचार्य ने बखूबी दिखाया, जब उन्होंने एक संन्यासी को 'पूजा और कर्म' के आदर्श वाक्य पर संदेह जताते सुना। उन्होंने उस युवा संन्यासी को अपने साथ नाव की यात्रा का आमंत्रण दिया और दोनों चप्पू खुद ही सँभाले। कुछ देर बाद युवा संन्यासी ने देखा कि आचार्य एक ही चप्पू का इस्तेमाल कर रहे हैं, तब उससे रहा नहीं गया और उसने कहा, "यदि आप दोनों का इस्तेमाल नहीं करेंगे तो हम बस, गोल-गोल घूमते रहेंगे और आगे नहीं बढ़ पाएँगे।"

"वत्स, तुमने बिल्कुल ठीक कहा।" बुजुर्ग ने जवाब दिया, "एक चप्पू पूजा है और दूसरा कर्म। जब तक तुम एक साथ दोनों का इस्तेमाल नहीं करोगे, तब तक तुम गोल-गोल घूमते रहोगे और आगे नहीं बढ़ सकोगे।"

बरसों के लंबे अनुभव ने मुझे इस बात को अच्छी तरह सिखाया है कि पूजा करते समय आपकी सोच कैसी होनी चाहिए। इसी का परिणाम है कि अब मैं अपनी पूजा को इन शब्दों के साथ समाप्त करता हूँ—

> *हे असीम बुद्धि! मैं तुमसे और कोई आशीर्वाद नहीं माँगता, बल्कि अधिक विवेक चाहता हूँ, जिससे मैं जन्म के समय मिले सारे आशीर्वादों में से सबसे बड़े आशीर्वाद, अपने मन की शक्ति का उपयोग, अपने चुने लक्ष्य को अपनाने और उसकी दिशा में आगे बढ़ने के लिए अच्छी तरह कर सकूँ।*

मास्टर माइंड

इसके साथ ही हम सफलता की पाँच अनिवार्य बातों में से दूसरे तक पहुँच गए हैं, जिसे 'मास्टर माइंड सिद्धांत' के नाम से जाना जाता है। इसमें दो या अधिक व्यक्तियों के बीच एक संबंध होता है, जो पूर्ण सौहार्द के साथ एक निश्चित उद्देश्य की प्राप्ति के लिए अपने प्रयासों के बीच समन्वय स्थापित करते हैं। वे एंड्रयू कारनेगी ही थे, जिन्होंने सबसे पहले इस सिद्धांत से मेरा परिचय कराया, जब मैंने उनसे पूछा था कि उन्होंने इतना धन-दौलत किन साधनों से इकट्ठा कर लिया? उन्होंने बेबाकीपन से कहा कि यह दूसरे लोगों की मेहनत का फल है; ऐसे लोग, जो उनके मास्टर माइंड समूह के सदस्य हैं। फिर, एक-एक कर उन्होंने उस समूह के सदस्यों के नाम गिनाए और बताया कि हर एक का सफलता में क्या योगदान था।

कारनेगी ने मुझे स्पष्ट रूप से बता दिया कि जहाँ कोई भी व्यक्ति सफलता

प्राप्त कर सकता है, वहीं उससे भी बड़ी सफलता तब प्राप्त की जा सकती है, जब एक समूह में पूर्ण तालमेल के साथ काम किया जाए, जिसमें सभी सदस्य अपनी प्रतिभा, शिक्षा और उनका व्यक्तित्व एक-दूसरे का पूरक बन जाए।

स्वतंत्रता की घोषणा को इस देश के अब तक के सबसे गहन ज्ञान रखनेवाले मास्टर माइंड मैत्रीपूर्ण संबंध ने तैयार किया था। इसमें छप्पन साहसी व्यक्ति शामिल थे, जिन्होंने इस बात को अच्छी तरह जानते हुए उस दस्तावेज पर दस्तखत किए कि वे अपने जीवन के साथ ही अपनी किस्मत को भी दाँव पर लगा रहे हैं। यहाँ पूर्ण तालमेल अपने सर्वोच्च स्तर पर था और काफी हद तक इसके नतीजे ने पूरी मानव जाति के भाग्य को बदलकर रख दिया है।

ऐसे तीन स्थान होते हैं, जहाँ मैं चाहूँगा कि आप दूसरों के साथ मास्टर माइंड बनाने के आधार पर संबंध बनाएँ—अपने घर में, अपने चर्च में और अपने पेशे या कारोबार के स्थान पर। इसे ईमानदारी से करें और आप अपनी समृद्धि, मन की शांति तथा अच्छी सेहत की दिशा में बहुत आगे निकल जाएँगे। मैंने बार-बार देखा है कि किस प्रकार मास्टर माइंड मैत्रीपूर्ण संबंध, तालमेल के साथ काम करनेवाला समूह, चामत्कारिक परिणाम देता है। उदाहरण के लिए, क्या किसी एक व्यक्ति ने ऐसी वैज्ञानिक उपलब्धि प्राप्त की है, जिसके फलस्वरूप परमाणु ऊर्जा पैदा हुई है? कभी नहीं! हम में से हर कोई एक जीवन में बहुत कुछ हासिल नहीं कर पाता है; लेकिन एक लक्ष्य के प्रति दूसरों के साथ तालमेल बिठाते हुए काम करने पर काफी कम समय में ऐसे परिणाम मिल जाते हैं, जिन्हें प्राप्त करने में सामान्य रूप से सदियाँ लग जातीं।

विशेष प्रयास करना

सफलता की पाँच अनिवार्य शर्तों में से तीसरी है—विशेष प्रयास करने की आदत। 'सरमन ऑन द माउंट' (ईसा मसीह का प्रवचन) में हम से कहा गया था, "यदि किसी व्यक्ति को जरूरत है, आप उसके साथ एक मील चलें तो आपको उसके साथ दो मील चलना चाहिए।" विशेष प्रयास करने की आदत का अर्थ बस, इतना है कि आपको जितने पैसे मिलें, उससे अधिक और बेहतर सेवा देना और उसे एक सकारात्मक व खुशमिजाज ढंग से करना।

आज तक मुझे एक भी ऐसा व्यक्ति नहीं मिला, जिसने असाधारण सफलता प्राप्त की हो; लेकिन उसमें उम्मीद से अधिक सेवा देने की आदत न हो और मैं

आपको एक ऐसे व्यक्ति के रिकॉर्ड का उदाहरण देना चाहूँगा, जिससे पहली बार मैं यहीं सलेम कॉलेज में मिला, जब पैंतीस साल पहले मैं स्नातकों के दीक्षांत समारोह को संबोधित कर रहा था। उस व्यक्ति को आप सब अच्छी तरह जानते हैं। कोई शक नहीं कि मैं जेनिंग्स रैंडॉल्फ की बात कर रहा हूँ, जिन्हें मैं कहना चाहूँगा कि मेरे संगठन में उन्हें प्यार से 'श्रीमान शिष्टाचार' के नाम से बुलाया जाता है। सलेम कॉलेज में अपना काम पूरा करने के बाद जेनिंग्स कांग्रेस के लिए चुने गए, जहाँ उन्होंने चौदह वर्षों तक वेस्ट वर्जीनिया के लोगों की सेवा की और मैं आपको उनका बस, एक तरीका बताना चाहूँगा, जिससे उन्होंने विशेष प्रयास करने की अपनी आदत का पालन किया।

गरमियों के दौरान, जब कांग्रेस की काररवाई स्थगित कर दी गई और कांग्रेस के अधिकांश सदस्य निजी कार्यों को निपटाने अपने घर लौट गए, तब जेनिंग वाशिंगटन स्थित अपने दफ्तर में ही रहे और अपने संसदीय क्षेत्र के लोगों की सेवा के लिए आम दिनों की तरह कार्य करते रहे। उन्हें ऐसा करने की जरूरत नहीं थी। उनसे इसकी अपेक्षा नहीं थी, न ही इसके लिए उन्हें अतिरिक्त वेतन मिला, यानी सरकार चेक से जितना वेतन देती थी, उतना ही मिलने वाला था।

इसमें कोई शक नहीं कि सभी सफल उपलब्धियों की शुरुआत उद्देश्य की निश्चितता से होती है। कोई व्यक्ति तब तक सफल होने की उम्मीद नहीं कर सकता है, जब तक कि उसे ठीक-ठीक यह पता न हो कि वह चाहता क्या है और उसे प्राप्त करने के लिए अपने मन को कार्य करने के अनुकूल न बना ले; लेकिन एक दिन ऐसा आया, जब निर्धारित जिम्मेदारी से अधिक काम करने की आदत का उन्हें अच्छा-खासा लाभ मिलने लगा। इस आदत के कारण ही उनकी ओर कैपिटल एयरलाइंस के प्रेसिडेंट का ध्यान आकर्षित हुआ, जिन्होंने उन्हें पैंतीस वर्ष पहले कैपिटल के प्रेसिडेंट और डायरेक्टर के सहायक के रूप में नियुक्त किया। पैंतीस साल पहले जेनिंग्स रैंडॉल्फ ने मुझे विशेष प्रयास करने के लाभ बताते सुना था, जब मैं सलेम कॉलेज के दीक्षांत समारोह में अपना पहला भाषण दे रहा था। उन्होंने जो कुछ सुना, उससे प्रभावित हुए। वे उस संदेश को अपनाने के लिए तैयार थे। उसी समय उन्होंने इस सिद्धांत को अपनाने और लोगों के साथ अपने सभी संबंधों में उसे लागू करने की मंशा की घोषणा कर दी।

जेनिंग्स रैंडॉल्फ ने तरक्की की और उनके साथी इस पूरे देश में किसी फौज की तरह हैं; क्योंकि उन्होंने इस बात को समझा कि हम किसी के लिए कुछ करते हैं

या अपने लिए ही कुछ करते हैं, तो उसके बदले में कुछ पाने की इच्छा रहती है। इसी प्रकार, किसी भी उपयोगी सेवा को उसकी सही कीमत के बिना नहीं दिया जा सकता है; लेकिन यह कीमत जिसे सेवा दी गई है, उससे मिल भी सकती है और नहीं भी।

एमर्सन ने कहा था, "मनुष्य जीवन भी इसी मूर्खतापूर्ण अंधविश्वास में पड़े रहते हैं कि उन्हें धोखा दिया जा सकता है; लेकिन किसी व्यक्ति को स्वयं उसके सिवाय और कोई भी धोखा नहीं दे सकता, चाहे वह किसी चीज को लेकर हो या नहीं। हमारे सभी प्रकार के लेन-देन में एक मौन तीसरा पक्ष भी होता है। हर समझौते की शर्तों को पूरा करने की गारंटी चीजों के स्वभाव और गुणों से निर्धारित होती है, जिसमें ईमादारी से की गई सेवा कभी व्यर्थ नहीं जाती। यदि आप किसी कृतघ्न मालिक के लिए काम करते हैं तो उसके लिए भरपूर काम कीजिए। हर प्रहार के बदले काम कीजिए। वह आपका भुगतान जितने समय तक रोकता है, आपके लिए उतना ही अच्छा है; क्योंकि इस खाते में चक्रवृद्धि ब्याज पर चक्रवृद्धि ब्याज मिलता है।"

पॉल हैरिस जब लॉ स्कूल से स्नातक हुए, तब उन्हें मुवक्किलों की तलाश में बड़ी कठिनाई हुई। *'विशेष प्रयास करने'* का सिद्धांत क्या होता है, यह आज तक उन्होंने नहीं सुना था; लेकिन उन्होंने इस सिद्धांत को इतने प्रभावी ढंग से रखा कि आगे चलकर उनके इतने मुवक्किल हो गए कि उनमें से सभी के लिए काम कर पाना उनके लिए संभव नहीं हो पा रहा था। उनकी योजना एकदम सरल थी। उन्होंने हर हफ्ते कारोबारियों और पेशेवरों के एक समूह को लंच पर उस जगह बुलाना शुरू किया, जिसे वह 'रोटरी क्लब' कहते थे। इस क्लब का मूल उद्देश्य अपने सदस्यों को एक-दूसरे की सहायता करने के लिए प्रेरित करना और बाहरी लोगों को क्लब के सदस्यों की सहायता के लिए आकर्षित करना था।

यह योजना इतनी सफल हुई कि रोटरी आज ऐसा अंतरराष्ट्रीय संस्थान बन गया है, जो पूरी दुनिया में मानवता की भलाई का काम कर रहा है। आप में से जितने युवा किसी पेशे में जाने की बात सोच रहे हैं, उन सभी को पॉल हैरिस के सिद्धांत को अपनाने तथा इस प्रकार लागू करने से कोई रोक नहीं सकता, जिससे कि आप अपनी जान-पहचान को बढ़ा सकें और अपने लिए वैसी ही साख बनाएँ, जैसी उन्होंने बनाई थी।

आत्मानुशासन

सफलता की चौथी अनिवार्य शर्त है—आत्मानुशासन। इसका अर्थ है—अपने

ऊपर पूर्ण नियंत्रण, जिसमें मानसिक के साथ-साथ भौतिक शरीर पर भी नियंत्रण शामिल है। आत्मानुशासन की शुरुआत अपना स्वामी बनने की तीव्र इच्छा से होती है। उस इच्छा को सतर्क और सक्रिय बनाए रखने के लिए आवश्यक प्रेरणा इस बात को समझना है कि जब कोई अपना स्वामी बन जाता है तो कई सारी चीजों पर उसका वश हो जाता है, जिनमें विफलता और पराजय तथा ऐसी समस्याएँ शामिल रहती हैं, जिनका हम आएदिन सामना करते हैं। अपने ऊपर नियंत्रण की तीव्र इच्छा को बनाए रखने के लिए जो दूसरी प्रेरणादायी सोच है, वह है ईश्वर से मिला अपने मन पर नियंत्रण और उसे निर्देशित करने का वह अधिकार, जिसे कोई भी चुनौती नहीं दे सकता है।

माइलो सी. जोन्स विस्कॉन्सिन के फोर्ट एटकिंसन के पास एक छोटे से फार्म में काम करते थे। उन्हें कई घंटे तक कड़ी मेहनत करनी पड़ती थी और दो जून की रोटी के लिए उनके परिवार के प्रत्येक सदस्य को भी मदद में जुटे रहना पड़ता था—और फिर भयंकर घटना घटी। माइलो को दोहरे लकवे का सामना करना पड़ा, जिसके बाद वे अपने शरीर को चलाने के काबिल नहीं रहे। किसानी हमेशा-हमेशा के लिए उनके बूते से बाहर की बात हो चुकी थी। हर दिन उनके परिवार के सदस्य उन्हें एक व्हीलचेयर पर बिठा दिया करते थे, जिस पर वे धूप में बैठे रहते थे और परिवार के अन्य सदस्य खेती का काम किया करते थे। उनके लाचार होने के लगभग तीन हफ्ते बाद एक दिन सुबह के समय उनके दिमाग की बत्ती जली। उन्हें लगा कि उनके पास दिमाग तो है ही। वैसे भी, कुछ बचा था तो उनका दिमाग ही बचा था, जिसका इस्तेमाल वे किसी भी काम में कर सकते थे। अत: उन्होंने उसे काम पर लगा दिया। इसका नतीजा यह हुआ कि उनके दिमाग में ऐसा आइडिया आया, जिससे उनके परिवार को खुशी भी मिली और दौलत भी। अपने परिवार के सदस्यों को अपने पास बुलाकर उन्होंने कहा, "मैं चाहता हूँ कि हमारे खेत के एक-एक एकड़ में मक्का लगा दी जाए। मक्का खिलाकर सूअरों को पालो और जब वे छोटे व मुलायम हों, तभी उन्हें काटकर उनका 'लिटिल पिग सॉसेज' बना दो।"

पूरे अमेरिका में 'लिटिल पिग सॉसेज' घर-घर में मशहूर हो गया और माइलो सी. जोन्स ने अपने ही जीवनकाल में अपने दिमाग की उपज से खुद को बेहद अमीर आदमी बनते देखा। भले ही उन्होंने यह समझने में देर लगाई, लेकिन उन्होंने ऐसी खोज की, जिसे मैं समझता हूँ कि आप में से हर युवा अपने कॅरियर की शुरुआत में करेगा। उन्होंने यह पता लगाया कि मन की क्षमता की

कोई सीमा नहीं होती, सिवाय उस दायरे के, जिसमें कोई अपने आप ही अपनी शंकाओं, भय तथा आकांक्षा या उद्देश्य की निश्चितता के अभाव में बँध जाता है। आत्मानुशासन की आदत को बनाने के लिए आपका पहला धर्म है कि आप आत्मानुशासन की आदत बनाने के दौरान अपने पहले कर्तव्य के रूप में अपने मन पर पूर्ण नियंत्रण और विजय प्राप्त करने का प्रयास करें तथा उसे निश्चित उद्देश्यों की प्राप्ति की दिशा में ले जाएँ, जहाँ आप बुद्धिमानी के साथ-साथ भौतिक व आध्यात्मिक समृद्धि हासिल कर सकेंगे। फिर आपको क्रोध की भावना पर अनुशासन रखने की जरूरत होगी। इसे आप इस बात को समझकर प्राप्त कर सकते हैं कि आपकी पूरी मंजूरी और सहयोग के बिना कोई भी आपको क्रोधित नहीं कर सकता है। जरूरी नहीं कि आप इस प्रकार का सहयोग दें। आपको सेक्स की अपनी भावनाओं पर अनुशासन की आवश्यकता होगी, जिसमें आपको इस गहरी रचनात्मक शक्ति को उन माध्यमों में परिणत करने की कला को सीखना होगा, जो आपको आपके चुने हुए पेशे में आपकी सहायता करेगी। आपको अपने बोलने की शैली पर अनुशासन की आवश्यकता पड़ेगी, ताकि आप उसे मृदु के साथ-साथ स्वीकार्य भी बना सकें।

आपको उन सभी चीजों पर अनुशासन की आवश्यकता होगी, जिन्हें आप अपने शरीर के भीतर भोजन और पेय तथा ड्रग्स, शराब एवं धूम्रपान के रूप में ले जाते हैं। याद रखिए, आपका शरीर भगवान् का मंदिर है, जिसे आपको आपके मन और आपकी आत्मा की सुरक्षा के लिए दिया गया है। आपको अपने व्यक्तिगत सहयोगियों को अपनी पसंद से चुनने पर अनुशासन की जरूरत पड़ेगी। आपको अपनी सोचने की आदतों पर अनुशासन की आवश्यकता होगी, जब आप अपने दिमाग को उन चीजों एवं परिस्थितियों पर विचार तथा योजना के लिए व्यस्त रखेंगे, जिनकी आपको इच्छा है और उनसे दूर रखने की जिनकी इच्छा नहीं है। आपको भेदभाव से बचने के लिए अनुशासन की जरूरत पड़ेगी। आपको प्रेम की भावना को वश में करने के लिए अनुशासन की आवश्यकता पड़ेगी। यदि आपको अपने प्रेम के बदले प्रेम नहीं मिलता तो संतुष्ट रहिए कि आप ही हैं, जिसे सबसे अधिक मिला है; क्योंकि प्रेम की अभिव्यक्ति ने आपकी आत्मा की शुद्धि कर दी है। इस कारण, एकतरफा प्रेम पर समय बरबाद मत कीजिए और इस सोच को दिमाग से निकाल दीजिए कि प्रेम एक ही बार होता है।

आपको इस बात को समझने के लिए खुद को अनुशासित करना होगा कि

आपके साथ जो कुछ भी होता है, चाहे अच्छा या बुरा, उसका कारण कहीं-न-कहीं आपके भीतर है, चाहे ऐसा आपके विचारों, कर्मों या कदम उठाने में हुई देरी के चलते हुआ है।

सच में, मैंने आपको काफी काम दे दिया है; लेकिन आप इसे निभा सकते हैं, बशर्ते आपको अपने भविष्य के लिए ऐसा करने में दिलचस्पी हो। आप जब तक इस काम को पूरा करेंगे, तब तक यह जान चुके होंगे कि सफलता के लिए आपकी क्षमता, कमजोरी एवं आपकी शक्ति क्या है और आप इस स्थिति में होंगे, जहाँ आपको बनानेवाले ने आपको अपने मन व शरीर पर नियंत्रण की जो क्षमता दी है, उसका आप सबसे अधिक लाभ उठा सकेंगे।

प्रयुक्त विश्वास

इसके साथ ही, हम सफलता की पाँच अनिवार्य शर्तों में से आखिरी शर्त पर पहुँच गए हैं। इसे 'प्रयुक्त विश्वास' कहा गया है, जो ऐसा विश्वास होता है, जिस पर व्यक्ति अपने कर्मों के साथ ही धारणा के साथ आगे बढ़ता है। विश्वास मन की एक दशा है, जिसे 'आत्मा का मुख्य आधार' कहा गया है और इसके जरिए ही व्यक्ति लक्ष्य बनाता है, इच्छा करता है, योजना बनाता है और उद्देश्यों से उनके समान भौतिक लाभ मिल सकता है।

विश्वास की शुरुआत अस्तित्व और अनंत बुद्धिमत्ता की असीम शक्तियों की पहचान से होती है। किसी ऐसी परिकल्पना पर आधारित व्यापक विश्वास जैसी कोई वास्तविकता नहीं होती, जिसे साबित नहीं किया गया है। विश्वास मार्गदर्शक है। यह स्वयं आपको वैसी चीजें नहीं दिलाएगा, जिनकी आपको इच्छा है। लेकिन यह आपको वह रास्ता दिखा सकता है और दिखाएगा, जिस पर चलकर आप उन चीजों की दिशा में बढ़ सकते हैं। विश्वास है तो आप ऐसी किसी भी चीज को कर सकते हैं, जिसे आपको लगता है कि आप कर सकते हैं, बशर्ते यह प्राकृतिक नियमों के अनुकूल हो।

डॉ. फ्रैंक डब्ल्यू. गुनसॉलुस शिकागो के साउथ साइड में जब एक युवा धर्म प्रचारक थे और उनके अनुयायी अधिक नहीं थे, तब उनकी आय बेहद मामूली थी; लेकिन लंबे समय से उनके मन में एक ऐसे शैक्षणिक संस्थान को खड़ा करने का विचार था, जहाँ छात्र अपने आधार समय को 'किताबी ज्ञान' में बिताएँगे और बाकी का समय इस प्रशिक्षण के व्यावहारिक अनुभव की प्रयोगशाला पर खर्च करेंगे।

उन्हें इस परियोजना की शुरुआत के लिए 10 लाख डॉलर की जरूरत थी। इसलिए उन्होंने ईश्वर की प्रार्थना कर मार्गदर्शन माँगा। अपने प्रयासों से उन्हें तुरंत और आश्चर्यजनक परिणाम मिले। उन्हें ऐसा आइडिया आया, जो उन्हें लगता था कि इतने पैसा जुटा देगा, जितने पैसे की उन्हें जरूरत थी। उन्होंने 'मैं 10 लाख डॉलर से क्या करूँगा' शीर्षक का एक धर्मोपदेश लिखा और शिकागो के अखबारों में यह ऐलान किया कि अगले रविवार को वे इस विषय पर एक उपदेश देंगे। उस रविवार की सुबह अपने चर्च के लिए अपने घर से निकलने से पहले उन्होंने इतने मन से प्रार्थना की, जितनी पहले कभी नहीं की थी, जिसमें उन्होंने ईश्वर से माँगा कि किसी ऐसे व्यक्ति का ध्यान धर्मोपदेश के नोटिस पर चला जाए, जो उनकी जरूरत के अनुसार उन्हें पैसा दे दे।

फिर वे झटपट चर्च के लिए निकल गए। हालाँकि वे जब उपदेश-मंच की सीढ़ियाँ चढ़ रहे थे, तब उन्होंने पाया कि जिस उपदेश को उन्होंने इतने ध्यान से तैयार किया था, वह उनके घर पर ही रह गया, जो इतनी दूर था कि उसे लाने में काफी देर हो जाएगी।

"ठीक उसी समय और उसी जगह," डॉ. गुनसॉलुस ने कहा, "मैंने एक बार और प्रार्थना की और कुछ सेकंड में ही वह उत्तर मिला, जो मैं ढूँढ़ रहा था। इसने कहा, 'अपने धर्मोपदेश के मंच पर जाओ और अपने श्रोताओं से बता दो कि तुम्हारी योजना क्या है और तुम्हारी आत्मा जितना भी उत्साह पैदा कर सकती है, उतने उत्साह के साथ उसे बताओ।'"

डॉ. गुनसॉलुस ने ठीक वैसा ही किया। उन्होंने बताया कि वे लंबे समय से किसी तरह का स्कूल खोलना चाहते हैं, उसे कैसे चलाना चाहते हैं, उससे छात्रों को किस प्रकार के लाभ मिल सकते हैं और इस काम के लिए उन्हें कितने पैसों की जरूरत है। जिन लोगों ने उस उपदेश को सुना, उनका कहना था कि इससे पहले उन्होंने ऐसा संबोधन कभी नहीं दिया था और उसके बाद भी कभी नहीं दिया; क्योंकि वे एक प्रेरित व्यक्ति की तरह बोल रहे थे, जिसमें बहुत बड़ी सेवा करने की तीव्र इच्छा थी।

उनके उपदेश के अंत में चर्च की एकदम पिछली सीट से एक अजनबी उठा, मंच तक धीरे-धीरे चलता हुआ आया, पादरी के कान में कुछ फुसफुसाया और फिर वापस जाकर अपनी सीट पर बैठ गया।

उस वक्त वहाँ पूरी खामोशी छाई थी। फिर डॉ. गुनसॉलुस ने कहा, "मेरे

साथियो, आपने अभी-अभी भगवान् का एक चमत्कार देखा है। वे सज्जन, जो अभी-अभी मंच पर आए थे और मुझसे बात की थी, वह फिलिप डी. आर्मर हैं। उन्होंने मुझसे कहा कि अगर मैं उनके ऑफिस तक आया तो मुझे अपने स्कूल के लिए जिस 10 लाख डॉलर की जरूरत है, उसकी व्यवस्था वे कर देंगे।"

उस चंदे से 'आर्मर स्कूल ऑफ टेक्नोलॉजी' का निर्माण हुआ, जहाँ डॉ. गुनसॉलुस उसके प्रमुख बन गए। हाल के वर्षों में यह स्कूल 'इलिनोइस इंस्टीट्यूट ऑफ टेक्नोलॉजी' का हिस्सा बन गया है। डॉ. गुनसॉलुस ने कहा, "इन सारी बातों में बड़ा रहस्य यही था कि अपनी समस्या के समाधान के लिए सही स्रोत तक जाने में मैंने इतनी देर क्यों लगाई?" यही रहस्य कई लोगों को उलझन में डालता है, जिन्होंने तब तक प्रार्थना नहीं की, जब तक कि बाकी सारी चीजें जरूरत और आपात स्थिति में विफल नहीं हो गईं।

और यह भी एक कारण हो सकता है कि प्रार्थना से अकसर नकारात्मक नतीजे मिलते हैं, जैसा कि सामान्य रूप से होता है, जब तबाही मचने या जब तबाही सामने खड़ी होती है, तब कोई सच्चे विश्वास के बिना ही प्रार्थना करता है। मैंने प्रार्थना की शक्ति पर एक बड़ा सबक उस वक्त सीखा, जब मेरा दूसरा बेटा कानों के बिना ही पैदा हुआ। डॉक्टरों ने मुझे यह बात जहाँ तक संभव हो सका, उतनी मृदु भाषा में बताई, जिससे कि मुझे लगा झटका थोड़ा सहनीय बन सके। उन्होंने इस कथन के साथ अपनी बात खत्म की, "बेशक, आपका बेटा हमेशा के लिए मूक-बधिर रहेगा, क्योंकि उसकी तरह जनमा कोई भी बच्चा कभी न सुनना सीख सका है, न बोलना।"

मन जिसकी भी अवधारणा बना लेता है,
उसे हासिल कर सकता है।

मेरे सामने अपने विश्वास की परीक्षा लेने का बहुत बड़ा अवसर था और मैंने ऐसा डॉक्टरों को यह कहकर किया कि मैंने भले ही अपने बेटे को अभी देखा नहीं है, लेकिन एक बात को लेकर मैं एकदम निश्चित हूँ कि वह अपना जीवन एक मूक-बधिर के रूप में नहीं बिताएगा। उनमें से एक डॉक्टर चलता हुआ मेरी तरफ आया, मेरे कंधे पर उसने अपना हाथ रखा और कहा, "देखो नेपोलियन, इस संसार में कुछ चीजें ऐसी होती हैं, जिन पर न तुम्हारा वश चलता है, न किसी और का—और यह बीमारी उनमें से ही एक है।"

"ऐसा कुछ भी नहीं, जिसके बारे में मैं कुछ कर न सकूँ।" मैंने उत्तर दिया, "और किसी दुर्भाग्यपूर्ण परिस्थिति से मेरा कोई संबंध हो ही नहीं सकता, जो मेरा दिल तोड़ दे।"

अपने बेटे को देखने से पहले ही मैंने उस पर अपनी प्रार्थना के साथ काम करना शुरू किया और मैंने हर दिन कई घंटे तक ऐसा करना जारी रखा। तीन साल बाद यह स्पष्ट हो गया कि वह सुन रहा था। वह कितना सुन पा रहा था, यह हम नहीं जानते थे। वह जब तक नौ वर्ष का हुआ, तब तक उसने अपने सुनने की सामान्य क्षमता का 65 प्रतिशत तक प्राप्त कर लिया था। इतना उसे ग्रेड स्कूल, हाई स्कूल और वेस्ट वर्जीनिया यूनिवर्सिटी के तीसरे साल में पढ़ाई करने के लिए काफी था, जब सुनने के यंत्र बनानेवाली एक कंपनी ने उसके लिए इलेक्ट्रिक श्रवण यंत्र बनाया, जिसकी मदद से वह 100 प्रतिशत सुन सकता था और मैंने डॉक्टरों से उस दिन यही कहा था कि यह बात होकर रहेगी।

इस अनुभव पर ही मेरा मूलमंत्र आधारित है—"मन जिसकी अवधारणा बना लेता है, उस पर विश्वास करता है, मन उसे हासिल कर सकता है।' सच कहूँ तो इस मूलमंत्र को मैंने दुःख के आँसुओं के साथ उस भावनात्मक दर्द को सहते हुए लिखा था, जिसने मेरे दिल को चीरकर रख दिया था और न जाने कैसे मैं इस विचार को कभी छोड़ नहीं सकता कि यह अनुभव मेरे जीवन का सबसे बड़ा अनुभव है; क्योंकि इसने परीक्षा की घड़ी में मुझे सुरक्षित रखा, जिससे मैंने सीखा कि हमारे सामने कोई सीमा है तो बस वह, जिसे हम खुद तय कर लेते हैं और हमारा मन जिसे स्वीकार कर लेता है।

अब मैंने आपको वह दे दिया है, जिसे मैं सफलता की पाँच अनिवार्य शर्तें मानता हूँ। यदि आप अपने जीवन में अपनी इच्छा के लक्ष्यों का दरवाजा खोलना चाहते हैं तो उनका इस्तेमाल कर सकते हैं। पैंतीस साल पहले जब मैं पहली बार यहाँ आया था, तब से लेकर अब तक हमने विज्ञान के क्षेत्र में काफी तरक्की कर ली है। आनेवाले साढ़े तीन दशक में मुझे इससे भी बड़ी प्रगति की उम्मीद है; लेकिन इस प्रकार की तरक्की केवल विज्ञान के क्षेत्र में ही नहीं होगी, वह मानवता के क्षेत्र में भी होगी। परमाणु युद्ध के खतरे का भय पैदा होने के बावजूद इस संसार में एक नया जोश फैल रहा है। मनुष्य आज भी सीख रहा है कि वह अपने साथी मनुष्यों का रखवाला है! हम न केवल भौतिक क्षेत्र में प्रगति कर रहे हैं, बल्कि भावना के क्षेत्र में भी। आज से पहले कभी मानवता के इतिहास में इतने सारे लोगों ने अपना समय,

अपनी ऊर्जा और अपनी दौलत को दूसरे स्त्री-पुरुषों की सहायता के लिए समर्पित नहीं किया था। आप जैसे युवाओं के लिए इन परोपकारियों की तरह बनने से अच्छा कोई लक्ष्य नहीं हो सकता है। याद रखिए कि ख़ुशी हमें मिलती नहीं है, हम उसे बनाते हैं और इसी सोच के साथ आप जिस चीज को किसी कीमत के बदले बेचते हैं, वह हमेशा के लिए आपके हाथ से निकल जाती है; जबकि जिन चीजों को आप अपने दिल से निकली दुआ के साथ देते हैं, वे कई गुना बढ़ने के बाद आपके पास वापस आती हैं। ईसाइयत सभ्यता की सबसे बड़ी शक्तियों में से एक बन गई है, क्योंकि इसके संस्थापक ने अपनी जान देकर इसकी कीमत चुकाई थी और इस संसार को अपनी दुआओं के साथ सौंप दिया था। उन्होंने भाईचारे के प्रेम की भावना से जो शिक्षा दी, उसे मैं आपके सामने इस संदेश और आशा के साथ लेकर आया कि इसकी सहायता से आपके जीवन का पथ सुगम हो और आपको अपने चुने हुए लक्ष्य के निकट ले जाए।

□

वर्ष 1952 में नेपोलियन हिल ने दंत चिकित्सकों के दीक्षांत समारोह को संबोधित किया था। उस समय वे कुछ हद तक अपने रिटायरमेंट के करीब पहुँच चुके थे। वह उनहत्तर वर्ष के थे और उन्होंने शिकागो में व्याख्यान के इस अवसर को हाथ से जाने नहीं दिया।

वर्ष 1908 में हिल ने प्रसिद्ध स्टील कारोबारी एंड्रयू कारनेगी का साक्षात्कार किया, जिन्होंने उनसे कहा कि वह अपने जीवन को सफलता के दर्शन की रचना करने में लगा दें। दंत चिकित्सकों के दीक्षांत समारोह में हिल का परिचय इंश्योरेंस की दुनिया की नामी-गिरामी हस्ती डब्ल्यू. क्लीमेंट स्टोन ने कराया। स्टोन जब एक युवक थे, तब उन्हें हिल की सबसे विख्यात पुस्तक '*थिंक एंड ग्रो रिच*' की एक प्रति दी गई थी और स्टोन इतने प्रभावित हुए कि उन्होंने लोगों के बीच इसकी हजारों प्रतियाँ बाँट दीं। जो भी स्टोन की इंश्योरेंस कंपनी में काम करने आया, उसे एक प्रति दी गई। दीक्षांत समारोह में स्टोन हिल के साथ बैठे और उनसे कहा कि वह अपनी अर्ध-सेवानिवृत्ति को छोड़कर सफलता के दर्शन की शिक्षा दें। हिल ने स्टोन के आग्रह को स्वीकार कर लिया, बशर्ते स्टोन हिल के जनरल मैनेजर बन जाएँ। दो महान् लोगों के मिलकर काम करने की योजना पाँच साल के लिए बनी, जो दस साल तक जारी रही। इस अवधि के दौरान हिल ने अकसर स्टोन का उदाहरण सफलता के दर्शन को लागू करने के लिए दिया। साथ

मिलकर हिल और स्टोन ने कई शहरों में व्याख्यान दिए। हिल के निजी जीवन में स्टोन का गहरा प्रभाव था, जिससे यह बात तय हो गई कि हिल रिटायर होने तक करोड़पति बन जाएँगे।

सन् 1960 में हिल और स्टोन ने साथ मिलकर *'सक्सेस थ्रू ए पॉजिटिव मेंटल एटिट्यूड'* (*सकारात्मक मनोवृत्ति से सफलता)* नाम की पुस्तक लिखी और देखते-ही-देखते वह बेहद प्रसिद्ध हो गई। पचास साल बाद भी इस पुस्तक की अच्छी-खासी बिक्री अमेरिका और पूरी दुनिया में हो रही है। 'मेकर ऑफ मिरैकल मेन' भी स्टोन के साथ मिलकर हिल के काम करने का ही परिणाम था। हिल के अभिभाषण की प्रस्तावना सबसे अद्भुत चीज थी, जो स्टोन ने दी।

–डॉन ग्रीन

नेपोलियन हिल द्वारा
लिखित डब्ल्यू. क्लीमेंट स्टोन से परिचय

मेकर ऑफ मिरेकल मैन की प्रस्तावना

आज की शाम मैं आपको सिर्फ एक और एक ही उद्द्देश्य से कुछ चमत्कारों के विषय में बताऊँगा; क्योंकि आज हम सबके बीच कोई है, जिसका जीवन बेहतरी के लिए बदलने वाला है। नहीं तो डॉ. हिल और मैं अपने समय व्यर्थ कर रहे होंगे और आप भी अपना समय बरबाद कर देंगे, क्योंकि सफलता के दर्शन का सिद्धांत मनुष्यों को कर्म करने की शिक्षा देता है।

वर्ष 1940 में मैं साल्ट लेक सिटी में सेल्स की एक मीटिंग ले रहा था। उस मीटिंग से पहले मैं मुख्य सड़क पर जा रहा था और मैं जब उटाह होटल लौट रहा था, तब कोयले की एक दुकान के बगल से गुजरा। खिड़की पर चार फीट ऊँचा कोयले का ढेर था, जो चार फीट घन का होगा और कोयले के उस ढेर के सामने एक पुस्तक रखी थी। उस पुस्तक का नाम था—*'थिंक एंड ग्रो रिच'* (सोचो और अमीर बन जाओ)। सन् 1938 में ही मुझे यह पुस्तक दी गई थी और उसके बाद से मैं ऐसी हजारों पुस्तकें मुफ्त में दे चुका हूँ और जैसा कि मैं कह रहा हूँ, मैंने चमत्कार होते देखा है। इसलिए मैं उस स्टोर में गया और मालिक के बारे में पूछा। यदि आप में से कोई साल्ट लेक सिटी का है या वहाँ गया है तो शायद उसे कोयले की वह दुकान 'मार्टिन्स कोल स्टोर' याद होगी। मैंने मार्टिन से पूछा कि उसने कोयले के ढेर के सामने पुस्तक क्यों रखी है? और मैंने उसे बताया कि मैंने उस पुस्तक का कैसे उपयोग किया, कैसे इसने लोगों की व्यक्तिगत समस्याओं को सुलझाया, कैसे इसने उन लोगों की वित्तीय समस्याओं को सुलझाने में सहायता की, कैसे इसने लोगों की मदद उस समय की; जब वे ऐसी स्थिति में फँस गए,

जहाँ से निकलना मुश्किल था, उस मुश्किल को लाभ में बदलना संभव नहीं था या नेपोलियन हिल के ही शब्दों में कहूँ तो "हर विपरीत परिस्थिति के साथ उसी अनुपात में लाभ के अवसर आते हैं।" और वे उस परिस्थिति का लाभ उठाते हैं और इस बात को लेकर खुश होते हैं कि उन्होंने उस परिस्थिति का अनुभव किया।

तब मार्टिन ने मुझसे कहा, "मैं आपको ऐसी बात बताने जा रहा हूँ, जो मैं किसी अजनबी को कभी नहीं बताता। मैं आपको अजनबी नहीं मानता, क्योंकि हमारे बीच कई बातें समान हैं।" उसने कहा, "कुछ साल पहले, मेरे सहयोगी और मेरे दो कारोबार थे (कोयले का और बजरी का) और दोनों ही कर्ज में डूबे थे। हमने सोचा कि हम एक को बेचकर दूसरे को बचा सकते हैं और फिर हमें पता चला कि ऐसा नहीं हो सकता है और फिर संयोगवश मुझे यह पुस्तक, *'थिंक एंड ग्रो रिच'* दी गई।" और उसने बताया, "बीते कुछ वर्षों में और," उसने कहा, "यह बात मैं किसी अजनबी से नहीं बताता, दोनों ही कारोबार कर्ज से उबर गए और आज, जब हमारे सारे कर्ज चुका दिए गए हैं, तब अपने माल की कीमत के अलावा हमारे पास 1,86,000 डॉलर नकद हैं।" और फिर उसने बैंक की पासबुक निकालकर मुझे दिखाई।

खैर, एक साल पहले अगस्त में मैंने किवानिस क्लब, शिकागो के एजवाटर बीच होटल के नॉर्थ किवानिस क्लब में *'थिंक एंड ग्रो रिच'* पुस्तक पर एक व्याख्यान दिया था और जैसी की मेरी आदत रही है, मैंने कुछ पुस्तकें बाँटीं, विशेष रूप से उन लोगों को, जिन्हें मैंने देखा कि वे इसके लिए तैयार हैं। उनमें से एक युवा दंत चिकित्सक, डॉ. हरबर्ट गुस्ताफसन थे। एक महीने बाद डॉ. गुस्ताफसन ने मुझे फोन किया और पूछा कि क्या मैं नेपोलियन हिल से मिलना चाहूँगा? उन्होंने कहा कि वे एक स्टडी ग्रुप को संबोधित करने जा रहे हैं और यह ग्रुप यहीं शिकागो में दंत चिकित्सकों का है। मैं बेहद रोमांचित हुआ; क्योंकि मुझे लगा कि डॉ. हिल अब इस दुनिया में नहीं हैं। सौभाग्य से, मैंने पाया कि वे जीवित हैं।

मैं उस बैठक में गया और दोपहर के भोजन के समय मैं डॉ. हिल के साथ बैठा था। हमने दर्शन की बात की और मैंने कहा कि बेटगर की फिल्म *'हाऊ आई रेज्ड माइसेल्फ फ्रॉम फेल्योर टू सक्सेस इन सेलिंग'* (मैंने बिक्री में खुद को विफलता से सफलता तक कैसे पहुँचाया) जैसी फिल्मों की सफलता को देखते हुए उन्हें *'थिंक एंड ग्रो रिच'* पर भी फिल्म बनाने पर विचार करना चाहिए। हम कुछ देर तक बात करते रहे और फिर उनसे कहा गया कि वह शिकागो लौट आएँ और

हम इसकी संभावना तलाश करें। दो या तीन साल बाद डॉ. हिल ने मेरे सुझाव पर पाँच साल के लिए रिटायरमेंट को छोड़ने पर सहमति जता दी। वे एक शर्त पर ऐसा करने के लिए तैयार हुए कि मैं उनका जनरल मैनेजर बनूँगा, और यही कारण है कि आज की शाम मैं यहाँ हूँ।

मिस्टर एलेन ने आपको नेपोलियन हिल एसोसिएट्स के बारे में बताया। इसका केवल एक ही कारण बताया जा सकता है, बस एक कि इसका उद्‌देश्य अमेरिकी उपलब्धियों के दर्शन का प्रसार करना है, जैसी शिक्षा एंड्रयू कारनेगी ने नेपोलियन हिल को दी थी।

पिछले साल के दौरान और उस समय, जब हमारे सहयोगी काम कर रहे थे, जब साथ मिलकर काम कर रहे थे, तब हमने सच में चमत्कार होते देखा है। मेरे अपने बिजनेस में मैंने बेहद मामूली सेल्समैन को सुपर सेल्समैन बनते देखा है। वे लोग, जो उदाहरण के लिए हर हफ्ते 125 डॉलर कमा रहे थे, उन्होंने अपनी आय एक हफ्ते में 300, 400 और 500 डॉलर तक बढ़ा ली। दूसरे शब्दों में कहें तो उन्होंने असंभव को संभव कर दिखाया।

उदाहरण के लिए, हमारी क्लास में और मैं देख रहा हूँ कि आज की शाम कुछ छात्र हैं और मिसाल के तौर पर रात की क्लास में हमने लोगों की मदद की है, ताकि वे अपनी मदद के लिए प्रेरित हों। किसी समस्या को हल करना एकदम आसान है, इसे बुद्धिमानी से हल करना एकदम आसान है, बशर्ते आप जानते हों कि ऐसा कैसे करना है!

***डॉ. हिल का लेखन''वे सफलता के विज्ञान को सरल,
समझने योग्य फॉर्मूले में स्पष्ट कर देते हैं,
जिसे एक सामान्य पुरुष या स्त्री अथवा
हाई स्कूल के युवा छात्र या छात्रा के लिए समझना संभव है।***

जैसा कि अर्ल नाइटेंगल ने मुझे बताया, डॉ. हिल के लेखन की एक अच्छी बात यह है कि वे सफलता के विज्ञान को एक सरल, समझने योग्य फॉर्मूले में इतना स्पष्ट कर देते हैं कि किसी पुरुष या स्त्री अथवा हाई स्कूल के किसी भी छात्र या छात्रा के लिए उसे समझना संभव है।

चलिए, मैं अपने कुछ छात्रों की एक या दो कहानियाँ सुना देता हूँ। एक कहानी, जिसने मुझे प्रभावित किया, वह एक युवक की है, जिसका सरनेम 'ग्रोमेयर'

है। शायद आप में से कुछ उसे जानते भी होंगे। वह संगीत का शिक्षक है। सत्रह सप्ताह के कोर्स में से तीसरे सप्ताह में उसने क्लास का पंद्रह मिनट समय यह साबित करने के लिए लिया कि किसी संगीत शिक्षक के लिए हर हफ्ते 100 डॉलर से अधिक कमा लेना असंभव है। खैर, जब मैं ऐसी किसी क्लास में इस प्रकार के समूह के साथ रहता हूँ तो मेरी थ्योरी है कि सभी की समस्याओं का हल होने से अच्छा है कोई एक व्यक्ति अपनी समस्या को हमेशा के लिए हल कर ले, जो उसके साथ बनी है। इसलिए हमने एक घंटे तक उसके साथ काम किया। मेरे पास मिस्टर ग्रोमेयर की एक चिट्ठी है। उस चिट्ठी में उन्होंने हमारी कुछ क्लास अटेंड न कर पाने को लेकर क्षमा-याचना की है। वे लिखते हैं—"सबसे पहले आपको यह जानकर अच्छा लगेगा कि मैं अच्छी तरह सो पा रहा हूँ। मैं उतना घबराया नहीं रहता, जितना पहले रहता था।" उन्होंने कहा, "मैं सदा-सदा के लिए नेपोलियन हिल एसोसिएट्स का ऋणी रहूँगा।" उनका आगे कहना था, "आपको याद होगा, जब इस दर्शन को समझने से पहले मैंने कहा था कि ऐसा करना असंभव है कि संगीत का एक शिक्षक एक सप्ताह में 100 डॉलर से अधिक कमा ले।" और फिर उन्होंने लिखा, "आपको यह जानकर अच्छा लगेगा कि पिछले दस हफ्ते से मेरी औसत आय प्रति सप्ताह 375 से 385 डॉलर के बीच है।"

इस प्रकार, मैं आपको अपने क्लास की ऐसी एक के बाद एक कई बातें बता सकता हूँ; पर मैं आपसे यह सब क्यों कह रहा हूँ? क्योंकि जब नेपोलियन हिल और मैं पाँच साल के प्रोग्राम पर सहमत हुए तो हमने तय किया कि हम पचास साल का काम पाँच साल में करेंगे, दस का एक में। ऐसा करने के लिए हमारे पास कई नेपोलियन हिल होने चाहिए। हमारे पास कई शिक्षक होने चाहिए। हमारे पास कई संचालक होने चाहिए और हमें संगठिन होना पड़ेगा, ताकि यह दर्शन हर उस व्यक्ति तक पहुँचे, जो इसे पाना चाहता है। कामकाज के हफ्ते के दौरान एक भी ऐसा दिन नहीं होता, जब देश के ही नहीं, दुनिया के भी किसी दूर के हिस्से से कोई-न-कोई नहीं आता है। पिछले हफ्ते—एक व्यक्ति रोम से हवाई सफर के बाद मेरे पास आया—ऐसा व्यक्ति, जो यूरोप, एशिया, अफ्रीका के लोगों को इस दर्शन की शिक्षा दे रहा है; जो ऊँची जाति, नीची जाति की व्यवस्था के इतने विपरीत है, जो अमेरिकी दर्शन के विपरीत है; ऐसा दर्शन, जिसमें व्यक्ति जो सोचता है और जिस पर विश्वास करता है, उसे प्राप्त कर सकता है। अगर आज की शाम कुछ न करें, बस 'सोचो, विश्वास करो और हासिल करो' के इस वाक्य को अपनी याददाश्त में

अमिट रूप से दर्ज कर लेंगे और इस पर पूरी तरह यकीन कर लेंगे तो आप यहाँ से एक ऐसी शक्ति लेकर जाएँगे, जिससे आप जीवन में जो चाहें, उसे हासिल कर सकते हैं और इस बात को गाँठ बाँध लीजिए कि जब कोई व्यक्ति ऐसे लोगों से मिलता है और कहता है कि इस व्यक्ति में एक अंदरूनी ताकत है—ऐसी ताकत, जिसे ईश्वर ने उसे दिया है, ताकि वह उस काम को करे, जिसे उसके मन ने ठाना है तो आप समझ जाएँगे कि किस प्रकार हम लोग दूसरों की मदद कर रहे हैं और उन्हें हमारे काम से खुशी तथा रोमांच मिल रहा है।

अब मैं आपको एक वाक्य के बारे में बताता हूँ, जिसका इस्तेमाल मैं नेपोलियन हिल के विषय में करता हूँ। आप स्वयं तय कीजिए कि यह उपयुक्त है या नहीं! मैं इस पूरी शाम आपसे बात कर सकता हूँ, एक के बाद एक कहानियाँ सुना सकता हूँ कि क्यों मैं उन्हें 'नेपोलियन हिल, चमत्कारी व्यक्तियों का निर्माता' कहता हूँ। यदि आप तैयार हैं तो सुनिए, ध्यान से सुनिए और अपने साथ यह संदेश ले जाइए, जो वे आपको देना चाहते हैं। धन्यवाद।

□

चमत्कारी व्यक्तियों का निर्माता

शुभ संध्या, देवियो और सज्जनो! आप जानते हैं, लोग कमाल के होते हैं और बशर्ते आप उन्हें अच्छी तरह जान लें और मैं जिस काम में लगा हूँ, उसके बारे में एक बात यह है कि मैं लोगों को सही परिस्थितियों में साथ ला रहा हूँ, जहाँ वे एक-दूसरे के गुणों का पता लगाएँगे। मैं अपने व्याख्यान को तीन शामों में विभाजित कर रहा हूँ और मुझे लगता है कि तब तक मैं आप में से कुछ लोगों से अच्छी तरह परिचित हो जाऊँगा तो सबसे पहले मैं आपको इस अभियान के एकदम शुरुआत में ले जाना चाहूँगा, जो पूरी दुनिया में फैल रहा है। मैं आपको दक्षिण-पश्चिम वर्जीनिया और ठीक-ठीक बताऊँ तो वाइज काउंटी के उस लकड़ी के कमरे में ले जाना चाहूँगा—लकड़ी से बने उस एक कमरे की झोंपड़ी में, जहाँ कई वर्षों पहले मेरा जन्म हुआ था। हालाँकि इतना पहले भी नहीं, जितना आप सोच रहे होंगे।

मुझे आज भी अच्छी तरह याद है कि उस घर में कौन-कौन सा सामान था। मेरे पास एक टेबल थी, जो दीवार के साथ इस तरह बँधी थी कि जब आपको उसके इस्तेमाल की जरूरत न हो तो आप उसे नीचे गिरा सकते हैं। उसमें एक बिस्तर था, एक गद्दा, जो लकड़ी की भूसी से बना था। वह आज के जमाने के स्प्रिंग मैट्रेस जैसा नहीं था। एक बड़ा सा चूल्हा था, जिसमें आग पर रोटी बनाई जाती थी। हमारे घरवालों के पास एक घोड़ा, एक गाय और एक सूअर था, जो उनके माता-पिता ने उन्हें दिया था। मेरे माता-पिता ने इस तरह अपने जीवन की शुरुआत की थी और जब मैं पैदा हुआ, तब मुझे विरासत में चार घुड़सवार मिले—गरीबी, भय, अंधविश्वास एवं अशिक्षा। देवियो और सज्जनो! अब सिद्धांत की बात करें तो मेरे पास वाइज काउंटी के उस शिकंजे से निकल भागने का कोई अवसर नहीं था, जहाँ मेरा जन्म हुआ था और जो उन दिनों तीन बातों के लिए प्रसिद्ध था—मक्के की शराब, साँप और कबीलाई झगड़े। फिर अचानक ऐसा हुआ कि मेरी माँ की मृत्यु हो

गई और कुछ समय बाद मेरे पिता घर में एक नई माँ को लेकर आए, जो अब तक मैं जितने ही लोगों से मिला हूँ, उनमें से सबसे बेहतरीन व्यक्ति हैं।

सफलता का विज्ञान

वे इस कारण अद्भुत थीं, क्योंकि जब मुझे अच्छे संस्कारों की आवश्यकता थी, तब उनका मेरे ऊपर अच्छा प्रभाव पड़ा और आप दंत चिकित्सकों के फायदे के लिए बता दूँ कि मेरी सौतेली माँ कितनी होशियार थीं। वे बरसों पहले उन दिनों में ही सफलता के विज्ञान का उपयोग कर रही थीं और मैं जानता तक नहीं था। मुझे उसकी समझ भी नहीं थी। मेरी सौतेली माँ नकली दाँत लगाती थीं, जो मुँह के ऊपरी हिस्से में था। उस समय मैं जानता भी नहीं था कि ऐसी कोई चीज होती है। मैंने नकली दाँतों का सेट पहले कभी नहीं देखा था। उसके बाद से मैं उनके बारे में बहुत कुछ जान गया हूँ। एक सुबह वह नाश्ता तैयार कर रही थीं और उनका सेट गिरा तथा गिरकर टूट गया। मेरे पिता ने उसे उठाया और उसके टुकड़ों को अपने हाथ में इकट्ठा किया, फिर कुछ पलों तक उसे देखते रहे। उन्होंने कहा, "मार्था, मुझे लगता है, मैं दाँतों का सेट बना सकता हूँ।" माँ के हाथों का बरतन छूटकर नीचे गिर गया। वह दौड़ी-दौड़ी आईं और उन्हें बाँहों में भरकर चूम लिया तथा बोलीं, "मैं जानती हूँ, तुम दाँतों का सेट बना सकते हो।" और मैं सोच रहा था, 'वाह, यह तो कमाल की महिला हैं!'

क्या मेरे पिता दाँतों का सेट बना सकते हैं? मैं जानता हूँ कि वे घोड़े की नाल बना सकते हैं। मैंने उन्हें उसे बनाते देखा है। लेकिन दाँतों का सेट बनाना? यह तो मजाक है। वैसे भी, दाँतों को बनाने के लिए उन्हें हड्डियाँ कहाँ से मिलेंगी?"

खैर, कुछ दिनों बाद मैं स्कूल से घर लौटा और जब अहाते में आया तो एक विचित्र सी गंध मिली। मैं घर में दाखिल हुआ तो मैंने चूल्हे पर अजीब सी छोटी केतली चढ़ी देखी। मैंने अपनी सौतेली माँ से उसके बारे में पूछा। उन्होंने कहा, "वह बुल्केनाइजर है। तुम्हारे पिता लेकर आए हैं। हमें सारा सामान मिल गया है। उन्होंने आज सुबह मेरे मुँह की छाप ली है। उन्होंने मेरे लिए दाँतों का सेट बनाया है, जो वहाँ पक रहा है।"

बार-बार वे उस छोटी सी केतली को आग से उतारकर नदी तक ले जाते, ताकि वह ठंडा हो और प्लास्टर ऑफ पेरिस की परत उतर सके। मेरे पिता ने चाकू से प्लास्टर ऑफ पेरिस की परत को हटाया और फिर उन्होंने घोड़े की एक

रेती ली। मैं नहीं जानता कि आप लोग जानते भी हैं या नहीं कि घोड़े की रेती क्या होती है? घोड़े की रेती एक भोथर रेती होती है, जिससे आप नाल को पहनाने के बाद खुर के अतिरिक्त हिस्से को काट देते हैं। उन्होंने घोड़े की रेती के पतले सिरे से दाँतों के सेट की अतिरिक्त रबड़ को काटा और फिर रेगमाल का एक टुकड़ा लिया और उसे सही आकार में लाने के लिए खुरचा। फिर उन्होंने उसे मेरी माँ के मुँह में डाल दिया और दंत चिकित्सको, आप मानें या न मानें, वह एकदम फिट हो गया। फिर मेरे पिता ने दंत चिकित्सक का काम शुरू कर दिया। वे लोहार की दुकान पर गए और खुद ही अपने लिए एक चिमटा तैयार किया। उन्होंने एक छोटा सा उपकरण बनाया, जिसे वह 'इंजन' कहते थे, जिसका इस्तेमाल वे अपने पैर से ड्रिल करने के लिए करते थे। वे घोड़े पर सवार होकर वर्जीनिया, टेनेसी और केंटुकी के पहाड़ों पर घूमते हुए दंत चिकित्सा करने लगे। देखते-ही-देखते हम पैसों में खेलने लगे।

यह सब तीन साल से चला आ रहा है और एक दिन जे.पी. कानून की बड़ी किताब अपनी बगल में दबाए चले आए। उन्होंने कहा, "देखिए डॉ. हिल, वर्जीनिया की संहिता 506 और 540 कहती है कि बिना लाइसेंस आप दंत चिकित्सा नहीं कर सकते और अगर आपने ऐसा किया तो आपको जेल जाना होगा।" खैर, मेरे पिता प्रदेश के मुख्य शहर गए और पता लगाया कि इसका क्या उपाय है? जब वे लौटे, तब मैंने उन्हें घाटी में घोड़े से आते देखा। मैं जान गया कि उनकी हार हुई है। वे घोड़े से उतरे और कहा, "मार्था, सबकुछ खत्म हो गया। मैं अब दंत चिकित्सक नहीं रहा। मैंने पता किया कि मुझे परीक्षा देनी होगी और मैं जानता हूँ कि मैं ऐसा नहीं कर सकता।" और तब माँ ने कहा, "देखिए डॉ. हिल, मैंने आपको इसलिए दंत चिकित्सक नहीं बनाया था कि आप मुझे निराश करें। अगर आपको परीक्षा पास करनी है तो जैसे सब करते हैं, वैसे ही आप भी करेंगे। आप कॉलेज जाएँगे।" और मैं सोच रहा था, 'कमाल की महिला है! कमाल की महिला है! मेरे बुढ़ऊ अब कॉलेज जाएँगे! वे उन्हें पढ़ाई तो दूर, कैंपस में दाखिल भी होने देंगे क्या!'

देवियो और सज्जनो, मेरी माँ ने चार साल के लिए उन्हें लुइसविले डेंटल कॉलेज में पढ़ाई के लिए भेजा। पहले साल उन्होंने जितने भी मेडल थे, सारे जीत लिये और उन्होंने उन्हें चौथे साल किसी में भाग लेने नहीं दिया; क्योंकि वे जानते थे कि वे उन सभी को जीत लेंगे। आप समझ गए होंगे कि जब वे वहाँ गए थे, तब उन सभी से एक बेहतर डेंटिस्ट थे, जो पढ़ाई पूरी करने के बाद निकले थे और मेरी

माँ ने उनकी पढ़ाई का खर्च जीवन बीमा की उस रकम से चुकाया, जो उनके पहले पति से मिली थी।

देवियो, मुझे उम्मीद है कि इस घटना के वर्णन से मैंने आपको एक छोटा सा उदाहरण दिया है कि किस प्रकार आप अपने पति को आगे बढ़ा सकती हैं, यदि आप सच में ऐसा चाहें और करें और इस तरह का सुझाव मैं मजाक में नहीं दे रहा हूँ। मुझे लगता है कि इस दर्शन से जो सबसे बड़ी चीज की जा सकती है, वह यह है कि पत्नियाँ इसमें दिलचस्पी लें और अपने पति को इसके उपयोग की प्रेरणा दें।

और अब इस अद्‌भुत महिला ने, जिसने मेरे पिता को डेंटिस्ट बना दिया, उसने मुझसे बात की। उन्होंने कहा, "देखो, परिवार में तुम सबसे बड़े हो। हम जानना चाहते हैं कि तुम क्या करोगे।" और फिर अंत में उनकी ही जीत हुई और उनके कहने पर मैं अखबार का लेखक बन गया। एक समय था, जब मैं लगभग सोलह अलग-अलग अखबारों को खबरें भेजता था। ये छोटे-छोटे काउंटी अखबार थे और जिस दिन खबरें नहीं होती थीं तो मेरी मानिए, मैं खबरें बनाता था और उनमें से कुछ सच में हैरान करनेवाली होती थीं—कबीले के झगड़े, शराब की तस्करी, कर वसूली आदि। मैं आपको बताऊँ कि लिखने के लिए बहुत कुछ था और एक दिन मैंने अपनी खबर में पड़ोस के एक फार्म में हुई छापेमारी का जिक्र किया। मैंने उसे इतनी खूबसूरती से बताया कि यह बात सबको पता चल गई कि वहाँ शराब की एक भट्‌ठी है। कर वसूली करनेवाले आ गए और महज 30 मिनट की देरी के चलते उन्हें भट्‌ठी के सबूत नहीं मिल सके। फिर वहाँ का किसान मेरे पिता के पास आया और उनसे कहा कि अगर उनका यह छोकरा शराब की भट्‌ठियों के बारे में और कुछ भी लिखता है तो उन्हें काउंटी से बाहर कर दिया जाएगा।

शराब की तस्करी के विषय पर वह मेरी आखिरी खबर थी। देवियो और सज्जनो, उस अखबार से मिले अनुभव के साथ मुझ में ऐसी क्षमता पैदा हुई, जिसने मुझे आखिरकार महान् दार्शनिक, परोपकारी, उद्योगपति एंड्रयू कारनेगी से मिलने का अवसर दिया।

मैंने और मेरे भाई ने जॉर्जटाउन यूनिवर्सिटी लॉ स्कूल से मैट्रिक की पढ़ाई की थी। हमारे पास पैसे नहीं थे, लेकिन लिखने की क्षमता थी और मैंने वादा किया कि मैं सफल लोगों के बारे में कहानियाँ लिखूँगा, उन्हें किसी पत्रिका को बेचूँगा और हम अपना खर्च निकालेंगे। सौभाग्य से मेरा पहला काम पिट्सबर्ग में एंड्रयू कारनेगी से मुलाकात के साथ शुरू हुआ। उन्होंने मुझे तीन घंटे का समय दिया और जब तीन

घंटे गुजर गए, तब उन्होंने कहा, "देखो, यह इंटरव्यू बस, एक शुरुआत है। घर से बाहर चलते हैं, पूरी रात वहीं रुकते हैं और डिनर के बाद हम इंटरव्यू को फिर से करेंगे।" उन्होंने तीन दिन एवं रात तक मुझे वहाँ रखा और मेरा विश्वास कीजिए, मैं अभिभूत हो गया था। मैं सोच रहा था कि यह सब क्या हो रहा है?

आम आदमी का आर्थिक दर्शन

वे एक नए दर्शन की जरूरत के बारे में मुझसे बात करते रहे। उन्होंने कहा, "सुकरात और प्लेटो के जमाने से लेकर विलियम जेम्स और एमर्सन के समय तक हमने कई दर्शनों को देखा है; लेकिन उनमें से अधिकांश का संबंध जीवन के नैतिक नियमों से है। हमें जरूरत है सामान्य लोगों के लिए एक आर्थिक दर्शन की, ताकि वे यह जान सकें कि जिन बातों को मेरे जैसे लोगों ने जीवन भर के अनुभवों से सीखा है, उनका उपयोग वे कैसे कर सकते हैं।"

सुनने में तो मुझे यह बात बहुत अच्छी लगी, सिवाय एक बात के—मैं नहीं जानता था कि उस *'दर्शन'* शब्द का अर्थ क्या था और अंत में, तीसरे दिन के समापन पर उन्होंने कहा, "देखो, मैं तीन दिनों तक तुमसे एक नए दर्शन की जरूरत पर बात करता रहा। मैं अब इसके विषय में तुमसे एक प्रश्न पूछना चाहता हूँ—यदि मैं तुम्हें इस दर्शन का लेखक बनने के लिए नियुक्त करूँ, उन लोगों से मिलने के लिए पत्र दे दूँ, जिनके अनुभवों की तुम्हें अपने अनुभवों के साथ जरूरत पड़ेगी तो क्या तुम शोध के लिए अपने जीवन के बीस वर्ष दे सकोगे? क्योंकि इतना वक्त तो लग ही जाएगा और इस दौरान तुम्हें अपना खर्च खुद उठाना होगा, जिसमें मेरी ओर से कोई सहायता नहीं मिलेगी! हाँ या ना?"

देवियो और सज्जनो, मेरे जीवन में कई बार ऐसा समय आया, जब मैंने समस्याओं और कठिन फैसलों का सामना किया है; लेकिन इससे अधिक शर्मसार करनेवाली स्थिति मेरे सामने कभी नहीं आई थी, क्योंकि जब मिस्टर कारनेगी ने मेरे सामने यह प्रस्ताव रखा, तब मेरा हाथ मेरी जेब में था और मैं उसमें पड़े पैसों को इधर-उधर कर रहा था, जो इतने ही थे कि मैं वाशिंगटन लौट सकता था और मुझे श्री कारनेगी के घर की बजाय किसी होटल में रुकना पड़ता तो उतने पैसे मेरे पास नहीं थे। मुझे *'दर्शन'* का अर्थ तक पता नहीं था और यहाँ दुनिया का सबसे अमीर आदमी चाहता था कि मैं उसके लिए बीस साल तक बिना वेतन काम करूँ। सोचिए, आप होते तो क्या करते?

मैंने मिस्टर कारनेगी से कहना शुरू किया``मैंने ठीक वही करना शुरू किया, जो आप या हम में से अधिकांश लोगों ने ऐसी ही परिस्थिति में किया होता। बताइए, आपको क्या लगता है, मैंने क्या किया होगा?

यदि आपके सामने ऐसा ही प्रस्ताव आया होता कि दुनिया का सबसे अमीर आदमी बिना वेतन आपसे बीस साल तक काम करने के लिए कह रहा हो तो आप क्या करते? सच में मुझसे यही कहा गया था; लेकिन मेरे अंदर कुछ था, जो मुझे अपना मुँह खोलने नहीं दे रहा था, तब तक, जब तक कि मेरे मन में यह खयाल आया कि अगर मिस्टर कारनेगी ने मुझे यहाँ तीन दिनों तक रखा है तो इसका कोई-न-कोई उद्देश्य जरूर होगा। उन्होंने मुझ में कुछ-न-कुछ ऐसा देखा होगा, जो मैं भी नहीं जानता था कि मेरे भीतर है। साथ ही लोगों को चुनने के मामले में श्री कारनेगी। जैसा प्रसिद्ध व्यक्ति निश्चित रूप से मुझे किसी काम के लिए तब तक नहीं चुनेगा, जब तक कि वह नहीं जान जाएगा कि मेरे भीतर उस काम को करने की क्षमता है और यह कुछ चाहे जो कुछ भी रहा हो, वह मौन, अदृश्य व्यक्ति, जो मेरी ओर देख रहा था और कानों में फुसफुसाकर कह रहा था, "आगे बढ़ो और उनसे 'हाँ' कह दो।" मैंने कहा, "मिस्टर कारनेगी, मैं न केवल आपकी नियुक्ति को स्वीकार करूँगा, सर, बल्कि आप मुझ पर भरोसा कर सकते हैं कि मैं इसे पूरा भी करूँगा।" उन्होंने कहा, "तुमने उस वाक्य को जिस तरह समाप्त किया, वह मुझे अच्छा लगा और मुझे लगता है कि तुम कर लोगे। तुम्हारी नौकरी पक्की।" मिस्टर कारनेगी ने जरूरत पड़ने पर लोगों से मेरा परिचय करने के सिवाय बस, एक ही मदद मेरी की, जिसमें उन्होंने अपने संपर्क में आने के बाद शुरुआती कुछ दिनों तक मेरा खर्च उठाया था।

उन्होंने सबसे पहले मुझे हेनरी फोर्ड के पास भेजा था। उन्होंने कहा, "मैं चाहता हूँ कि तुम डेट्रॉयट जाओ और हेनरी फोर्ड के बारे में जानो। उन्हें बड़े गौर से देखो, क्योंकि कुछ ही दिनों में वे हेनरी इंडस्ट्री पर छा जाएँगे और उनका कारोबार स्टील उद्योग के बाद दूसरे नंबर पर आ जाएगा।"

देवियो और सज्जनो, यह सन् 1908 की बात है, जब सर्दियाँ समाप्त होने वाली थीं। मैं वहाँ पहुँचा और दो दिन बिताए, ताकि हेनरी फोर्ड से मिल सकूँ। और जब मेरी उनसे मुलाकात हुई, तब वे एक शॉप के पीछे से निकले, जहाँ वे कोई प्रयोग कर रहे थे। उन्होंने ऊपर से नीचे तक पहनी जानेवाली पुरानी पोशाक पहनी हुई थी, सिर पर प्लग हैट या डर्बी हैट था, जो ऊपरी हिस्से में दबा हुआ था, उनके

हाथ ग्रीस से सने थे। मुझे याद है, जब उन्होंने मुझसे हाथ मिलाया, तब मेरी पूरी बाजूवाली शर्ट को मैला कर दिया था और मैं आधे घंटे तक मिस्टर फोर्ड के साथ बैठा। उनसे हुई सारी बातचीत 'हाँ' या 'ना' में थी, जिनमें अधिकांशतया 'ना' ही थी और मैं सोच रहा था कि मिस्टर कारनेगी जैसा व्यक्ति इस तरह की गलती कैसे कर सकता है कि मिस्टर फोर्ड को किसी भी क्षेत्र में नंबर वन होने की कल्पना कर ले। खैर, मैं आपको बाकी बातें नहीं बताऊँगा। इतना काफी है।

उसके बाद से लेकर अब तक मुझे जीवन के अनगिनत क्षेत्रों के अनगिनत लोगों के जीवन को जानने का सौभाग्य मिला है, जहाँ मैंने उनकी कमियों एवं उनकी खूबियों, उनकी विफलताओं एवं उनकी गलतियों के बारे में जाना और वर्ष 1928 में मिस्टर कारनेगी ने जब मुझे नियुक्त किया, उसके ठीक बीस साल बाद मैंने आठ खंडों में लिखित रूप में उस दर्शन की व्याख्या की, जिसका शीर्षक था—*'लॉ ऑफ सक्सेस'*। यह कनेक्टिकट के मेरिडन में प्रकाशित हुआ और इसका वितरण पूरी दुनिया में हुआ। बाद में मैंने *'थिंक एंड ग्रो रिच'* लिखी, जिसमें पूरा दर्शन नहीं है और उसका वितरण दुनिया भर में हुआ। स्वर्गीय महात्मा गांधी की मदद और सहयोग से मेरी सभी किताबों का भारत में प्रकाशन हुआ और उनकी करोड़ों प्रतियाँ बिकीं। उनका प्रकाशन पुर्तगाली भाषा में हुआ और पूरे ब्राजील में उनका वितरण हुआ। उनमें से करोड़ों की बिक्री एक विशेष संस्करण में पूरे ब्रिटिश साम्राज्य में हुई और कुल मिलाकर, मैं कहूँगा कि दुनिया के इतिहास में किसी भी क्षेत्र में कभी भी ऐसा कोई लेखक नहीं हुआ, जिसे इतनी सहायता मिली हो, जितनी मुझे मिली और मैं सफलता के विज्ञान को परिष्कृत करने और सिद्ध करने तथा लोगों तक ले जाने में सफल रहा।

देवियो और सज्जनो, इस अनुभव को लेकर मेरे लिए जो सबसे बड़ी बात थी, वह यह थी कि मैं नौजवान था, थोड़ा-बहुत ही शिक्षित था। मेरे पास पैसा नहीं था और कभी किसी प्रकार की मदद या किसी संगठन की मदद नहीं मिली। कम-से-कम एक साल पहले तक, जब मिस्टर डब्ल्यू. क्लीमेंट स्टोन ने जिम्मेदारी नहीं सँभाली और इन सारी बातों के बावजूद, मात्र अपनी प्रतिभा के दम पर यह दर्शन पूरे विश्व में फैला और करोड़ों लोगों को इसका लाभ मिला। मैं बस, आपका शुक्रिया अदा करना चाहूँगा। बहुत-बहुत धन्यवाद!

और मैं आपसे बस, एक बात करना चाहूँगा, ताकि आपको ऐसा न लगे कि मैं आपसे कहना चाह रहा हूँ कि मैं कितना स्मार्ट हूँ। मैं आपसे बस, इतना कहना

चाहता हूँ कि यह सबकुछ हासिल नहीं हो सकता था अगर मेरा मार्गदर्शन और निर्देशन करने के लिए अदृश्य शक्तियाँ नहीं होतीं। यह आप भी जानते हैं और मैं भी जानता हूँ।

तुम हद से ज्यादा पागल हो

मिस्टर कारनेगी का इंटरव्यू पूरा करने के बाद मैं वाशिंगटन लौट गया और जो कुछ हुआ, उसे अपने भाई को बताया। वह चुपचाप बैठकर मेरी बातों को तब तक सुनता रहा, जब तक कि मैंने पूरी घटना नहीं बता दी। फिर वह उठा, चलकर मेरे पास आया और अपने हाथों को मेरे कंधे पर रखकर मुझे अपने करीब खींचा और कहा, "नेपोलियन, हम जब नंगे पैर वाइज काउंटी की गेस्ट नदी के किनारे भटकनेवाले लड़के थे, तब से लेकर अब तक मुझे हमेशा इस बात का शक था कि तुम्हारे साथ कोई-न-कोई गड़बड़ जरूर है; लेकिन," उसने कहा, "मैं फिर कभी तुम पर शक नहीं करूँगा, क्योंकि मैं अब जान गया हूँ कि तुम हद से ज्यादा पागल हो।" मैं अपने भाई की बातों को शब्दश: कह रहा हूँ और देवियो और सज्जनो, मैं आपको बताना चाहता हूँ कि वह जिस वक्त यह सब कह रहा था, तब तक मेरे ऊपर से मिस्टर कारनेगी के जबरदस्त व्यक्तित्व का असर जा चुका था और उनका प्रभाव कम हो चुका था। मेरा आमना-सामना एक बार फिर जीवन की कड़वी सच्चाइयों से हो रहा था। मैं आपसे कहना चाहता हूँ कि मेरे भाई ने जो कुछ कहा था, उसमें काफी तर्क दिख रहा था और फिर मुझे एक के बाद एक झटकों का सामना करना पड़ रहा था। मैंने जो कुछ किया था, उस पर मेरे भाई के विचारों से मेरे रिश्तेदारों में से एक भी ऐसा नहीं था, जो सहमत न हो। मेरे मित्रों और रिश्तेदारों में से केवल एक व्यक्ति था, जो मेरे साथ खड़ा था और उसने कहा, "तुम कर सकते हो और तुम कर दिखाओगे।" और वे थीं मेरी सौतेली माँ। जब मैं आपको यह सब बता रहा हूँ, तब आप समझ गए होंगे कि मैं क्यों कहता हूँ कि मैं जितने लोगों से मिला हूँ, उनमें से वे सबसे शानदार महिला हैं।

हालाँकि मेरे जीवन में सच में दो महान् महिलाएँ थीं। एक मेरी सौतेली माँ थीं और दूसरी हैं मेरी पत्नी, जो मेरी अंतरंग मित्र हैं—ऐसी, जो मेरी सबसे बड़ी आलोचक भी हैं और सबसे अच्छी दोस्त भी। मैंने आज तक दूसरों के लाभ के लिए जो कुछ भी किया है और भविष्य में भी करता रहूँगा, उसके लिए मैं इन दोनों स्त्रियों का आभारी हूँ।

देवियो और सज्जनो, अब मैं आपको इस दर्शन को लागू करने के कुछ उदाहरण बताने जा रहा हूँ और मैं आपको बताऊँगा कि मैं आपके लिए क्या करना चाहता हूँ। वहाँ जो फोल्डर रखे हैं, उन्हें लीजिए और खोलिए और आप देखेंगे कि उनमें सफलता के सत्रह सिद्धांतों में से छह को बताया गया है और जैसे-जैसे मैं आपको उनमें से हर एक पर उदाहरण दूँगा, मैं चाहता हूँ कि आप यह समझें कि मैं जिन घटनाओं के बारे में बताऊँगा, उनमें इन छह सिद्धांतों का उपयोग किस प्रकार किया गया है। आप गौर करेंगे कि सफलता का पहला सिद्धांत है—*'उद्देश्य की निश्चितता'*। यह है नंबर एक। उद्देश्य की निश्चितता के बिना इस संसार में कभी किसी ने कोई भी सार्थक उपलब्धि प्राप्त नहीं की और मैं यह बात किसी बहुत बड़े उद्देश्य को ध्यान में रखकर कह रहा हूँ। हो सकता है कि आपके छोटे-छोटे उद्देश्य हों; लेकिन जीवन में आप यदि सफल होना चाहते हैं तो भविष्य में आपको कोई ऐसा लक्ष्य तय करना होगा, जिसे आपने अब तक प्राप्त नहीं किया है और कुछ ऐसा, जो यह बताता है कि आपके लिए सफल जीवन का अर्थ क्या है।

और नंबर दो है—विशेष प्रयास करना।

इसका मतलब है—आपको जितना वेतन मिलता है, उससे अधिक सेवा देना और बेहतर सेवा देना। ऐसा हमेशा करना और खुशी-खुशी, सुखद मानसिक रुझान के साथ करना, जैसा कि आज सभी कर रहे हैं। सच में कर रहे हैं क्या? हम जिस युग में जी रहे हैं, देवियो और सज्जनो, गंभीरता से कहता हूँ कि इस युग में सबसे बड़ा पाप यह है कि अधिकांश लोग न केवल अधिक मेहनत करने से बचते हैं, बल्कि यकीन मानिए, मेहनत करने से ही बचते हैं और यदि वे ऐसा कर सकते हैं तो वे सरकार की ओर से सब्सिडी पानेवालों की सूची में शामिल हो जाते हैं और कुछ करना ही नहीं चाहते हैं। मेरी इस बात की मिसाल मत दीजिएगा, नहीं तो कोई समझेगा कि मैं राजनीति में हूँ, जबकि मैं नहीं हूँ; लेकिन यह सच्चाई है कि लोग एक दिन का वेतन लेकर एक दिन का काम नहीं करते और इसमें शक नहीं कि हमारी आज की अर्थव्यवस्था की स्थिति ऐसी है। इस देश को अग्रदूतों ने बनाया था, जो ऐसे लोग थे, जिन्होंने जोखिम उठाया; ऐसे लोग, जिन्होंने अपने बलबूते प्रयास किए; ऐसे लोग, जिनमें साहस था, जो निडर थे और मैं इस दर्शन से ऐसे ही लोगों का निर्माण करना चाहता हूँ—इस प्रकार के लोग, जिन्होंने इस महान् देश को बनाया, जहाँ हम रहते हैं।

और तीसरा सिद्धांत *'मास्टर माइंड'* का है। *'मास्टर माइंड'* सिद्धांत का

मतलब है—दो या अधिक दिमागों के बीच ऐसा मैत्रीपूर्ण संबंध, जो एक निश्चित उद्देश्य को प्राप्त करने के लिए पूर्ण तालमेल के साथ काम करता है। यहाँ प्रमुख शब्द हैं *'पूर्ण तालमेल'*। एक निश्चित उद्देश्य के लिए अनेक मैत्रीपूर्ण संबंध काम कर रहे हैं; लेकिन पूर्ण तालमेल का तत्त्व जब तक नहीं होगा, तब तक वह मैत्रीपूर्ण संबंध प्रयासों का सहयोग या समन्वय से अधिक नहीं होगा।

और चौथा सिद्धांत है—*'प्रयुक्त विश्वास का'*। मुझे नहीं लगता कि मुझे उसका मतलब समझाने की जरूरत है, क्योंकि आप सैद्धांतिक विश्वास को भले ही न जानते हों, लेकिन प्रयुक्त विश्वास को जरूर जानते होंगे।

और पाँचवाँ सिद्धांत *'आत्मानुशासन'* का है तथा छठा है *'लौकिक आदत का बल'*। लौकिक आदत का बल इस संसार के प्राकृतिक नियमों का लेखा-नियंता है, जो सारी आदतों को स्वरूप देनेवाला तथा बनानेवाला है और मनुष्य के विषय में विचित्र बात यह है कि इस धरती पर वही एकमात्र जीव है, जिसे लौकिक आदत बल की शक्ति को निष्प्रभावी करने और अपनी इच्छा से अपनी आदतों को बनाने की क्षमता दी गई है। दूसरे सभी जीव, जो बुद्धिमत्ता के मामले में मनुष्य से निम्न कोटि के हैं, वे इस दुनिया में उस निश्चित साँचे से बँधे आते हैं, जिन्हें वे कभी तोड़ नहीं सकते और उस साँचे को *'प्रवृत्ति'* कहा जाता है। मनुष्य अपना ही साँचा गढ़ता है। अपना भाग्य वह खुद लिख सकता है, अपने भविष्य को स्वयं आकार दे सकता है। अपना काम स्वयं तय कर सकता है और आप *जब 'हाऊ टू रेज योर ऑन सैलरी'* (अपना वेतन स्वयं कैसे बढ़ाएँ) पुस्तक को पढ़ेंगे तो मैं बता दूँ कि उसका शीर्षक सच्चाई की अतिशयोक्ति नहीं है। यह न्यूनोक्ति है, क्योंकि यह बात पूरी तरह सच है कि उस पुस्तक में बताए गए फॉर्मूले को अपनाकर कोई पुरुष अपना वेतन बढ़ा सकता है या कोई स्त्री अपना वेतन बढ़ा सकती है अथवा जीवन में अपनी स्थिति बिल्कुल वैसी ही बना सकती है, जैसा वह बनाना चाहती है।

मुझे लगता है, इस देश में अगर कभी ऐसा वक्त आया होगा, जब पुरुषों व स्त्रियों को अपने दिमाग की क्षमता को जानने की जरूरत हो, जब उन्हें हताशा और भय को दूर करने की आवश्यकता हो तो वह वक्त अभी है। चारों ओर इतना भय फैला है, तमाम लोग मंदी की बात कर रहे हैं। हम इस बात की जी-तोड़ कोशिश कर रहे हैं कि हम मंदी से बच जाएँ या सोच रहे हैं कि क्या हमें एक और विश्व युद्ध लड़ना होगा? तो चलिए, हम सभी अपने मन को, हम में से एक-एक व्यक्ति इतने बड़े और इतने असाधारण निश्चित लक्ष्य स्थिर कर ले कि हमारे पास इन बातों के

बारे में सोचने का समय न रहे, जिन्हें हम सोचना नहीं चाहते। क्या आप जानते हैं कि मानवता के अस्तित्व के बारे में एक विचित्र बात यह है कि अधिकांश लोग गरीबी व विफलता के बीच जन्म लेते हैं, बड़े होते हैं, संघर्ष करते हैं और अपना जीवन बिता देते हैं। जीवन से उन्हें कभी वह नहीं मिलता, जो वे चाहते हैं; जबकि इस बात को नहीं जानते कि यह काम कहा जाए तो बस, चुटकी बजाते ही हो सकता है, जिसमें वे गरीबी से निकलकर जीवन से बिल्कुल वही हासिल कर सकते हैं, जो चाहते हैं और इस बात को नहीं समझते कि मन उसे ही आकर्षित करता है, जो उसमें घूमता रहता है। आप गरीबी के बारे में सोच सकते हैं, आप विफलता के बारे में सोच सकते हैं, आप पराजय के विषय में सोच सकते हैं और आपको बिल्कुल यही सब मिलेगा। आप सफलता के बारे में सोच सकते हैं, पैसों की बाढ़ के बारे में सोच सकते हैं, आप उपलब्धि के विषय में सोच सकते हैं और आपको यही मिलेगा।

मानसिक व आध्यात्मिक रक्षा

मैं आपको बताना चाहूँगा कि मेरे जीवन का सबसे मुश्किल दौर वर्ष 1908 से 1928 के बीच के वे बीस साल थे, जब मुझे अपने आप को उन लोगों से मानसिक व आध्यात्मिक रक्षा देनी पड़ी, जो कह रहे थे, "तुम यह नहीं कर सकते।" "यह नहीं हो सकता।" "इतने साल जी नहीं सकते।" कम-से-कम मेरी आधी ऊर्जा ऐसे लोगों से बचने में निकल गई, जिन्हें लगता था कि यह हो ही नहीं सकता है।

वास्तव में, कुछ साल पहले मेरे छात्रों के एक समूह ने मेरे जन्मदिन पर पैसे इकट्ठा कर मेरे लिए एक अच्छी डिक्शनरी खरीदी—अच्छी भी और बड़ी भी। उन्होंने उसे लिफाफे से निकाला और स्टेज पर औपचारिक रूप से पेश करते हुए रख दिया। मैंने सबसे पहले अपनी जेब से एक छोटा चाकू निकाला और स्टेज पर पहुँचा तथा कहा, "देवियो और सज्जनो, आपकी भावनाओं की मैं कद्र करता हूँ; लेकिन मैं इस पुस्तक को उस एक शब्द के साथ स्वीकार नहीं कर सकता, जो इसमें है, क्योंकि वह शब्द मेरे लिए काफी अपमानजनक है।" मैंने उसमें से *impossible* (असंभव) शब्द को निकाला और निकालकर बाहर कर दिया तथा कहा, "अब मैं इस पुस्तक को स्वीकार कर सकता हूँ; लेकिन मैं कोई ऐसी किताब नहीं चाहता, जिसमें *'असंभव'* शब्द लिखा हो; क्योंकि मैंने असंभव को कई बार संभव होते देखा है और मैं जानता हूँ कि ऐसी कोई चीज नहीं होती।"

आप में से कितने लोग अर्ल नाइटेंगल के प्रोग्राम के विषय में जानते हैं, कितने

लोग? क्या बात है! अर्ल के कुछ साथी यहाँ भी हैं। शिकागो में हाल के वर्षों में अगर किसी से मेरी मुलाकात सबसे अधिक खुशी देनेवाली रही है तो उनमें से एक साल भर पहले अर्ल नाइटेंगल से हुई, जब वे मुझसे मिलने आए थे। वे बैठे और उन्होंने बताया कि जब उन्हें मेरे दर्शन के बारे में पता चला तो एक बड़ी नाटकीय घटना हुई। वे एक मामूली वेतन पर काम कर रहे थे, जिससे कुछ भी नहीं हो पा रहा था और वे काफी हतोत्साहित थे। तभी किसी ने उनके हाथ में मेरी पुस्तक की एक प्रति रखी और वे सोने चले गए तथा बिस्तर पर लेटकर उसे पढ़ने लगे। फिर अचानक उन्हें उस पुस्तक से एक आइडिया आया, जिसके बाद उन्होंने अपनी पत्नी को चिल्लाकर कहा कि उन्हें मिल गया है और वे तुरंत उनके पास आए। वह भागती हुई अंदर आईं और उन्हें लगा कि कुछ हो गया और जब देखा कि सब ठीक है तो पूछा, "तुम्हें क्या मिल गया है?"

"अरे, सुनो तो," उन्होंने कहा, "मुझे वह मिल गया है, जिसे मैं बरसों से ढूँढ़ रहा था और मैंने उस चीज का पता लगा लिया है, जो मेरे और सफलता के बीच खड़ी है।" उन्होंने कहा, "अगले दिन मैं निकला और मैंने मन बना लिया कि आज मैं नेपोलियन हिल एवं उनके सिद्धांत को कसौटी पर परखूँगा। मैंने मन बना लिया कि मैं अपना वेतन दोगुना करके रहूँगा और ऐसा उसी सप्ताह करूँगा। ठीक है।" उन्होंने कहा, "मेरा विश्वास कीजिए, अब तक मैंने जीवन में जो कुछ किया था, उनमें से यह सबसे आसान काम था। मुझे बस, कहना था, काम हो गया।"

और उन्होंने कहा, "उसने मुझे एकदम डरा ही दिया था। मैं कुछ देर तक इंतजार करता रहा और मैंने सोचा कि इसे फिर से यह देखने के लिए आजमाऊँगा कि कहीं यह मात्र संयोग तो नहीं था, और यह फिर से कारगर साबित हुआ।" खैर, अर्ल को अब अपना वेतन बढ़ाने के लिए चिंता करने की जरूरत नहीं है। वे काफी अच्छी स्थिति में हैं। वे मस्ती में हैं, शानदार नौकरी कर रहे हैं और उन्होंने अपनी क्षमता को पहचान लिया है। उन्हें अर्ल नाइटेंगल मिल गया है। उन्होंने अपना दिमाग उन चीजों पर लगाया, जिसे वे जीवन में चाहते हैं, न कि उन चीजों पर, जिन्हें नहीं चाहते हैं। देवियो और सज्जनो, इसी की जरूरत हम सभी को है। आप समझिए कि अधिक जानकारी की बात नहीं है, अधिक शिक्षा की बात नहीं है, जिसकी हमें जरूरत है और यह ज्यादा तथ्यों की बात भी नहीं है। यह उसके बेहतर उपयोग की बात है, जो पहले से ही हमारे पास है। आप में से सबके पास, हर एक के पास, अपनी ही क्षमतावान् शक्तियों के भीतर वह सबकुछ है, जो आपके पास अपने चुने

हुए क्षेत्र में बेहतरीन काम करने के लिए होना चाहिए, बशर्ते आप उसे अपनाएँ और उसका उपयोग करें। देवियो और सज्जनो, क्या आप जानते थे कि जब हमारा जन्म हुआ था, जब हम इस दुनिया में आए थे, तब हम अपने साथ दो सीलबंद लिफाफे लेकर आए थे? उन सीलबंद लिफाफों में से एक में इनामों और दौलत की एक लंबी सूची थी, जिन्हें अपने दिमाग को अपने वश में करने के बाद उसका इस्तेमाल कर आप हासिल कर सकते थे और दूसरे सीलबंद लिफाफे में उतनी ही लंबी सूची उन दंडों की थी, जिन्हें आपको भुगतना पड़ता, यदि आप अपने मन को नहीं अपनाते और उसका इस्तेमाल नहीं करते।

ईश्वर की मंशा स्पष्ट थी। वह चाहता था कि मनुष्य को विचार का यह अद्भुत व महत्त्वपूर्ण उपहार तब तक न मिले, जब तक कि वह इसका उपयोग नहीं करता और जैसा कि किसी दार्शनिक ने कहा था, जिसे काश, मैंने कहा होता, लेकिन नहीं कहा, "आपके पास जो कुछ भी है, आप उसका उपयोग करते हैं या फिर उसे गँवा देते हैं।" और यही बात आपके दिमाग की क्षमता पर या आपके सोचने की शक्ति पर लागू होती है, जिस प्रकार यह किसी भी अन्य चीज पर लागू होती है—आप या तो उसका इस्तेमाल करेंगे या गँवा देंगे।

सिर्फ चालीस साल पहले मैं पहली बार शिकागो आया था। मैं दस वर्षों तक यहाँ रहा। मैं ला साल्ले एक्सटेंशन यूनिवर्सिटी का विज्ञापन मैनेजर बन गया और मैं उनका पहला ही विज्ञापन मैनेजर था और मुझे वहाँ अभी ज्यादा समय नहीं हुआ था, लगभग तीन महीने ही हुए थे, जब मुझे पता चला कि ला साल्ले पर लगभग सभी के पैसे बकाया थे और उसके पास बिल्कुल भी पैसा नहीं था और मुझे पता नहीं था कि मुझे अपने वेतन का चेक कब मिलेगा। इसलिए मैंने एक आदत डाल ली थी कि दूसरों से पहले ही बैंक की तरफ भागता था और अपने चेक पर मुहर लगवा लेता था। ऐसा करते-करते मैं थक चुका था और फिर मुझे वह बात याद आई, जिसे मिस्टर कारनेगी अकसर मुझसे कहा करते थे। उन्होंने कहा था, "जब तुम्हारे सामने कोई समस्या हो तो उसे कई हिस्से में बाँट दो और एक बार में उसके एक टुकड़े को हल करो।" इसलिए मैंने ला साल्ले की एक सूची बनाई, जो लंबी-चौड़ी थी और पता लगाया कि गड़बड़ कहाँ है। उन्होंने कलेक्शन डिपार्टमेंट का एक इंचार्ज बना रखा था, जो कुछ हद तक साइमन लेग्री जैसा था और छात्रों को धमकाता था कि अगर उन्होंने अपने बिल नहीं चुकाए तो उन्हें सजा मिलेगी, जिससे सब गुस्साए रहते थे और पैसे नहीं चुकाते थे।

मैंने कॉलेजवालों से कहा कि वे इस आदमी को किसी दूसरी कंपनी में नौकरी दिला दें। इस बात को जितनी अच्छी तरह कहा जा सकता था, मैंने कह दिया और उसकी जगह पर हमने एक सेल्समैन को रखा, जिसने छात्रों को प्यारी-प्यारी चिट्ठी लिखी और हमने दो चीजें कीं, जिन्होंने ला साल्ले को सबसे ऊपर ला दिया और कुछ साल तक वहाँ बनाए रखा। सबसे पहले, हमने कुछ छात्रों को स्कूल का पार्टनर बनाया और उन्हें 8 प्रतिशत पसंदीदा शेयर दिया। दूसरा, हमने उन्हें अपना एजेंट बनाया और उन्होंने न केवल अपनी फीस भरनी शुरू की, बल्कि वे अपने दोस्तों को भी लाने लगे और पाठ्यक्रमों में उनका दाखिला कराने लगे। वह ला साल्ले की उस समय तक की सबसे तेज तरक्की हुई। मैं कहना चाहूँगा कि अगले पाँच साल तक कहीं भी और किसी भी कॉलेज की तुलना में तरक्की की रफ्तार सबसे तेज थी।

यदि मैंने मिस्टर कारनेगी से ऐसा प्रशिक्षण नहीं लिया होता तो मैं समझ नहीं पाता कि उस समस्या को पकड़ूँ कहाँ से और उसके टुकड़े-टुकड़े कैसे करूँ। मुझे इस दर्शन की व्यावहारिकता का प्रदर्शन करने का अवसर उस समय मिला, जब मैं इक्कीस साल का भी नहीं था। फिर मैंने विवाह किया और वेस्ट वर्जीनिया के लंबरपोर्ट में अपने सास-ससुर से मिलने गया। उन्होंने मुझे पहले कभी नहीं देखा था और मेरी पत्नी मुझे उनसे मिलवाने ले गई थी और इससे पहले कि हम वाशिंगटन से निकलते, मैंने अच्छे-अच्छे कपड़े खरीदे, ताकि अच्छा प्रभाव जम सके। लेकिन हम जब लंबरपोर्ट या कहूँ कि लंबरपोर्ट से दो मील दूर हेवुड पहुँचे, जहाँ अंतरराज्यीय विद्युत् लाइन बंद हो जाती है और जहाँ से आपको घोड़ा-गाड़ी करनी पड़ती है, तब जबरदस्त बारिश हो रही थी और कोई भी ताँगा मौजूद नहीं था और मुझे दो मील तक दो सूटकेस उठाए पैदल चलना पड़ा था मैं जब वहाँ पहुँचा, तब मेरे शानदार कपड़े भयंकर रूप से मैले हो चुके थे और मेरी हालत भी बिगड़ चुकी थी।

यह सब मेरे लिए काफी भाग्यशाली रहा, क्योंकि जो कुछ हुआ, उसने मुझे इस काबिल बनाया कि मैं 10 लाख डॉलर से भी अधिक कमा सका और मैंने ऐसा छह महीने से भी कम समय में कारनेगी दर्शन के पहले प्रयोग से कर दिखाया। मैंने अपने सालों से कहा, "तुम लोग ट्राम कंपनी से यहाँ एक छोटी लाइन बनाने के लिए क्यों नहीं कहते, ताकि लंबरपोर्ट से बिना कीचड़ में घुसे ही बाहर निकल सको?"

उन्होंने कहा, "आपने रास्ते में बड़ी मोनोंघेला नदी नहीं देखी, जिसे आप अभी-अभी पार करते हुए आए हैं?"

मैंने कहा, "हाँ।"

उन्होंने कहा, "उसके चलते ही हम नहीं कहते।" और फिर उसने कहा, "हम दस साल से प्रयास कर रहे हैं कि एक ट्राम बन जाए; लेकिन ऐसा नहीं हो पा रहा है।"

मैंने कहा, "दस साल? मैं छह महीने में ऐसा कर सकता हूँ।" और उनमें से एक ने कहा, "अच्छी बात है। हमारे परिवार में हमें ऐसा करनेवाला कोई तो मिल गया है, है न!"

उस समय तक बारिश रुक गई थी और मैंने अपने सालों से कहा कि हम इस नदी तक चलते हैं, जो मुश्किल खड़ी कर रही थी। उन्होंने मुझे बताया कि उस नदी के ऊपर पुल बनाने में लगभग 1 लाख डॉलर का खर्च आएगा और इतने पैसे ट्राम कंपनी पूरी परियोजना पर खर्च करना नहीं चाहती। मैं वहाँ खड़ा-खड़ा यही सोच रहा था कि जुबान तो मैंने चला दी, लेकिन जो कह दिया, उससे बाहर कैसे निकलूँ? जरा बता दूँ कि वह नदी कैसी थी—नदी के किनारे लगभग सौ फीट ऊँचे थे और काउंटी की सड़क तट के इस तरफ नीचे की ओर टेढ़ी-मेढ़ी होकर आ रही थी। बीच में एक जर्जर पुल था, जबकि तट के उस पार लगभग चौदह पटरियाँ थीं, जो अदला-बदली के लिए थीं। उस जगह तक बी एंड ओ रेल रोड आती थी और अपने कोयले की ट्रेनों को खड़ा करती थी।

और मैं जब उस समय वहाँ खड़ा था तो जैसा कि इमरजेंसी के हालात में अकसर होता है, वह आदमी मेरे पीछे चुपचाप खड़ा हो गया और ऐसा न जाने कितनी बार हुआ है, जब मेरा सामना किसी वास्तविक समस्या से होता है, जिसे मैंने पहले कभी नहीं सुलझाया है और उसने मेरे कानों में कहा, "वहाँ उस किसान को देख रहे हो, जो कोयले की ट्रेन के रुकने और सार्वजनिक हाईवे के खुलने का इंतजार कर रहा है?" एक ट्रेन आई थी, जिसने हाईवे को बंद कर दिया था और मैंने मन-ही-मन कहा, "हाँ, मैं उसे देख रहा हूँ और मुझे समस्या का हल भी दिखाई दे रहा है। मैं तीन पक्षों को देख पा रहा हूँ, जिन्हें इस सड़क की, इस पुल की जरूरत है। बी एंड ओ रेल रोड कंपनी चाहती है कि काउंटी की वह सड़क उनकी पटरियों से हट जाए, नहीं तो आज नहीं तो कल कोई दुर्घटना होगी, जिसके लिए उन्हें उस पुल की कीमत से भी बड़ी रकम चुकानी पड़ेगी।

"उसी वजह से काउंटी के कमिश्नर भी चाहते हैं कि काउंटी की सड़क वहाँ से हट जाए और ट्राम कंपनी चाहती है कि वह कहीं और चली जाए, ताकि उन्हें

लंबरपोर्ट के पैसेंजर मिल जाएँ और थोड़ी और कमाई हो जाए।" एक हफ्ते से भी कम समय में मेरे पास तीनों पक्षों के नाम थे, बी एंड ओर रेलरोड कंपनी, काउंटी के सभी कमिश्नरों के और ट्राम कंपनी और छह महीने की अवधि के समापन पर, मैं लंबरपोर्ट जानेवाले पहले ट्राम पर सवार था, जो पहली बार उस शहर में जा रही थी। साल 1934 में किसी समय, मैं वहाँ से निकला और आखिरी बार ट्राम की सवारी की, जब उन्होंने पटरियाँ बिछाईं और उन पर गाड़ियाँ चलाईं।

साधन-संपन्नता

मिस्टर कारनेगी ने मुझे सिखाया है कि आपातकालीन स्थिति में इस दर्शन से आप किस प्रकार साधन-संपन्न बन सकते हैं! मैं आपको बताना चाहता हूँ कि इस दर्शन से ऐसा संभव हो पाना ही इसकी सबसे बड़ी विशेषता है। आपके पास जब कोई विकल्प नहीं होता, आप अपने दिमाग के घोड़ों को हर तरफ दौड़ाकर और सारा अनुभव आजमाकर थक चुके होते हैं, आप वह सबकुछ कर चुके होते हैं, जो जानते हैं, तब ऐसा लगता है कि यह दर्शन आपको संकट से उबारने और उत्तर देने के काम आता है। मैंने ऐसा इतनी बार होते देखा है कि अब इसमें कोई रोमांच नहीं होता।

इसी शहर में, जब मैं ला साल्ले एक्सटेंशन यूनिवर्सिटी के विज्ञापन मैनेजर के तौर पर नया-नया आया था, तब मेरी मुलाकात एडविन सी. बर्न्स से हुई थी। अगर थॉमस एडिसन ने कभी किसी को अपना पार्टनर बनाया तो वह बर्न्स ही थे। मैं और एड बर्न्स शेरेटन होटल में लंच या डिनर पर मिला करते थे, जब वे मुझे मिस्टर एडिसन के साथ अपने जुड़ने की बातें बताया करते थे। वे मुझे बता रहे थे कि कैसे वे न्यू जर्सी के वेस्ट ऑरेंज तक एक मालगाड़ी से गए थे, क्योंकि उनके पास इतने पैसे नहीं थे कि वे किराया चुका सकें और एडिसन को इस बात के लिए राजी किया कि वे उन्हें अपना पार्टनर बनाएँ। किस प्रकार पाँच वर्षों तक वे एक के बाद दूसरा मजदूरोंवाला काम करते रहे और उस बड़े अवसर का इंतजार करते रहे, जब एक दिन वे महान् एडिसन के पार्टनर बने।

और फिर उन्होंने मुझसे कुछ ऐसा कहा, जो मैं समझता हूँ कि हाँकने के अंदाज में कहा गया था। उन्होंने कहा, "खैर, अब मैं काफी अच्छी स्थिति में हूँ, जब हर साल 12,000 डॉलर से ज्यादा कमा लेता हूँ।" मैंने कहा, "साल में 12,000 डॉलर? अगर मैं महान् एडिसन का पार्टनर होता तो हर साल कम-से-

कम 50,000 डॉलर कमा लेता।" और उन्होंने पूछा, "कैसे?" क्या आपने कभी सोचा है कि यह शब्द *'कैसे'* उस वक्त कितना महत्त्वपूर्ण हो जाता है, जब कोई कुछ कहता है और आपको लगता है कि उसे साबित नहीं किया जा सकता है? क्या आपने कभी इस *'कैसे'* शब्द का इस्तेमाल करने की कोशिश की है? मैंने लोगों को देखा है कि जब सही समय पर यह शब्द उनकी तरफ गोली की तरह चलता है तो उन्हें कैसे झकझोरकर रख देता है और जब एड बार्न्स ने कहा, "कैसे?" तब मैंने भी दिखाया कि उसने मुझे झकझोर दिया है। खैर, उसके बाद मैं गंभीर हो गया। मैंने कारनेगी दर्शन को लागू करना शुरू कर दिया। मैं सवाल पूछने लगा और जब तक हमारा खाना खत्म हुआ, तब तक मेरी योजना कमाल दिखा चुकी थी।

मैंने एड बार्न्स को इस बात के लिए राजी कर लिया था कि वे एक एक्सचेंज ब्यूरो बनाएँ, जिसमें उनके सभी सेल्समैन और टाइपराइटर कंपनियों के सेल्समैन तथा ऑफिस के सामानों की आपूर्ति करनेवालों के साथ ही शिकागो क्षेत्र के आस-पास के डेस्क के सेल्समैन शामिल हों और ब्यूरो के माध्यम से जब डिक्टेटिंग मशीन बेचनेवाले बार्न्स के किसी प्रतिनिधि को ऐसा व्यक्ति मिलता, जिसे डेस्क की या ऑफिस के सामानों की जरूरत होती तो वह ब्यूरो में फोन कर देता था और ब्यूरो उसकी बात सही सेल्समैन से करा देता था। दूसरे क्षेत्र के सेल्समैन को जब किसी व्यक्ति के बारे में पता चलता था, जिसे डिक्टेटिंग मशीन की जरूरत होती थी तो वह ब्यूरो में फोन करता था और बार्न्स के लोग उसे मशीन उपलब्ध करा देते थे। दूसरे शब्दों में, बार्न्स को, जिनके पास लगभग 150 सेल्समैन थे, बिना अतिरिक्त पैसे दिए अच्छे ग्राहक और बिक्री के अच्छे अवसर मिल रहे थे।

यह कुछ हद तक वैसा ही था, जैसे प्रथम विश्व युद्ध के दौरान जब रोएँ की कीमत बहुत अधिक हो गई और मेरे एक बेहद चालाक जर्मन दोस्त ने बिल्लियों के फार्म की शुरुआत की। लेकिन कुछ ही दिनों बाद वह संकट में घिर गया। उसे पता चला कि बिल्लियों के भोजन की कीमत भी बहुत ज्यादा है। लेकिन इस दर्शन का छात्र होने के कारण वह इतना होशियार था कि उसने इस समस्या का हल निकाल लिया। उसने बिल्लियों के साथ-साथ चूहे का फार्म भी खोल लिया। उसने बिल्लियों को चूहे खिलाना शुरू किया और बिल्लियों के रोएँ उतारकर बिल्लियों के हाड़-मांस को वापस चूहों को खिलाने लगा और इस तरह कुछ समय बाद उसे बिल्लियों के भोजन खरीदने और उसके पैसे चुकाने की जरूरत ही नहीं रही।

इस तरह, बार्न्स के लिए मेरी योजना कुछ इसी तरह की थी। उन्हें कोई खर्च

नहीं उठाना पड़ा। पहले ही साल में उनकी आय 50,000 डॉलर थी, दूसरे साल में 1,00,000 डॉलर और तीसरे में 1,50,000 डॉलर से भी अधिक और उसके बाद के आँकड़े मैंने मालूम नहीं किए और मुझे लगता नहीं कि अमेरिका ने भी पूछा होगा। लेकिन एड बार्न्स के विषय में इतना तो मैं जानता ही हूँ। पिछली गरमियों में वे यहीं थे और मुझसे मिलने आए थे। उनके साथ मेरी मुलाकात अच्छी रही। वे फ्लोरिडा के ब्रैडेंटन में रहते हैं। वे रिटायर हो चुके हैं और एक अरब-खरबपति हैं, जिसके एक-एक पैसे का श्रेय वे इस दर्शन को देते हैं। ऐसा कहा जाता है कि मैंने जितने सफल लोग बनाए हैं, उतने अब तक किसी भी व्यक्ति ने नहीं बनाए होंगे। मैं नहीं जानता कि यह सच है या नहीं, क्योंकि सटीक आँकड़े जुटाने का कोई तरीका नहीं है। लेकिन देवियो और सज्जनो, मैं जब उन लोगों की सूची बनाता हूँ, जिनके बारे में जानता हूँ कि उन्होंने जमीन से शुरुआत की थी और करोड़पति बन गए और उनमें से कुछ उतने पैसे नहीं कमा सके, लेकिन काफी सफल रहे तो मैं यह मानता हूँ कि मिस्टर कारनेगी के अच्छे कामों की बदौलत मैंने इस दर्शन को तैयार किया है। मिस्टर कारनेगी ने इस संसार की भलाई की और उसका लाभ न केवल उन्हें मिला, जो आज जीवित हैं, बल्कि उन्हें भी, जो अभी जनमे नहीं हैं।

मिस्टर कारनेगी ने जब मुझे इस दर्शन को तैयार करने का आइडिया दिया, तब उन्होंने कहा था, "मरने से पहले मैं अपने पैसे जितनी तेजी से संभव हो, बाँट देना चाहता हूँ और मैं ऐसे रास्ते व तरीके ढूँढ़ रहा हूँ कि बिना नुकसान पहुँचाए इन पैसों को बाँट दूँ।" और जैसा कि आप सब जानते हैं, उन्होंने ऐसा ही किया। उन्होंने शिक्षा के उद्‌देश्य से पुस्तकालयों को, शांति की स्थापना के लिए संस्थानों को पैसे दिए और जो भी रास्ता उन्हें दिखा, उसके जरिए दान किए। लेकिन उनका कहना था, "अब तक मैंने जितनी दौलत कमाई, उसका सबसे बड़ा हिस्सा मैं तुम्हें दे रहा हूँ, जिसे तुम इस संसार के लोगों तक उस तकनीक के रूप में ले जाओ, जिससे मैंने पैसे कमाए हैं।" और उन्होंने कहा, "यदि तुम इस विश्वास को बना सके और अपने काम को अच्छी तरह कर सके, जैसा कि मुझे लगता है कि तुम करोगे, तो तुम ऐसा वक्त भी देखोगे, जब तुम मुझ से भी अधिक अमीर बन जाओगे और मुझसे भी कई गुना अधिक लोगों को सफल बनाओगे।" देवियो और सज्जनो, जब मिस्टर कारनेगी ने यह सबकुछ कहा, तब मेरे लिए उसे हजम कर पाना बेहद मुश्किल था। मैंने सोचा, 'मिस्टर कारनेगी ने इससे पहले कभी मेरी बड़ाई नहीं की है। उन्होंने ऐसा कभी कुछ नहीं कहा, जो सही साबित न हुआ हो; लेकिन यह कुछ

ऐसा है, जो कभी हो नहीं सकता है।' अब तक मैंने मिस्टर कारनेगी की तुलना में हजार गुना लोगों को सफल बनाया है, हजार गुना और आज भी मैं लोगों को सफल बनाने में ही जुटा हूँ।

गहरे तथ्य और सत्य

देवियो और सज्जनो, आप सब जानते हैं कि शोध के उन बीस वर्षों के दौरान मैं उस समय इस दर्शन को तैयार करने में जुटा था। तब मुझे कुछ बेहद गहरे तथ्यों और सच्चाइयों का पता चला और उनमें से एक यह तथ्य है—दुनिया पर जब कोई बहुत बड़ा संकट आता है तो उसके साथ ही उस संकट को समाप्त करने के लिए कोई अज्ञात व्यक्ति भी एक फॉर्मूले के साथ आता है; जैसे अब्राहम लिंकन, जो जरूरत के उस समय आए, जब यह देश आंतरिक झगड़े के कारण टुकड़े-टुकड़े होने के कगार पर था। जैसे जॉर्ज वाशिंगटन, जो लिंकन से पहले आए, जैसे फ्रैंकलिन डी. रूजवेल्ट, जो उस समय आए, जब लोग डर के मारे भगदड़ मचा रहे थे और बैंकों से अपने पैसे निकालने के लिए लंबी-लंबी लाइनें लगाकर खड़े हो गए थे। कभी-कभी तो मैं हैरान रह जाता हूँ कि भाग्य का यह हाथ, जिसके हाथ बहुत लंबे होते हैं, उन स्थानों पर पहुँचता है, जहाँ मैंने जन्म लिया था और लोगों को गरीबी और औसत जीवन से ऊपर उठाकर शानदार काम सौंपता है तथा दूसरे लोगों को यह दिखाने के लिए प्रेरणा और सबक देता है कि वे ईश्वर-प्रदत्त विचार की शक्ति को पहचानें और उसका सही उपयोग करें।

हम एक महान् राष्ट्र और एक महान् देश में रह रहे हैं। चाहे आप वाशिंगटन में बैठे प्रशासन के विषय में कुछ भी कहें, इसके बारे में या किसी के भी बारे में, चाहे आप सरकार के खर्च को लेकर कुछ भी कहें, चाहे निजी तौर पर या सरकारी महकमों में इस देश की नीतियों के बारे में कुछ भी कहें, फिर भी यह ईश्वर का बनाया सबसे अच्छा देश है और दुनिया में जितने भी देश हैं, उनमें यह सबसे अच्छा है।

आप जानते हैं, मैं सन् 1922 में शिकागो छोड़कर गया था। यह उस समय की बात है, जब मैं कुछ समय पहले ही *'नेपोलियन हिल्स गोल्डन रूल' मैगजीन* का संपादन और प्रकाशन कर रहा था। तब मैंने अपनी सारी मुश्किलों और सारे विरोध तथा अपनी सारी निराशा का अनुभव व्यावहारिक रूप से यहीं शिकागो में किया था और मैंने कहा था, "अगर मैं इस शहर को दोबारा नहीं देखना चाहता तो

मैं यहाँ जल्दी ही फिर से लौटूँगा।" और आपको बता दूँ कि मैं जब ऐसे नाटकीय व ठोस बयान देता हूँ तो उनके विषय में एक बड़ी विचित्र बात है—आपको ऐसे बयानों से सावधान रहना चाहिए, क्योंकि हालात पलटते हैं और आपको अपने कहे शब्द वापस लेने पड़ते हैं। अगर इस दुनिया में कोई ऐसा शहर होता, जहाँ मैं अपना बिजनेस हेडक्वार्टर नहीं खोलता तो वह शिकागो होता और आज मुझे खुशी है कि मैं यहाँ हूँ, क्योंकि मुझे जीवन का सबसे बड़ा अवसर यहीं शिकागो में ही मिला।

किसी ने कहा है, "ईश्वर कमाल दिखाने के लिए रहस्यमय तरीके से काम करते हैं।" और मैं इस बात को कभी नहीं भूलता, क्योंकि मैं हर दिन अपने जीवन में ऐसा होते देखता हूँ। यदि मैं दुनिया भर में ढूँढ़ता और अपनी पसंद का व्यक्ति चुनता तो अपनी मदद के लिए मुझे संसार का सबसे उपयुक्त व्यक्ति मिस्टर स्टोन के सिवाय दूसरा नहीं मिलता, जो मेरे लिए आज ऐसा काम कर रहे हैं, जिसके बिना मैं जिस काम को कर रहा हूँ, उसे इतनी अच्छी तरह नहीं कर पाता। मैं मिस्टर स्टोन को ढूँढ़ने बिल्कुल भी नहीं गया था। वे मुझे ढूँढ़ते हुए आए थे, जो उस कथन को साबित करता है, जिसे वे भी कह रहे थे कि जब आप किसी चीज के लिए वास्तव में तैयार होते हैं, किसी भी चीज के लिए तैयार रहते हैं तो घूम-फिरकर या सीधे रास्ते से वह आपके सामने प्रकट हो जाती है। यदि आप मुझसे जुड़ना चाहते हैं (छात्र और शिक्षक के रूप में), यदि आप वास्तव में और सच में तैयार हैं तो आप जान लीजिए कि आज की रात आपके पूरे जीवन को बदल देनेवाली सबसे निर्णायक रात होगी।

कुछ साल पहले जब मैं लॉस एंजिल्स में एक बड़ी क्लास को संबोधित कर रहा था, तब एक व्यक्ति मेरी बात के समाप्त होने के बाद स्टेज पर मुझसे हाथ मिलाने के लिए आया। उसने कहा, "डॉ. हिल, मेरे पास हर वह किताब है, जो आपने आज तक लिखी है। मुझे लगता है कि मैंने उनमें से अधिक को रट लिया है। मैंने उन्हें रेखांकित किया है। मैंने उन्हें इतना पढ़ा, जैसे वे मेरे आसपास होने को भी भाँप लेते हैं। अब मैं आपसे एक सवाल करना चाहता हूँ और उम्मीद करता हूँ कि आप बहुत ज्यादा व्यक्तिगत नहीं होंगे। अगर मैं आपकी क्लास को ज्वॉइन कर लूँ तो उस क्लास से मुझे क्या मिलेगा, जो मुझे आपकी किताबों से अब तक नहीं मिला है?"

मैं आपसे कहना चाहूँगा कि उस सवाल ने मुझे पल भर के लिए अवाक् कर दिया और फिर, जैसा कि मेरे साथ और मेरे छात्रों के साथ आपातकाल के इन पलों

में अकसर होता है, जब आप बंदूक के निशाने पर होते हैं, तब आपने वास्तव में और सच में इस दर्शन को आत्मसात् कर लिया है—न केवल आपने, बल्कि इसने भी आपको अपना लिया है तो आगको उत्तर मालूम होता है; और पलक झपकते ही, मुझे उत्तर मिल गया और मैंने उससे कहा, "श्रीमान, मैं आपसे कहना चाहता हूँ कि मेरी क्लास से जो कुछ आपको मिलेगा, वह मेरी किसी भी किताब से आपको कभी नहीं मिल सकता है। आपको नेपोलियन हिल मिलेगा, उसका जोश और उसका विश्वास और मैं आपसे कहना चाहूँगा कि ये सब मानो संक्रामक हैं।" और उसने कहा, "मैं यही चाहता हूँ और मैं आपकी क्लास में शामिल हो रहा हूँ।"

देवियो और सज्जनो, अपनी बात को समाप्त करते हुए मैं आपसे कहना चाहूँगा कि यदि आप इस क्लास में आएँगे तो मुझे यकीन है कि आपको उस व्यक्ति को मैंने जो जवाब दिया, उसका महत्त्व समझ आएगा; क्योंकि आपने यदि वास्तव में, सच में मेरे विश्वास और मेरे जोश के स्रोत के साथ तालमेल बिठा लिया, इस दर्शन की शिक्षा में शामिल हो गए तो जीवन में आप चाहे कुछ भी कर रहे हैं, आप जो भी करना चाहते हैं, आपको उसके लिए रास्ते हमेशा खुले मिलेंगे और इसी के साथ मैं आप सबको बहुत-बहुत धन्यवाद देता हूँ।

□

'विशेष प्रयास करने' के अपने सिद्धांत पर, अपने लेखनों और व्याख्यानों पर नेपोलियन हिल ने विशेष जोर दिया। हिल ने कहा कि यह एक ऐसा सिद्धांत है, जो किसी व्यक्ति को अन्य किसी भी उपाय से कहीं अधिक तेजी से तरक्की दिला सकता है। प्रकृति में बढ़ते मुनाफे के नियम का अर्थ है, हम सही सोच के साथ जो सेवा देते हैं, न वह केवल अपने सही मूल्य के साथ वापस आती है, बल्कि कई गुना बढ़ जाती है।

—डॉन ग्रीन

विशेष प्रयास करना

सक्सेस अनलिमिटेड स्पीच

समारोहों के आयोजक, सक्सेस अनलिमिटेड क्लब के सदस्यगण, अतिथियो और रेडियो पर सुननेवाले साथियो! आज की शाम हमारा सबक *'विशेष प्रयास करने'* के विषय पर है और इससे पहले कि मैं इसकी शुरुआत करूँ, मुझे लगता है कि आप सभी के लिए मुझे उस शब्द को परिभाषित करना चाहिए और आपको बताना चाहिए कि इसका सही अर्थ क्या है। 'विशेष प्रयास करना' इस दर्शन का हिस्सा है और इसका अर्थ है कि आपको जिस काम को करने के लिए पैसे दिए जाते हैं, उसे न केवल आप उस पैसे की तुलना में अधिक और बेहतर ढंग से करें, बल्कि ऐसा हमेशा करें और एक अच्छे व दोस्ताना अंदाज में करें। बेशक, आप अब यह जान गए हैं कि इसका अर्थ क्या है। इसका अर्थ है वह काम, जो आज हर कोई कर रहा है, या कर रहा है क्या ? नहीं, मुझे तो ऐसा नहीं लगता। मुझे लगता है कि इस पुराने जमाने के साथ अगर आज एक समस्या है, हम इस पीढ़ी में अपने आप को जिस अराजकता के माहौल में पाते हैं तो उसका एक बड़ा कारण यह है कि लोग न केवल अधिक काम नहीं करते, बल्कि कसम आपकी, वे तो काम तक नहीं करते हैं।

मुझे नहीं लगता कि सफलता के इस दर्शन में कोई भी ऐसा सिद्धांत नहीं है, जो किसी व्यक्ति को इतना आगे और इतनी तेजी तथा इतने निश्चित रूप में ले जा सकता है, जितना कि विशेष प्रयास की यह आदत कर सकती है। कहने का अर्थ है, दूसरे लोगों के लिए कुछ उपयोगी करना और कुछ समय के लिए यह भूल जाना कि आप जो कर रहे हैं, उसके बदले आपको क्या मिलने वाला है। मैं आपका ध्यान इस तथ्य की ओर ले जाना चाहूँगा कि आप जिस रुख के साथ यह सेवा देते हैं, उसे याद रखना महत्त्वपूर्ण है।

हमने जब इस कोर्स को पहले किया था और इस विषय पर बात की थी, तब मैंने आपसे वादा किया था कि मैं आपको उस व्यक्ति के बारे में बताऊँगा, जिसने लेड की दो पेंसिल शार्प करने के बदले 1.2 करोड़ डॉलर कमा लिये। क्या आप चाहते हैं कि मैं अभी आपको उसके बारे में बताऊँ? मुझे लगता है, आप इस बात पर सहमत होंगे कि लेड की दो पेंसिल शार्प करने की एवज में 1.2 करोड़ डॉलर कमा लेना कमाल का सौदा रहा होगा। यह बरसों पहले एक युवक के साथ हुआ था, जिसका नाम था—कैरोल डाउंस। वह विलियम सी. डुरांट के ऑफिस में काम करने के लिए गया था। मिस्टर डुरांट वे थे, जिन्होंने जनरल मोटर्स को खड़ा किया था; लेकिन मैं जिस समय की बात कर रहा हूँ, उस समय पर डुरांट मोटर्स चला रहे थे।

मिस्टर डाउंस की जहाँ तक बात है तो वे न्यूयॉर्क सिटी के एक बड़े बैंक में युवा क्लर्क थे, जहाँ मिस्टर डुरांट लेन-देन के लिए आते रहते थे तथा एक शनिवार की दोपहर मिस्टर डुरांट बैंकिंग कामकाज का समय समाप्त हो जाने के बाद एक चेक भुनाने पहुँचे, जो कुछ ज्यादा ही बड़ी रकम का चेक था। कुछ क्षण पहले ही दरवाजे बंद हो चुके थे और जब उन्होंने देखा कि दरवाजे बंद हो चुके हैं, तब उन्होंने अपनी जेब से एक सिक्का निकाला और खिड़की खटखटाई। आवाज को सुनकर यही युवक डाउंस दरवाजे तक आया और उसे खोला और देखा कि कौन है, तो उन्हें अंदर बुला लिया। जब उसे पता लगा कि मिस्टर डुरांट किस काम के लिए आए हैं, तब उसने कहा, "वैसे तो हमने दरवाजे बंद कर दिए थे, लेकिन हमने तिजोरी बंद नहीं की है। आप पैसे ले सकते हैं।" उसने न केवल चेक को भुनाया, न केवल दरवाजा खोला (वह नहीं भी खोल सकता था), बल्कि उसने अपने चेहरे पर मुसकान लाते हुए ऐसा किया और उसके मन की भावना सुखद थी, जिसने मिस्टर डुरांट पर अपनी छाप छोड़ दी। मिस्टर डुरांट जब जा रहे थे, तब उन्होंने कैरोल से कहा, "अगर तुम बुरा न मानो तो क्या अगले बुधवार की सुबह मेरे ऑफिस आ सकते हो? मैं तुमसे मिलना चाहूँगा।"

कैरोल डाउंस उनसे मिलने पहुँचा और मिस्टर डुरांट ने कहा, "मैं बैंक में तुम्हें पिछले कुछ समय से देख रहा हूँ। मैंने गौर किया है कि तुम विनम्र हो। मैंने देखा है कि तुम अपने काम से अधिक करते हुए लोगों की मदद के लिए आगे आते हो और ऐसा दोस्ताना रवैए के साथ करते हो और मुझे बस, यही खयाल आया कि बैंकिंग कारोबार में तुम जो कर रहे हो, उससे बेहतर अवसर की तुम्हें

इच्छा होगी। शायद तुम यहाँ आना चाहो और मेरे साथ मोटर कार के बिजनेस में शामिल होना पसंद करोगे।

मिस्टर डाउंस ने कहा, "मिस्टर डुरांट, मेरे लिए इससे अधिक खुशी की बात और कुछ नहीं होगी कि मैं आपके साथ जुड़ जाऊँ; क्योंकि मैंने लंबे समय से आपको लेन-देन करते देखा है। आप बहुत बड़े कारोबारी हैं और एक सफल कारोबारी हैं।" दोनों के बीच एक सौदा हुआ और मिस्टर डाउंस ने विलियम सी. डुरांट के ऑफिस में काम करना शुरू कर दिया। उनके बीच वेतन को लेकर कोई चर्चा नहीं हुई।

अधिक देर तक रुकना

नौकरी के पहले दिन, जब शाम के 5 बजे तो एक बड़ा सा घंटा बजा और उस ऑफिस में जितने भी लोग थे, शायद सौ लोग होंगे, सब एक साथ ऑफिस से बाहर निकलना चाहते थे और वह भी एक ही समय पर उस एक लिफ्ट से। इस भगदड़ से बचने के लिए युवक डाउंस अपनी डेस्क पर ही रहा। जब सारे लोग जा चुके थे, तब वह वहीं बैठे-बैठे सोच रहा था कि आखिर क्या वजह है कि मिस्टर डुरांट जैसे इतने शानदार व्यक्ति के साथ काम करनेवाले लोग घंटा बजने पर शांति से निकलने की बजाय इस तरह से भागने लगते हैं? वे जब वहाँ बैठे थे, तभी मिस्टर डुरांट अपने निजी ऑफिस से बाहर आए और उस युवक को वहाँ बैठे देखकर पूछा, "मिस्टर डाउंस, आप जानते नहीं कि हमारे यहाँ 5 बजे छुट्टी हो जाती है?"

मिस्टर डाउंस ने कहा, "हाँ, मिस्टर डुरांट, उसके विषय में मैं जानता हूँ; लेकिन मैंने जो दृश्य अभी-अभी देखा, उसी के बारे में यहाँ बैठकर सोच रहा था।" और फिर उन्होंने यह बात बताई कि कैसे सारे लोग दरवाजे की तरफ भागे थे और आखिर में, मिस्टर डाउंस ने कहा, "मिस्टर डुरांट, क्या मैं आपके लिए कुछ कर सकता हूँ?"

मिस्टर डुरांट ने कहा, "हाँ-हाँ, एक काम है। मुझे एक पेंसिल चाहिए। मैं एक पेंसिल ढूँढ़ रहा था।" वह युवक अपनी डेस्क से उठा, स्टॉक रूम में गया और एक नहीं, बल्कि दो पेंसिल उठा लाया। उन्हें पेंसिल शार्पनर के पास ले गया और उन दोनों को अच्छी तरह शार्प किया। फिर उन्हें मिस्टर डुरांट को देने के लिए चल पड़ा। उसने दोनों पेंसिलें उन्हें सौंपीं और जाने के लिए मुड़ा ही था कि उसने गौर किया कि मिस्टर डुरांट उसे अजीब सी दिलचस्पी के साथ देख रहे थे और तब

उसके भीतर कुछ ऐसा था, जिसने उन्हें संकेत दिया कि उन पेंसिलों को शार्प करना और मिस्टर डुरांट को एक की बजाय दो पेंसिल देना ऐसा काम था, जिसकी तरफ उस बेहतरीन कारोबारी का ध्यान जा चुका था और उस दिन के बाद उन्होंने मन बना लिया कि चाहे मिस्टर डुरांट घंटा बजने के बाद कितनी ही देर तक ऑफिस में क्यों न रुकें, वे तब तक नहीं जाएँगे, जब तक कि मिस्टर डुरांट न चले जाएँ। उन्होंने कहा, "मुझे लगा कि जब भी उन्हें किसी चीज की जरूरत होगी, तब मैं उनकी मदद के लिए मौजूद रहूँगा, चाहे उन्हें दूसरी पेंसिल चाहिए हो या कुछ भी और कोई भी वहाँ मौजूद नहीं होगा तो उस काम के लिए उन्हें बाहर निकलकर उनके ही पास आना पड़ेगा।"

देवियो और सज्जनो, अब मैं आपसे पूछना चाहूँगा कि आप में से कितने लोग ऐसे किसी व्यक्ति को जानते हैं, जो ऑफिस का समय पूरा होने के बाद उस आदमी की मदद के लिए वहाँ रुका रहता, जो उस कारोबार का मुखिया है? ऐसे कितने लोग आपकी नजर में हैं, जो ऐसा करते? कुछ समय बाद मिस्टर डाउंस को उस नौकरी में लगभग पाँच महीने हो चुके थे। उनका वेतन तय हो चुका था, जो मामूली था। तब एक दिन मिस्टर डुरांट ने उन्हें बुलाया और कहा, "डाउंस, हमने अभी-अभी एक नया संयंत्र खरीदा है। यह न्यू जर्सी में एसेंबली प्लांट है, जहाँ हम गाड़ियाँ एसेंबल करने जा रहे हैं और मैं चाहता हूँ कि तुम ब्लूप्रिंट के इस सेट को अपने पास रखो, जिनमें बताया गया है कि सारी मशीनरी को किस तरह लगाना है। वहाँ जाओ और मशीनरी लगाने के काम की देखरेख करो, क्योंकि सोमवार को उन्हें उतारा जाना है। तुम इस काम को कर पाओगे?" डाउंस ने मुझसे कहा, "मैं इतना बेवकूफ था कि मैंने उनसे कहा, "हाँ, मैं कर सकता हूँ।" उन्होंने सारे ब्लूप्रिंट लिये और बाहर निकले, एक पार्क में गए और पार्क की बेंच पर बैठकर उन्हें देखने लगे। वे उन्हें पढ़ भी नहीं पा रहे थे।

आप तो जानते ही हैं कि बैंक क्लर्क को इंजीनियरिंग ब्लूप्रिंट पढ़ना नहीं सिखाया जाता है। लेकिन देवियो और सज्जनो, एक औसत आदमी, जिसे विशेष प्रयास करने की आदत नहीं होती, वह इस तरह का अजीबोगरीब काम नहीं कर सकता था। डाउंस ने मन-ही-मन कहा, 'मिस्टर डुरांट चाहते हैं कि मैं इस काम को करूँ। मैंने उनसे कह दिया है कि मैं करूँगा। मैं इसे नहीं कर सकता; लेकिन मैं किसी ऐसे व्यक्ति को ढूँढ़ सकता हूँ, जो इस काम को कर सकता है और करेगा।' और वह झटपट अपने काम में जुट गए और अपने ही खर्च पर एक इंजीनियर को

काम पर रखा, जो उनके साथ वहाँ जाएगा और उस मशीनरी को लगाने में उनकी मदद करेगा।

मिस्टर डुरांट ने उन्हें बताया कि इस काम में उन्हें लगभग तीन सप्ताह लगेंगे। दो सप्ताह पूरे होते ही काम पूरा हो गया और वे न्यूयॉर्क ऑफिस में लौट आए और जब वे ऑफिस पहुँचे तो टेलिफोन अटेंड करनेवाली लड़की ने उनसे कहा, "मिस्टर डाउंस, मिस्टर डुरांट ने कहा है कि अपनी डेस्क पर जाने से पहले आप उनसे उनके प्राइवेट ऑफिस में मिलें।"

और जब वे अंदर दाखिल हुए तो मिस्टर डुरांट ने कहा, "आओ डाउंस। जब तुम यहाँ नहीं थे, तब तुम्हारी नौकरी चली गई।"

"क्या? क्या कहा आपने, मिस्टर डुरांट, आपका मतलब है, मुझे निकाल दिया गया है?"

"शायद।" उन्होंने कहा, "लेकिन मैं उसे इस तरह नहीं कहूँगा। मैं कहूँगा कि तुम्हारी नौकरी चली गई। तुम जाओ और अपनी डेस्क खाली कर दो।"

मिस्टर डाउंस ने कहा, "अच्छा मिस्टर डुरांट, लेकिन मुझे तो लगा कि मैंने वहाँ काफी अच्छा काम किया। मुझे लगा कि मैंने आपके आदेश का पालन किया। मैं जानना चाहता हूँ कि मेरी नौकरी किस वजह से गई?"

"ठीक है," उन्होंने कहा, "अगर तुम उस कॉर्नस ऑफिस को देखोगे, जहाँ से तुम गुजरोगे और जहाँ वह प्राइवेट ऑफिस है तो तुम्हें उसके दरवाजे पर अपने उत्तराधिकारी का नाम दिखेगा। अब तुम जाओ और अपनी डेस्क खाली कर दो, अपनी व्यक्तिगत चीजें निकाल लो।"

और डाउंस जब उस ऑफिस के सामने से गुजरे तो उन्होंने उस पर लिखा देखा—'कैरोल डाउंस, जनरल मैनेजर'। वे पलटकर मिस्टर डुरांट के ऑफिस में आए और बोले, "उसका क्या मतलब है?" डुरांट ने कहा, "सर, इसका मतलब है कि आप अब जनरल मैनेजर हैं और आपका वेतन प्रति वर्ष 15,000 डॉलर है।"

सोचिए जरा, कहाँ उन्हें लग रहा था कि उन्हें नौकरी से निकाला जा रहा है और कहाँ 15,000 डॉलर हर साल वेतन पर जनरल मैनेजर बना दिया गया। कहने की जरूरत नहीं कि मिस्टर डुरांट ने मिस्टर डाउंस का परिचय वॉल स्ट्रीट की जानी-मानी हस्तियों से कराया, जिनके जरिए वह स्टॉक और बॉण्ड की खरीद-बिक्री के कारोबार में आए।

अगले पाँच वर्षों में, उन्होंने 1.2 करोड़ डॉलर का शुद्ध मुनाफा कमाया। और

देवियो और सज्जनो, मैं आपको उन दिनों की बात बता रहा हूँ, जब हालात ऐसे थे कि औसत आदमी इस पर गौर नहीं करता, देखता भी नहीं कि क्या हो रहा है। यह उस समय की बात है, जब उस युवक ने उस समय बाहर आकर बैंक का दरवाजा खोला, जब उसे ऐसा करने की जरूरत नहीं थी; जब उसने एक आदमी को अंदर आने दिया, जो चेक भुनाना चाहता था और उसने खुशी-खुशी दोस्ताना अंदाज में उसे चेक भुनाने में मदद की। मैं आपसे कहना चाहता हूँ कि चाहे आप किसी भी व्यवसाय या काम में हों, चाहे आप कोई भी हों या जीवन में आपका उद्देश्य कुछ भी हो, आप तब तक बहुत आगे नहीं जा सकेंगे, जब तक कि आप में विशेष प्रयास करने की आदत नहीं है; जहाँ भी, जब भी संभव हो, उपयोगी सेवा देना।

जीवन में आप कभी तब तक
बहुत आगे नहीं जा सकते, जब तक आप
विशेष प्रयास करने की आदत न डाल लें।
जब भी, जहाँ भी संभव हो, उपयोगी सेवा दें।

चालीस साल से भी पहले की बात है, जब मैंने जॉर्जटाउन यूनिवर्सिटी लॉ स्कूल की पढ़ाई बीच में ही छोड़ दी थी और बहुत बड़े स्टील कारोबारी एंड्र्यू कारनेगी के साथ मेरा पहला साक्षात्कार हुआ था। उन्होंने मुझे वहाँ तीन दिनों और तीन रातों तक रखा, जिस दौरान व्यक्तिगत उपलब्धि के दुनिया के पहले दर्शन का लेखक बनने का प्रस्ताव मेरे सामने रखा। उनकी ओर से मेरी इस नियुक्ति और प्रभाव तथा सफल लोगों के साथ जो मेरी बातचीत जरूरी थी, उसके लिए उनसे मेरा परिचय कराने का जो प्रस्ताव उन्होंने मेरे सामने रखा, उसके बदले उन्होंने जैसी शर्तें मुझ पर लगाईं, उनमें से एक थी कि उनसे किसी भी प्रकार की आर्थिक सहायता के बिना मुझे शोध में अपने जीवन के बीस साल लगाने होंगे और इस अवधि में मुझे अपनी आजीविका स्वयं अर्जित करनी होगी।

मैं जब जॉर्जटाउन यूनिवर्सिटी वापस लौटा, जहाँ से मैंने और मेरे भाई ने मैट्रिक की पढ़ाई की थी और जो कुछ हुआ था, उसे बताया तो मेरे भाई ने कहा, "तुम जानते हो, नेपोलियन, मैं जीवन भर शक करता था कि तुम पागल हो और आज के बाद मैं तुम पर बिल्कुल भी शक नहीं करूँगा। मैं जान गया हूँ कि तुम पागल हो, एकदम पागल। तुम ऐसे इनसान हो, जो उस आदमी के लिए बिना वेतन

बीस साल काम करने जा रहा है, जिसके पास सच कहूँ तो दुनिया में सबसे ज्यादा पैसा है। भगवान् के लिए, मुझे बताओ कि तुम पैसों की जगह क्या सीप के गोले इस्तेमाल करोगे, है ना?"

देवियो और सज्जनो, एंड्रयू कारनेगी के साथ काम की शुरुआत मैंने सन् 1908 की सर्दियों में की। मैंने अपना काम सन् 1928 की सर्दियों में पूरा किया, यानी काम की शुरुआत करने के ठीक बीस वर्ष बाद। सच में, मैंने सीधा वेतन लिये बिना बीस वर्षों तक काम किया लेकिन उन बीस वर्षों तक मैंने जो सेवा दी, उसकी थोड़ी सी रूपरेखा आपके सामने रखना चाहूँगा। सबसे पहले तो, आज पूरी दुनिया में मुझसे लगभग 6.5 करोड़ लोग जुड़े हैं, जिन्होंने मेरी किताबें खरीदीं, उनकी एवज में कई लाख डॉलर पैसे दिए। मैंने जितनी किताबें लिखीं, उनमें से सिर्फ एक, जिसका नाम *'थिंक एंड ग्रो रिच'* है, प्रकाशक और संपादक के मुताबिक, मेरा मतलब है—लेखक और प्रकाशक के मुताबिक 30 लाख डॉलर को पार कर चुकी है और अभी इसका कई गुना कमाई करने वाली है। मैंने अन्य शीर्षकों से और भी कई किताबें लिखी हैं, जो यहाँ और दूसरे देशों में बिक रही हैं। मैंने अभी हाल ही में एक और पुस्तक पूरी की है, जिसका मैंने फिर से नामकरण किया और उसे *'सक्सेस अनलिमिटेड'* नाम दिया है। मुझे लगता है कि यह *'थिंक एंड ग्रो रिच'* के मुकाबले तीन या चार गुना अधिक कमाई करेगी और मैं कहना चाहूँगा कि बीस वर्षों तक मैंने जो विशेष प्रयास किए, उनके कारण मेरे लेखनों से मेरी पुस्तकों ने आज तक जितने पैसे कमाए हैं, उतने मेरे दादा और नाना के खानदानों को मिलाकर पूर्वजों की पिछली पाँच पुश्तों ने नहीं कमाए होंगे। अब इस पर कुछ तो सोचना होगा न!

मैंने जब एंड्रयू कारनेगी के साथ काम करना शुरू किया था, तब *'दर्शन'* शब्द के विषय में कुछ जानता तक नहीं था। मैं उनके दफ्तर से निकला और उस शब्द का मतलब जानने के लिए लाइब्रेरी पहुँचा; लेकिन शोध के उन बीस वर्षों के दौरान मैंने *'दर्शन'* शब्द के बारे में बहुत कुछ सीखा और एक ऐसे दर्शन को तैयार कर सका हूँ, जो पूरी दुनिया के स्त्री-पुरुषों के लिए इतना फायदेमंद है कि एक अनुमान के मुताबिक, इस दर्शन के माध्यम से मैंने जितनी भी सफलताओं का निर्माण करने में सहयोग किया, जहाँ मैं पूर्णतया पैसों के मामले में सफलता की बात कर रहा हूँ, जबकि आध्यात्मिक तथा अन्य सफलताएँ भी मिली हैं, तो मेरी किताबें जिन लोगों ने खरीदी हैं और उनसे मार्गदर्शन प्राप्त किया है, उन सभी के

कमाए पैसों को मिला दिया जाए तो कह सकते हैं कि उससे इस सरकार के खर्च को कम-से-कम एक घंटे तक चलाया जा सकता है। मुझे लगता है, आप इस बात से सहमत होंगे कि मैं तथ्यों को काफी घटाकर बता रहा हूँ।

पिछली गरमियों में मैंने अपने भाई के साथ वाशिंगटन में लंच किया। वह मुझे एक शानदार रेस्टोरेंट में लेकर गया, जो वाशिंगटन का सबसे महँगा रेस्टोरेंट है, जहाँ वह पहले कभी नहीं गया था। उससे पहले वह मुझे एक कैफेटेरिया में लेकर गया था, जहाँ मैं आमतौर पर अपने साथ-साथ उसके लंच के पैसे भी चुकाया करता था। मैं हैरान था कि न जाने क्या होने वाला है। उसने मिसेज हिल और मेरे लिए एक टेबल रिजर्व करा रखी थी। उसने टेबल पर फूलों का एक सुंदर और बड़ा सा गुच्छा रखवाया था और मैं सोच रहा था, 'कुछ बड़ा होने वाला है। मैं नहीं जानता कि क्या, लेकिन मैं इंतजार करूँगा और देखूँगा।' हम जब बैठ गए, तब वह खड़ा हुआ और बोला, "मैं एक वक्तव्य देना चाहता हूँ। मैं उस बयान को वापस लेना चाहता हूँ, जो मैंने इस होटल में करीब चालीस साल पहले दिया था, जब मैंने कहा था कि तुम जो करना चाहते हो, उसका मतलब होगा—मनोरोग वार्ड में भरती होना और अपने दिमाग की जाँच कराना; क्योंकि मुझे लगा कि तुम पागल हो गए हो, जो एंड्र्यू कारनेगी के लिए बीस साल तक बिना वेतन काम करने जा रहे हो।" उसने कहा, "मैं उस बयान को पलटना चाहूँगा, उसमें सुधार करना चाहूँगा और उसे संपादित कर यह कहना चाहूँगा कि वह बयान सही था; लेकिन मैंने गलत आदमी के लिए कहा था। असल में, दिमाग की जाँच कराने की जरूरत मुझे थी।" क्योंकि उसने थोड़ा-बहुत हिसाब-किताब कर लिया था और पाया था कि मैंने *'थिंक एंड ग्रो रिच'* नाम की जो एक किताब लिखी थी, उसने इतने पैसे कमाए, जो शायद हमारे सारे पूर्वजों के जीवन भर की कमाई से भी ज्यादा थे।

वैसे, जीवन में और भी बहुत सी चीजें थीं, देवियो और सज्जनो, जिन्हें मैं कर सकता था, जो आगे बढ़ने में मेरी सहायता कर सकती थीं; लेकिन मैं आपसे कहना चाहता हूँ कि ऐसा कुछ नहीं, जिसे मैं कभी हासिल कर सकता था; कुछ भी नहीं, जिसे मैं हासिल करना चाहता हूँ, जिसे मेरी इच्छा, मेरे सोच, मेरे आध्यात्मिक रुख ने आज तक हासिल किया है, जितना कि विशेष प्रयास करने के विषय में मैंने हासिल किया है और उसे लागू करने की मेरी इच्छा और मेरी आदत रही है। मैं यह कहना चाहूँगा कि यह एक ऐसा सिद्धांत है, जिसे आपको अपनाना चाहिए, क्योंकि इसके जितनी तेज तरक्की आपको शायद और किसी भी तरीके से नहीं मिल सकती है।

गुणवत्ता, मात्रा, मानसिक रुख (Quality Quantity, Mental Attitude)

मैं आपको एक फॉर्मूला देना चाहता हूँ। अगर आप नोट कर रहे हैं तो इसे नोट कर लीजिए। मैं इसे अपना 'क्यू.क्यू.एम.ए. फॉर्मूला' कहता हूँ और इसका मतलब है 'क्यू.' प्लस 'क्यू.' प्लस 'एम.ए.' बराबर वह वेतन, जो जीवन में आपको मिलता है और इस क्यू.क्यू.एम.ए. फॉर्मूले का मतलब है—सेवा की वह क्वालिटी (गुणवत्ता), जो आप देते हैं, प्लस वह क्वांटिटी (मात्रा), जो आप देते हैं, प्लस मेंटल एटीट्यूड (मानसिक रुख), जिसमें आप इसे देते हैं, वह जीवन में आपको मिलनेवाले वेतन के बराबर होती है और देवियो-सज्जनो, मैं जब वेतन की बात करता हूँ तो मैं उसकी बात नहीं कर रहा, जो लिफाफे में आता है या जो बैंक बैलेंस के रूप में दिखता है। मैं उस वेतन की बात कर रहा हूँ, जो उन चीजों की शक्ल में आता है, जिनकी आपको इस संसार में जरूरत होती है—मन की शांति, सौहार्द और उस संबंध में समझ, जो आपका अपने साथ और दूसरे लोगों (वह चीज, जो जीवन में सबसे अधिक मायने रखती है) के साथ है।

'विशेष प्रयास करने' के इस सिद्धांत के साथ एक बड़ी अच्छी बात यह है कि आपको इसे अपनाने के लिए किसी से इजाजत लेने की जरूरत नहीं पड़ती है। आप हमेशा इसे लागू कर सकते हैं। हो सकता है कि आप किसी ऐसे संगठन में काम करते हों, जो आपको मिलनेवाले वेतन से अधिक काम करने को अच्छी नजर से देखता हो; लेकिन आप इसे व्यक्तिगत रूप से भी करना चाहें और आप उन लोगों की तरह ही फायदा उठाना चाहें, जिन्होंने अतीत में सफलता प्राप्त की है तो आप इस बात को समझेंगे कि इससे आपको अपना सर्वोत्तम देने में मदद मिलती है, फिर चाहे आप कुछ भी कर रहे हों। ऐसा हमेशा कीजिए और इस काम को सही मानसिक रुख के साथ कीजिए। आप जब ऐसा करना शुरू करेंगे, तब प्रकृति के बड़े-बड़े नियमों को आप पीछे छोड़ देंगे। हम इसे 'बढ़ते मुनाफे का नियम' कहते हैं, जिसमें आप जो सेवा देते हैं, उसके बदले न केवल आपको उसका सही मूल्य मिलता है, बल्कि उसका कई गुना मिलता है और जो वेतन आपके पास आता है, वह अकसर उस स्रोत से अलग किसी स्रोत से आता है, जिसे आपने अपनी सेवा दी है।

देवियो और सज्जनो, इस सिद्धांत को लागू न करने का जुरमाना और आपको

अच्छी तरह याद होगा कि प्रकृति के सभी नियमों में पुरस्कार और दंड दोनों ही शामिल रहते हैं, तो इस मामले में मिलनेवाले दंड में यह बात आती है कि अगर आप इस नियम को लागू नहीं करते तो आप अपने लिए घटते मुनाफे के नियम को चुन लेंगे और ऐसा समय आएगा, जब आप जितना काम कर रहे हैं, न केवल उतना पैसा आपको नहीं मिलेगा, बल्कि यह भी हो सकता है कि आपको आपकी नौकरी से निकाल दिया जाए। मैंने ऐसा होते भी देखा है।

वैसे, मैं यह भी अच्छी तरह जानता हूँ कि इस संसार में कुछ ऐसे लोग हैं, जो मानते हैं कि आज के समय में उनके सामने एक समस्या यह है कि उन्हें जितना मिल रहा है, उससे ज्यादा काम तो वे पहले से ही कर रहे हैं। अगर आप ऐसा कर रहे हैं तो अच्छी बात है, इसे करते रहें। सही काम करते रहिए और जो कर रहे हैं, उसका थोड़ा प्रचार भी कीजिए। उदाहरण के लिए, आप किसी की नौकरी कर रहे हैं, आपको जितने पैसे मिलते हैं, उससे अधिक और बेहतर काम कर रहे हैं तो उसके प्रतिस्पर्धी तक एक गुमनाम परची पहुँचा दीजिए और एक बार उससे मिल लीजिए। इससे आपका काफी फायदा होगा। इतने बेवकूफ भी मत बनिए कि जीवन भर जितना मिलता है, उससे अधिक और बेहतर सेवा देते रहें और इसकी उम्मीद कीजिए कि दुनिया में आपकी पहचान बन जाएगी; क्योंकि अगर आप ऐसा करेंगे तो एक ऐसी जगह पहुँच जाएँगे, जिसे 'शहर का गरीबखाना' कहते हैं। इस बात को पक्का कीजिए कि दुनिया में आपकी पहचान बने।

मैंने जब एंड्रयू कारनेगी का काम पूरा कर दिया, तब एक आखिरी बात उन्होंने कही थी, "मैं चाहता हूँ कि तुम पूरी दुनिया घूमो और तुम्हें अवसर मिले तो न केवल जीवन के बड़े-बड़े और छोटे-छोटे रास्तों पर, बल्कि इस दुनिया की हर भाषा में इस दर्शन की शिक्षा दो, बल्कि एक-एक व्यक्ति को यह दिखाओ कि तुम इस दर्शन को कारगर बना सकते हो और जब तक तुम यह नहीं दिखाओगे कि इसके कारण तुम अपनी शर्तों पर जीवन जी रहे हो, तब तक तुम उस मिशन को हासिल नहीं कर सकोगे, जो मैंने तुम्हें सौंपा है।"

देवियो और सज्जनो, जो लोग मुझे बिल्कुल करीब से और अच्छी तरह जानते हैं, उदाहरण के लिए, जैसे कि बिल रॉबिन्सन जानता है, तो यह जान लीजिए कि वह समय आ गया है, जब इस दर्शन के कारण जीवन मुझे इतना कुछ दे रहा है कि मैं उसे अपनी शर्तों पर जी रहा हूँ और मेरे पास आज ऐसी हर चीज है, जिसकी मुझे लगता है कि जरूरत है, या मैं जो चाहता हूँ या जिसकी मुझे इच्छा है अथवा

जिसका मैं इस्तेमाल कर सकता हूँ। बेशक, मैं चाहता हूँ कि मैं जीवन में पचास साल और जोड़ लूँ, लेकिन उससे कम में भी मेरा काम चल जाएगा।

कैलिफोर्निया में क्लिफॉर्ड क्लिंटन नाम का एक व्यक्ति है, जो कैफेटेरिया की चेन चलाता है और उसने मुझे बताया कि वह और मिसेज क्लिंटन दस साल पहले 10,000 की पूँजी और *'थिंक एंड ग्रो रिच'* किताब की एक प्रति के साथ लॉस एंजिल्स आए थे, जहाँ उन्होंने उस समय आसमान में सुराख करने की शुरुआत की थी। उनसे मेरी बात चार साल पहले हुई थी और उनका कहना था, "आज मेरा कारोबार 20 लाख डॉलर से भी अधिक का है और मेरे एक-एक डॉलर का श्रेय आपके इस दर्शन को और विशेष रूप से उस अनोखे प्लान को जाता है, जिसे मैं अपने कैफेटेरिया में चलाता हूँ। वह प्लान यह है कि अगर कोई ग्राहक आता है और खाने का ऑर्डर देने पर उसे लगता है कि वह उससे संतुष्ट नहीं है तो जब वह कैशियर के पास जाता है तो वह जितनी रकम देना चाहे, दे सकता है और यदि उसे लगता है कि उस खाने पर पैसा खर्च करना पैसे की बरबादी है तो वह एक भी पैसा दिए बिना जा सकता है।"

मैंने कहा, "अरे, मिस्टर क्लिंटन, कहीं इस बहाने वे आपको बेवकूफ तो नहीं बनाते हैं?"

"हो सकता है।" उन्होंने कहा, "ऐसा साल में आधा दर्जन बार होता है, जब कोई बिना पैसे चुकाए इस कैफेटेरिया से अपना पेट भरने की कोशिश करता है।"

और मैंने कहा, "ऐसे में आप क्या करते हैं?"

उन्होंने कहा, "हम एक स्पेशल टेबल लगाते हैं, उसे फूलों से सजाते हैं और उस टेबल पर वरदी में एक व्यक्ति को तैनात करते हैं। जब वह व्यक्ति आता है तो हम उसे उस स्पेशल टेबल पर भेजते हैं और लगभग तीन बार ऐसा करने के बाद वह थक जाता है और फिर लौटकर नहीं आता है।"

मैंने कहा, "दूसरे शब्दों में कहें तो आप उसे दयालुता से मारते हैं।"

उन्होंने कहा, "बिल्कुल ठीक।"

मैंने कहा, "अगर वह इस संकेत को न समझे तो?"

उन्होंने कहा, "हम उसे खिलाते रहते हैं; लेकिन हम उसका प्रचार करते हैं और उसके लिए अखबारों के लोग उसकी तसवीरें लेते रहते हैं।"

देखिए कि एक अनोखा आदमी है, जिसने इस सिद्धांत पर अपनी पकड़ बना ली और जबरदस्त सफलता हासिल की है। मैं आपको एक और अनुभव के विषय

में बताता हूँ। एरिजोना के छोटे से शहर फ्लैगस्टाफ में, जो उस समय जिस समय की मैं बात कर रहा हूँ, तब सड़क के किनारे की एक खाली पड़ी जगह थी, वहाँ न्यूयॉर्क लाइफ इंश्योरेंस कंपनी का एक एजेंट था, जो इतनी बीमा पॉलिसी बेच लिया करता था कि उसका जीवन आसानी से चल जाए। फिर अचानक उसकी बिक्री इतनी बढ़ने लगी कि एजेंसियों के सुपरिंटेंडेंट ने एक आदमी को वहाँ यह देखने के लिए भेजा कि माजरा क्या है और जो हुआ, वह इस प्रकार है—

उस आदमी ने *'थिंक एंड ग्रो रिच'* की कई प्रतियाँ बेची थीं, उन पर अपना ऑटोग्राफ दिया था और उसके पहले पन्ने पर लिखा था—"इस पुस्तक से मुझे इतना फायदा मिला है कि मैं चाहता हूँ कि एक बार मेरे सारे पड़ोसी और मेरे दोस्त इसे पढ़ें और मैं एक हफ्ते के लिए इसकी एक प्रति आपको दे रहा हूँ। उसके बाद मैं इसे ले जाऊँगा और किसी दूसरे पड़ोसी को दे दूँगा।" फिर उस पर अपना नाम लिखा और आप देखिए कि जब वह उन किताबों को वापस लेने जाते तो आमतौर पर ऐसा होता था कि वे उन्हें अंदर बुलाते थे और बैठने के लिए कहते थे और इस दौरान वह उनसे जीवन बीमा या अपनी पसंद के किसी अन्य विषय पर बात करते थे। मात्र उस छोटे से प्रयास के कारण उस जीवन बीमा वाले व्यक्ति और उसके संभावित खरीदारों के बीच एक समझ पैदा हुई, जिससे वह दूरी मिट गई, जिसे लोग आमतौर पर जीवन बीमा बेचनेवाले पुरुषों व स्त्रियों से बना लिया करते हैं।

जीवन बीमा

आप तो जानते ही होंगे कि इस दुनिया में जीवन बीमा की पॉलिसी बेचना सबसे मुश्किल कामों में से एक है और हमेशा ही इसे बेचना पड़ता है। कोई कभी इसे खरीदने नहीं आता। मुझे इस घटना के बारे में तब पता चला, जब न्यूयॉर्क लाइफ इंश्योरेंस कंपनी ने *'थिंक एंड ग्रो रिच'* को अपने सभी सेल्समैन के लिए अनिवार्य कर दिया और मेरे प्रकाशक को एक ही बार में 5,000 प्रतियाँ भिजवाने का संदेश दिया। एक साथ इतनी किताबें एक बहुत बड़ी संख्या होती है। आमतौर पर जितनी किताब उस क्षेत्र में बिकती है, उसकी तुलना में 5,000 प्रतियाँ बहुत बड़ी बात है। इस सबकी भविष्यवाणी उस एक व्यक्ति ने की थी, जिसने *'विशेष प्रयास करने'* के शानदार सिद्धांत को सरलता से लागू करने की खोज की थी।

प्रथम विश्व युद्ध के ठीक बाद जब मैंने *'नेपोलियन हिल्स गोल्डन रूल मैगजीन'* का प्रकाशन शुरू किया, तब एक दिन मेरे पास ओहियो के सिनसिनाटी

से आर्थर नैश नाम के एक व्यक्ति का संदेश आया। मिस्टर नैश कारोबारी टेलर थे, जिन्होंने मुझे एक चिट्ठी लिखी और कहा कि वे आर्थिक तंगी झेल रहे हैं और क्या मैं वहाँ आकर उन्हें परामर्श दे सकता हूँ? मैं सिनसिनाटी गया और मिस्टर नैश के साथ कई दिन बिताए। हमने एक प्लान तैयार किया, जिसके मुताबिक वे अपने दिवालिया हो चुके कारोबार को *'विशेष प्रयास करने'* के इस सिद्धांत से बचाने वाले थे। ऐसा लगा कि एक नकारात्मक स्थिति उनके व्यवसाय में घुस गई है और अचानक ही उनके सारे कर्मचारी नकारात्मक हो गए थे। उनके काम में सुस्ती आ गई थी, कारोबार घट गया था और खजाने में इतना पैसा नहीं बचा था कि आनेवाले सप्ताह में वेतन दिया जा सके। हमने एक प्लान तैयार किया। मैंने उसे मिस्टर नैश को सौंप दिया। उन्होंने सारे कर्मचारियों को एक साथ बुलाया और उनसे जो कहा, वह इस तरह है—

उन्होंने कहा, "देवियो और सज्जनो, हम इस व्यवसाय में कई वर्षों से एक साथ काम कर रहे हैं। आप में से कुछ लोग यहाँ पच्चीस वर्षों से हैं और एक समय ऐसा था, जब यह व्यवसाय काफी मुनाफे में था। हम ढेर सारे पैसे कमा रहे थे। पूरे अमेरिका में हमारे कई पक्के ग्राहक थे और अचानक ही यह व्यवसाय मंदी में जाने लगा है और यह इस हद तक नीचे जा चुका है कि हम इसे तब तक रोक नहीं सकते, जब तक कि इसे मुनाफे में न ले आएँ। सच कहूँ तो हम दिवालिया हो चुके हैं। नेपोलियन हिल ने एक सुझाव दिया है, जो मुझे लगता है कि आप अगर मान लें और उसे उसी भावना के साथ लागू करें, जिसमें इसे दिया गया है तो हम इस व्यवसाय को, आप अपनी नौकरियों को बचा सकते हैं और इसका फायदा इससे जुड़े हर व्यक्ति को मिलेगा।

"तो अब," उन्होंने कहा, "मैं आप में से हर किसी से कहूँगा कि वह सोमवार की सुबह आए और अपने काम को एक अलग ही भावना के साथ करने की शुरुआत करे, एकदम से अलग ही सोच के साथ—सोच, जो दोस्ताना हो, सहर्ष विशेष प्रयास करने की इच्छा और आपके पास जो कुछ है, उसे इस काम में लगा देने की सोच; और आप यदि ऐसा करेंगे और हमने इस व्यवसाय को बचा लिया तो न केवल मैं आपको आपका बकाया वेतन चुका दूँगा, बल्कि आनेवाले सप्ताह के पैसे दे दूँगा और साल के अंत में हम मुनाफे को बाँट लेंगे। उसका एक हिस्सा इस व्यवसाय को चलाने के लिए मुझे मिलेगा और बाकी आप सबके बीच बराबर-बराबर बाँट दिया जाएगा। दूसरे शब्दों में, आप एक प्रकार से इस व्यवसाय

के पार्टनर बन जाएँगे। मैं आपको बताना चाहता हूँ कि आनेवाले सप्ताह में और शायद अगले सप्ताह, आपको कोई भी पैसा न मिले। यदि मेरी तरह आप भी इस पर विश्वास करते हैं कि उस तरह का मानसिक रुख, वैसा आत्मविश्वास और भरोसा इस तरह की स्थिति से निपट सकता है तो हम सब मिल जाएँ और देखें कि हम क्या कर सकते हैं।" वे और भी बहुत कुछ कहना चाहते थे, लेकिन यही उनके संबोधन का सार और समूल था।

और उन्होंने कहा, "देवियो और सज्जनो, मैं इस समय आपके साथ कोई छल नहीं करना चाहता हूँ। मैं नहीं चाहता कि इसी समय आप फैसला करें। मैं इस कमरे से जा रहा हूँ। मैं तब तक नहीं लौटूँगा, जब तक कि आप नहीं बुलाएँगे। जब आप अपना मन बना लें, चाहे आप मेरे प्रस्ताव को स्वीकार करने पर सहमत हो या न हों, जब मुझे बुलाएँगे तो मैं आ जाऊँगा।" मैं और वे लंच के लिए चले गए।

हम लगभग दो घंटे तक बाहर रहे और जब लौटकर आए तो उन्होंने कहा कि वे अपना जवाब देने का इंतजार कर रहे थे और हम जब कमरे में दाखिल हुए तो देवियो और सज्जनो, हमने पाया कि काम करनेवाले न केवल इन शर्तों पर राजी थे, बल्कि उनमें से कुछ घर गए और अपने साथ अपने बचाए हुए पैसे लेकर आए।

एक महिला ने अपनी बचत काँच के फल रखनेवाले मर्तबान में रखी थी। मैंने कभी अपने जीवन में इतनी अठन्नियाँ, चवन्नियाँ, सिक्के, चौथाई और आधे डॉलर नहीं देखे थे। वे बचत खाते की पासबुक लेकर आए और कहा, "मिस्टर नैश, हम न केवल आपके प्रस्ताव को स्वीकार करते हैं, बल्कि हम सबने मिलकर लगभग 3,000 डॉलर जुटाए हैं, जिसे हम फिलहाल इस व्यवसाय में लगा सकते हैं। हम इसे आपको सौंपने जा रहे हैं और यह व्यवसाय अगर इतने पैसे कमा लेता है और इसे लौटाने की स्थिति में आता है तो बड़ी अच्छी बात है, नहीं तो हम इसे गँवाने के लिए भी तैयार हैं; क्योंकि हमारी वजह से ही आप इस बुरी स्थिति तक पहुँचे हैं।"

उसी आधार पर वे काम पर लौटे और नियोक्ता तथा कर्मचारियों के बीच जो यह नई सोच पैदा हुई थी, उसी का नतीजा था कि आर्थर नैश का व्यापारिक सिलाई का धंधा उन दिनों के मुकाबले कहीं अधिक मुनाफा कमाने लगा, जब उसकी शुरुआत की गई थी। अब जहाँ तक मैं जानता हूँ, मिस्टर नैश की मृत्यु शायद दस साल पहले हो गई थी; लेकिन मौत से पहले वे बहुत बड़ी सफलता प्राप्त कर चुके थे और जहाँ तक अब मुझे जानकारी है, वह कारोबार आज भी उन लोगों की सोच के चलते फल-फूल रहा है, तेजी से बढ़ रहा है, जो वहाँ काम कर रहे थे। मैं

आपको बताना चाहता हूँ कि समय आ गया है और सच कहूँ तो वह समय अभी है, जब व्यवसाय और उद्योग को आमतौर पर कर्मचारियों के साथ मिलकर काम करना चाहिए और विशेष प्रयास करने की वैसी ही सोच के साथ योजना बनानी चाहिए, जिसमें न केवल कर्मचारियों का, बल्कि उन्हें काम पर रखनेवालों का भी योगदान हो।

अमेरिका भर में ऐसे कई मामले हैं, जिनमें मैं उद्योग चलानेवालों को इस बात के लिए राजी कर सका कि वे अपने कर्मचारियों को किसी प्रकार के लाभ को साझा करने के प्लान में अपना पार्टनर बनाएँ और हर मामले में उस उद्योग ने पहले की तुलना में अधिक पैसS कमाए हैं। उनके यहाँ मजदूरों से जुड़ी कोई समस्या नहीं होती। उन्होंने मजदूरों की हड़तालों के विरुद्ध एक प्रकार की बीमा पॉलिसी ले ली है। लोग अब खुश हैं। वे मन से काम करते हैं और सारे लोग यदि *'विशेष प्रयास करने'* के इस सिद्धांत को अपनाएँ और लागू करें तो यह संसार जीने की एक बेहतर जगह बन जाएगा।

अब आप जब विशेष प्रयास करने के सिद्धांत को अपनाएँगे, तब आप उन लोगों का ध्यान, *'फायदा दिलानेवाला'* ध्यान आकर्षित करेंगे, जिससे आपको ऐसे कई तरीकों से लाभ मिलेगा, जिसकी आपने कभी कल्पना भी नहीं की होगी—और यह सब केवल विशेष प्रयास करने से होगा। आप जानते हैं कि प्रकृति में कितनी शक्ति होती है और वह लोगों के लिए, विशेषकर उन लोगों के लिए विशेष प्रयास करना अनिवार्य बना देती है, जिन्हें जीवन में बड़ी जिम्मेदारियों के लिए चुना जाता है। वह जीवन में उन्हें कई तरीके से आजमाती है। अब मैं आपको एक कविता सुनाना चाहता हूँ, जो मुझे लगता है कि आपको प्रकृति के आपकी परीक्षा लेने के कुछ बेहतरीन तरीकों में से एक की याद दिलाएगी। मुझे लगता है, जब मैं इस कविता को पढ़ना समाप्त करूँगा, तब तक शायद आप इसकी ऑटोग्राफ सहित एक प्रति लेना चाहेंगे और यदि ऐसा होता है तो मैं इसे आपको दे दूँगा। यदि रेडियो के श्रोता हस्ताक्षर सहित इसकी प्रति लेना चाहते हैं, इसके लिए पत्र लिखते हैं तो मैं इसे आप तक भिजवा दूँगा। यह रही वह कविता। इसे एंजेला मॉर्गन ने लिखा है और इसका शीर्षक है—'जब प्रकृति मनुष्य को चाहती है'।

प्रकृति जब मनुष्य को परखना चाहती है
और उसे रोमांचित करना चाहती है,
मनुष्य को कुशल बनाना चाहती है;

जब प्रकृति मनुष्य को साँचे में ढालना चाहती है,
ताकि वह सबसे बड़ा काम कर सके;
जब वह पूरे मन से चाहती है
इतने महान् और साहसी मनुष्य को बनाना,
जिसकी प्रशंसा पूरा विश्व करे—
तो उसकी पद्धति को देखिए, उसके तरीके पर नजर डालिए!
वह कितनी निर्दयता से उसे सुधारती है,
जिसे वह इतने अरमानों से चुनती है;
उसे किस तरह ठोंक बजाती है और उसे चोट पहुँचाती है
और बड़े प्रहारों से उसे बदलती है
गीली मिट्टी के आकारों में जिसे
सिर्फ प्रकृति ही समझती है—
उसका व्यथित हृदय जब रोता है और उठाता है
विनती में हाथ!—
कैसे वह मोड़ती है, नहीं कभी तोड़ती है,
जब उसकी अच्छाई का बीड़ा उठाती है···
कैसे उससे काम लेती है, जिसे काम के लिए चुनती है
और हर उद्देश्य से उसे तैयार करती है,
हर कला से उसे प्रेरित करती है,
ताकि उसका प्रताप फैले—
प्रकृति जानती है, वह क्या कर रही है।
जब प्रकृति मनुष्य को ले जाना चाहती है,
मनुष्य को झकझोरना चाहती है
और मनुष्य को जगाना चाहती है;
जब प्रकृति मनुष्य को बनाना चाहती है
कि वह भविष्य की इच्छा को पूरा करे;
वह जब अपने सारे कौशल से प्रयास करती है
और पूरे मन से उसकी इच्छा होती है
उसे बड़ा और संपूर्ण बनाना चाहती है···
जिस चालाकी से वह उसे तैयार करती है!

कैसे वह उसे प्रेरित करती है और कभी छोड़ती नहीं,
कैसे वह उसे तराशती है और फटकारती है
और गरीबी में उसे जन्म देती है…
कैसे वह अकसर निराश करती है
जिनका पवित्रता से अभिषेक करती है,
उसे किस बुद्धिमानी की सौगात देगी,
कभी परवाह नहीं करती कि उसके साथ कैसे पेश आना है,
भले ही उसका मन तिरस्कार से रो पड़े और
उसका स्वाभिमान भूल न पाए!
अभी और कठिन संघर्ष का आदेश देती है।
उसे अकेला बनाती है,
ताकि सिर्फ
भगवान् का श्रेष्ठ संदेश उस तक पहुँचे,
ताकि वह उसे अच्छी तरह सिखा सके
परमात्मा ने जो सोचा था।
भले ही उसे समझ न आए,
उसमें आज्ञा-पालन करने की क्षमता पैदा करती है।
कितनी निर्दयता से वह उसे प्रेरित करती है,
जबरदस्त ललक से उसे जगाती है
वह जब उसे पूरे मन से पसंद करती है!
प्रकृति जब किसी व्यक्ति को नाम दिलाती है,
शोहरत दिलाती है
और उसे वश में करती है;
प्रकृति जब मनुष्य को झिड़कती है
कि वह अपना सर्वश्रेष्ठ करे…
वह जब सबसे बड़ी परीक्षा में आजमाती है
कि जब उसे यह अंदाजा लगता है—
जब वह भगवान् या राजा देखना चाहती है!
कैसे वह उसे बाँधती और रोकती है,
ताकि उसका शरीर उसे समाए रखे

जब वह उसे जोश में रखे
और प्रेरित करे!
उसमें तड़प बनाए रखती है, छलनेवाले लक्ष्य के लिए
अंदर की आग जलाए रखती है—
उसके मन को रिझाती और लुभाती है।
उसके जोश के लिए एक चुनौती तय करती है,
वह जब करीब होता है तो उसे ऊँचा उठा देती है—
एक जंगल बनाती है, जिसे वह साफ करता है;
जिस रेगिस्तान से डरता है, उसे बनाती है
और कर सके तो वश में करे—
तो प्रकृति ही करती है मनुष्य का निर्माण।
फिर, उसके जोश की परीक्षा के लिए
खड़ा करती है उसकी राह में पर्वत—
उसके सामने रखती है कठिन विकल्प
और निरंतर उसे सताती है।
"चढ़ो या मिट जाओ!" ऐसा कहती है…
देखो उसके मकसद को, देखो उसके तरीके!
कमाल के हैं कुदरत के यत्न
क्या पढ़ सकते हैं हम उसका मन
मूढ़ हैं वे, जो उसे कहते हैं नासमझ।
फटे और लहूलुहान होते हैं जब उसके पाँव
फिर भी बढ़ता जाता है उसका जोश,
रफ्तार के साथ दौड़ती हैं उसकी शक्तियाँ,
नए-नए और सुगम पथ पर;
जब वह शक्ति जो है दिव्य
हर विफलता को है ललकारती
और उसकी मौज जो है अब भी मधुर
और प्रेम के साथ आशा की उत्कंठा
भले पराजय से हो सामना…
देखो, खड़ा है संकट! देखो, चीत्कार

नेतृत्व को परखने की पुकार।
इनसान को जब हो मुक्ति की दरकार
आता है वह राष्ट्र के नेतृत्व में बारंबार···
प्रकृति दिखाती फिर अपने प्रयोजन
विश्व को तब मिल जाता है—मनुज महान![16]

देवियो और सज्जनो, मुझे लगता है कि आज के संदर्भ में यह काफी उपयुक्त है। मुझे लगता है कि वक्त आ गया है, जब एक महान् नेता को न केवल इस देश, बल्कि पूरे विश्व के नेतृत्व के लिए आगे आना चाहिए और जब नेता आएगा, या शायद एक से अधिक नेता भी आ जाएँ, लेकिन मैं कहूँगा कि जब भी ऐसे नेता आएँगे तो आप मान लीजिए कि वे तब तक महान् नहीं बन सकते, जब तक कि विपरीत परिस्थितियाँ, पराजय, विफलता, निराशा, दुःख उनकी परीक्षा नहीं लेता और आप यह भी मान सकते हैं कि वे आएँ और इस विश्व के लोगों की तरफ से विशेष प्रयास करने की इच्छा के लिए प्रेरित न करें।

इसकी आदत डाल लीजिए

अब मैं आपको कुछ फायदे बताता हूँ, जो विशेष प्रयास करने, एक आदत के तौर पर इसका व्यवहार करने से, इसे अपने दर्शन के रूप में अपनाने और आज के बाद हमेशा इस्तेमाल करने से मिलेंगे। सबसे पहले, यह बढ़ते लाभ के नियम को आप पर लागू करता है और यह एक कमाल की बात है। आप जानते हैं कि यह जो बढ़ते मुनाफे का नियम है, इससे बचा नहीं जा सकता है। मैंने एक दिन महानगर के एक अखबार में किसी किसान के एक प्रयोग के बारे में पढ़ा था, जो इसी कंसास राज्य में किया गया था, जिसमें बढ़ते मुनाफे का नियम शामिल था, जैसा कि प्रकृति की ओर से लागू किया जाता है। उसने चुटकी भर गेहूँ लिया और उसे जमीन में डाल दिया—बस, एक चुटकी और जब गेहूँ की फसल तैयार हो गई, तब उसने उसकी कटाई की और फिर से सारे बीज बो दिए और फिर पूरी फसल को बोया और काटा और इसी तरह फिर से बोया। उसने इस काम को पाँच बार किया। देवियो और सज्जनो, अनुमान लगाइए कि पाँचवें साल के आखिर में उसकी फसल कितने की हुई होगी···सोचकर बताइए? 1 लाख 60 हजार डॉलर।

इस प्रकार, जब आप उस काम को करते हैं, जिसे करना चाहिए, उपयोगी

सेवा देते हैं, प्रकृति के नियमों को मानते हैं, उन्हें समझते हैं और फिर अपने ऊपर लागू करते हैं तो प्रकृति आपको छप्पर फाड़कर देती है। प्रकृति जितने भी नियमों को लागू करती है, उनमें से एक भी इतना कठोर नहीं, जितना कि यह विशेष प्रयास का नियम है, जिसमें अधिक सेवा देनी पड़ती है। मैंने अभी-अभी बस, यही कहा, "आप जैसी फसल चाहते हैं, उससे अधिक बीज और बेहतर बीज बोना।"

दूसरा, इस आदत के कारण आपकी ओर उन लोगों का ध्यान जाता है, जो आपको आगे बढ़ने के अवसर दे सकते हैं और देते भी हैं। मैं नहीं जानता कि दुनिया में कोई दूसरी चीज है, जो वेतन या भत्ते के लिए काम करनेवाले किसी व्यक्ति को इतना फायदा पहुँचा सकती है, जितना कि विशेष प्रयास करने की इस आदत को अपनाना, कुछ देर तक रुकना और घड़ी पर नजर न टिकाए रहना। वह नौजवान डाउंस, जिसने विलियम सी. डुरांट के लिए काम किया, उसने उस समय *'विशेष प्रयास' करने* के सिद्धांत के बारे में सुना तक नहीं था, जिस समय की बात मैं कर रहा हूँ। आगे चलकर वह मेरे सर्वोत्कृष्ट छात्रों में से एक बन गया। तभी तो मुझे इस कहानी के बारे में भी पता चला और मैंने जब आखिरी बार उसके बारे में सुना, तब भी वह जॉर्जिया के अटलांटा में ही था, जहाँ वह सदर्न गवर्नर्स एसोसिएशन के सलाहकार के रूप में 1 डॉलर प्रति वर्ष के वेतन पर काम कर रहा था। उसने कहा, "मुझे जितनी जरूरत है, उतने पैसे मेरे पास हैं। अब मुझे काफी संतुष्टि मिल रही है। मैं आज भी विशेष प्रयास कर रहा हूँ।" देवियो और सज्जनो, उस व्यक्ति की सेवाओं का परिणाम यह हुआ कि उसने दक्षिण में 50 करोड़ मिलियन डॉलर से भी अधिक का उद्योग खरीद लिया है और ऐसा वक्त आ रहा है, जब आकलन करनेवाले लोगों का अनुमान है कि दक्षिणी क्षेत्र उद्योग के मामले में उत्तर को पीछे छोड़ देगा और ऐसा एक व्यक्ति के विशेष प्रयास करने के कारण होगा। आप जब इस सिद्धांत की भावना को अपना लेंगे और उसे अपना ही सिद्धांत बनाकर अपने जीवन में शामिल कर लेंगे, तब उसका कितना लाभ मिलेगा, इसका अंदाजा नहीं; लेकिन इस पर सिर्फ विश्वास नहीं करना होगा, बल्कि इसे जीना भी होगा।

तीसरा, अनेक मानवीय संबंधों में यह सिद्धांत एक प्रकार से किसी व्यक्ति को ऐसा बना देता है कि उसके बिना काम ही न चले और इसके कारण व्यक्ति सामान्य से अधिक वेतन प्राप्त करता है। सच कहूँ तो क्या कोई व्यक्ति कभी ऐसा हो सकता है या नहीं कि उसके बिना काम न चले; लेकिन इस संसार में निश्चित रूप से ऐसे

लोग हैं, जिनके बिना काम चल पाना संभव नहीं लगता है और अगर इस प्रकार की अनिवार्यता जैसी कोई चीज है, जिसे आप प्राप्त कर सकते हैं तो इसे निश्चित रूप से विशेष प्रयास करने की आदत से प्राप्त किया जा सकता है।

और चौथा, इसका परिणाम विभिन्न प्रकार की सेवाओं को देते हुए मानसिक विकास और शारीरिक सिद्धि के रूप में मिलता है, जिससे व्यक्ति अपनी पसंद के पेशे में बेहतर क्षमता और कौशल का विकास कर लेता है। मैंने अपने जीवन में कभी कोई पुस्तक नहीं लिखी थी, मैंने जीवन में कभी कोई व्याख्यान नहीं दिया था, न ही कभी मेरा इरादा था कि मैं किसी अन्य काम से अधिक इसे ज्यादा बेहतर तरीके से करूँ। कभी-कभी मैं किसी लक्ष्य को प्राप्त नहीं कर पाता; लेकिन उसके लिए प्रयास करता हूँ और मैं जब अपना सर्वश्रेष्ठ देने के लिए विशेष प्रयास करता हूँ तो मेरे भीतर कुछ हद तक विकास होता है और इसी प्रकार के प्रयासों के कारण मैं अब इस स्थिति तक पहुँच गया हूँ, जहाँ मैं खुद को अपने इस क्षेत्र में पूरी दुनिया में अव्वल नंबर पर देखता हूँ; क्योंकि मैं विशेष प्रयास करता हूँ और उदारतापूर्वक करता हूँ।

और फिर, यह किसी की नौकरी चले जाने से भी बचाता है और कोई इस स्थिति में रहता है, जहाँ वह अपने काम और काम की परिस्थितियों को चुन सकता है और अपने आप को आगे बढ़ाने के अवसर आकर्षित करता है। यह तुलना के नियम से किसी को लाभ प्राप्त करने के योग्य बनाता है; क्योंकि अधिकांश लोग ऐसा नहीं कर रहे होते हैं। तुलना का वह नियम कुछ ऐसा है, जिससे बचा नहीं जा सकता है। अपने आसपास देखिए और आपको गिने-चुने लोग ही विशेष प्रयास करते नजर आएँगे। आप जब ऐसा करेंगे, तब आप ध्यान आकर्षित करेंगे, कभी-कभी ऐसे लोगों की ईर्ष्या भी, जिन्हें आप जो कर रहे हैं, वह पसंद नहीं आएगा, लेकिन आप उसके चलते रुकिए मत। आप उस काम को करते रहिए।

और इसके अलावा, इससे एक सकारात्मक, प्रसन्न करनेवाला मानसिक रुख बनता है, जो आकर्षक व्यक्तित्व के अधिक महत्त्वपूर्ण लक्षणों में से एक होता है। इसके साथ ही यह एक उत्साही एवं सजग कल्पना के निर्माण के संकेत देता है; क्योंकि यह ऐसी आदत है, जिससे एक व्यक्ति लगातार किसी नए और कुशल तरीकों की तलाश करता रहता है। मुझे नहीं लगता कि मैंने कभी व्याख्यान देने या पुस्तक लेखन का काम किया हो, जिससे उस प्रयास के दौरान कोई नई चीज सीखने को न मिली हो। संयोग से, पिछले सप्ताह मैंने यहाँ सार्वजनिक संबोधन के

बारे में कुछ सीखा। मुझे अपने भाषण पर जब तक आपकी रिपोर्ट नहीं मिली थी, तब तक इसके बारे में जानकारी नहीं थी और आज की शाम जब हमने सार्वजनिक संबोधन की कक्षा शुरू की, तब मैं आपको बताने जा रहा हूँ कि मैंने क्या सीखा। यह आपके लिए उपयोगी हो सकता है, जो मुझे आपको याद दिलाने के संकेत दे रहा है कि आप इतने सिद्ध या इतने अच्छे या सफल हो सकते हैं कि सीखने की जरूरत ही न रह जाए। जब तक आपका मन साफ है, आप सीखना चाहते हैं; जब तक आप पौधे की तरह हरे हैं, तब तक आप बढ़ते रहेंगे; लेकिन जिस पल आप पक गए, अगला कदम सड़ने का ही आएगा।

विशेष प्रयास करने से एक उत्सुक, सजग कल्पना विकसित होती है। मैं चाहता हूँ कि आप इस बात को याद रखें—उत्सुक और सजग कल्पना, क्योंकि आप सदैव सेवा देने के नए तरीके ढूँढ़ते हैं। इसके साथ ही, यह व्यक्तिगत पहल के महत्त्वपूर्ण पहलू को भी विकसित करता है, जिसके बिना कोई भी औसत पद से ज्यादा प्राप्त नहीं कर पाता और जिसके बिना कभी आर्थिक स्वतंत्रता नहीं मिल पाती है। यदि आप व्यक्तिगत पहल की आदत विकसित नहीं करेंगे या किसी के कहे बिना आपको जो करना है, उसे नहीं करेंगे या आपके पीछे पड़कर कोई आपसे काम करवाएगा, तब तक आप कभी जीवन में बहुत आगे नहीं जा सकेंगे।

इसे आनंददायक बनाएँ

अब विशेष प्रयास करने और उसे आनंद से करने की जहाँ तक बात है तो निश्चित रूप से इससे व्यक्तिगत पहल विकसित होती है। इसके कारण आपको अपनी पहल पर काम करने से खुशी मिलती है और संयोग से यही एक चीज है, जो प्रकृति चाहती है कि मनुष्य को करना चाहिए। प्रकृति ने आपको अपने मन पर नियंत्रण रखने की ऐसी शक्ति दी है, जिस पर कोई प्रश्न नहीं उठता और आपसे यह उम्मीद रहती है कि आप अपनी समस्याएँ स्वयं सुलझा लेंगे और कुछ हद तक अपने दिमाग से इस संसार में अपने प्रारब्ध को तय करेंगे; लेकिन यह हमेशा ही आपकी व्यक्तिगत पहल पर निर्भर करेगा। ऐसा कुछ, जिसे आपको स्वयं करना है। इसकी जिम्मेदारी आप किसी को सौंप नहीं सकते। इसमें शक नहीं कि इस संसार में कई लोग हैं, जो दूसरों की सोच के भरोसे हैं; लेकिन जो लोग ऐसा करते हैं, वे ईश्वर की उस सबसे बड़ी देन को ठुकरा देते हैं—वह, जो अपने दिमाग पर चलने, उसका उपयोग करने और उसे निर्देशित व नियंत्रित करने का अधिकार है।

व्यक्तिगत प्रयास विशिष्ट अमेरिकी नागरिकों के व्यक्तित्व की पहचान है और यह एक ऐसा देश है, जो व्यक्तिगत पहल पर ही बना है। यदि उन छप्पन साहसी व्यक्तियों ने व्यक्तिगत पहल नहीं की होती और उस दस्तावेज पर हस्ताक्षर नहीं किए होते, जिसे मानव इतिहास का अब तक का सबसे शानदार दस्तावेज माना जाता है, यानी स्वतंत्रता की घोषणा। यदि उन्होंने उसे स्वरूप देने के लिए अपनी ओर से पहल नहीं की होती तो आज की रात हम यहाँ आजादी से बैठे नहीं होते। अमेरिका में हम आजादी से वह सबकुछ नहीं कर रहे होते, जो हम करना चाहते हैं; वह नहीं कह पाते, जो कहना चाहते हैं और सबकुछ कर पा रहे हैं। यदि महान् उद्योगपतियों, इस देश में रेल की पटरियों का जाल बिछानेवाले महान् निर्माताओं तथा पूँजी लगानेवाले महान् लोगों ने अपनी ओर से पहल नहीं की होती तो यह देश न तो सबसे अमीर और धरती का सबसे पसंदीदा देश बन सकता था, न ही यहाँ मनुष्य सर्वश्रेष्ठ जीवन-स्तर के साथ जी रहा होता।

पहल करनेवाले लोग, जो लोग अपने दम पर आगे बढ़ना चाहते हैं, नुकसान झेलते हैं, विफल भी होते हैं, सफलता का आनंद भी उठाते हैं और जो कुछ करते हैं, उसकी पूरी जिम्मेदारी लेते हैं। वे ऐसे लोग होते हैं, जो इस संसार में आगे बढ़ते हैं। वे सरकारी राहत की ताक में नहीं रहते, न ही इस उम्मीद में जीते हैं कि बुढ़ापे में कोई उनकी देखभाल करेगा। मैं आपको बताना चाहूँगा कि एक ऐसा संस्थान है, जहाँ आपके पास पूर्ण सुरक्षा है। मुझे नहीं लगता कि आप में से कोई भी वहाँ जाना चाहेगा। वह जगह है जेलखाना। आप बड़ी आसानी से वहाँ जा सकते हैं और उसके बाद आपको चिंता करने की जरूरत नहीं। जीवन भर के लिए आपकी सारी समस्याएँ समाप्त हो जाएँगी। मैं जीवन को उसकी ही शर्तों पर जीना चाहता हूँ। उन शर्तों को मानता हूँ, जिन्हें मैं चाहता हूँ और प्रकृति के इन शानदार सिद्धांतों के संबंध में अपनी जानकारी पर भरोसा करता हूँ कि वे मुझे वहाँ ले जाएँगे, जहाँ जीवन में मैं जाना चाहता हूँ और जहाँ सबसे कम संघर्ष के साथ पहुँच सकता हूँ।

और फिर, विशेष प्रयास करने से स्वावलंबन के विकास में निश्चित रूप से मदद मिलती है। मैंने गौर किया कि जब आपने पिछली बार मेरे भाषण के आधार पर मेरा आकलन किया तो आपने तीन बातों पर सबसे ज्यादा जोर दिया—पहला, आपने उत्साह के मामले में मुझे 'परफेक्ट' बताया; दूसरा, आत्म-विश्वास के विषय में आपने मुझे 'परफेक्ट' माना और तीसरा, 'संतुलित' रहने को लेकर आपने मुझे 'परफेक्ट' बताया है। सही मायने में आप में से सभी ने ऐसा किया। अब आप

ही बताइए, मुझे वह संतुलन, वह स्वावलंबन और उत्साह कहाँ से मिला होगा? देवियो और सज्जनो, मुझे वह सबकुछ इस कारण मिला, क्योंकि मैं हर काम को सबसे अच्छी तरह से करता हूँ, जिसमें पूरी शारीरिक क्षमता, मानसिक प्रयास और आध्यात्मिक प्रयास का इस्तेमाल करता हूँ। अपना सबकुछ लगाने के बाद मैं यह आशा करता हूँ कि मुझे भी सबसे बड़ा लाभ मिलेगा और आप खुद ही देख लीजिए कि वह समय भी आया, जब न केवल मुझे सबसे बड़ा लाभ मिला, बल्कि अपने मन में मैंने जितनी भी चीजों की इच्छा की थी या जो मैं चाहता था अथवा जिनका मैं उपयोग कर सकता था, वह सबकुछ मुझे मिल गया।

इसके साथ ही, विशेष प्रयास करने से आप अपनी निष्ठा और सामान्य क्षमता पर दूसरों का विश्वास बढ़ा सकते हैं। मैं नहीं जानता कि कोई भी ऐसी चीज है, जो आपका कद दूसरे लोगों के दिमाग में इतना बढ़ा सकती है कि जब आप अपने पेशेवर जीवन में अपने कर्तव्य निभाते हैं, अपने व्यवसाय में या अपनी नौकरी या अपने काम में या उस जिम्मेदारी को निभाने के लिए, वह सबकुछ आप करते हैं, जो कर सकते हैं, तब लोगों का ध्यान आपकी तरफ जाता है। वे देखते हैं कि आपने अपना पूरा दमखम लगा दिया है। यह भी कि आप घड़ी नहीं देखते रहते हैं। यह कि आप अकड़ नहीं दिखाते, आप शिकायत नहीं करते और आप इसकी उम्मीद में नहीं जीते कि आपकी आजीविका की जिम्मेदारी उठाना दुनिया का काम है। मुझे ऐसा आदमी पसंद है, जो यह मानता है कि इस दुनिया के प्रति उसकी एक ही जिम्मेदारी है और वह यह कि वह इस संसार को अपना सर्वश्रेष्ठ दे सके।

विशेष प्रयास करने का हमारा अगला लाभ यह है कि यह टाल-मटोल करने की हमारी विध्वंसक आदत पर जीत दिलाने में हमारी सहायता करता है। आपने इस शब्द के बारे में तो सुना ही होगा, है न? टाल-मटोल की आदत किसी चीज को खींचते जाने की प्रवृत्ति होती है, जिसमें हमें कुछ करना नहीं होता, लेकिन यह आदत हमारा काफी नुकसान कर जाती है।

और फिर, विशेष प्रयास करने से उद्देश्य की निश्चितता पैदा होती है, जिसके बिना कोई भी किसी काम में सफलता की उम्मीद नहीं कर सकता है। इसके साथ ही, यह किसी को भी नौकरी या मजदूरी के काम में प्रमोशन या अधिक वेतन की माँग करने का अधिकार देता है और इस धरती पर इसके सिवाय और कुछ भी नहीं, जो किसी को प्रमोशन या अधिक पैसे माँगने का अधिकार देता है। मैंने इतने वर्षों के दौरान ऐसे कई लोगों को देखा है, जिन्होंने अधिक पैसों की माँग की और अकसर

इसके लिए वे इस तरह के तर्क देते रहे। एक व्यक्ति अधिक पैसे की इच्छा लेकर बॉस से मिलेगा और कहेगा, "बॉस, मैं चाहता हूँ कि मेरी मजदूरी या वेतन बढ़ा दिया जाए।" बॉस कहेगा, "अच्छा, तो इसका आधार क्या है?"

"असल में मेरी पत्नी बच्चे को जन्म देने वाली है।"

यह सुनकर बॉस कहेगा, "ठीक है, लेकिन मेरा उससे क्या लेना-देना? वह तुम्हारी जिम्मेदारी है।" या फिर कह सकता है, "मेरे घर में कोई बीमार है।" इस पर भी बॉस कहेगा कि उसका किसी के बीमार होने से क्या लेना-देना।

लेकिन जब आप एक रिकॉर्ड के साथ जाएँगे और कहेंगे, "देखिए बॉस, यहाँ जितने लोग काम करते हैं, उनमें से सबसे ज्यादा समय मैं अपने काम को देता हूँ। मैं ज्यादा काम कर रहा हूँ। मेरा हर किसी पर अच्छा प्रभाव है। मैं अपने काम को अच्छी मनोवृत्ति के साथ करता हूँ और मैं सोच रहा था कि इससे पहले कि आपका प्रतिद्वंद्वी मेरे बारे में जाने, आप मुझे किसी-न-किसी तरह की पहचान देना चाहेंगे।" तो आप निश्चित मानिए कि आपकी तरफ उसका ध्यान जाएगा। अगर आप अधिक प्रयास कर रहे हैं और आपको जितने पैसे मिलते हैं, उसकी तुलना में अधिक सेवा दे रहे हैं तो आपकी तरफ उसका ध्यान और जल्दी जाएगा।

आज आप इस सिद्धांत को अपने साथ घर ले जाइए। इसे अपना बना लीजिए। इसे लिख लीजिए और फिर इसे आजमाइए और अपने घर के हर कमरे में रखिए, जहाँ भी आप जाएँ, जब भी आप देखें, यह एक वाक्य आपको दिखाई पड़े—*'आपको जितने पैसे किसी काम के लिए दिए जाते हैं, उससे अधिक और बेहतर सेवा दें।'* आज नहीं तो कल, आपको अपने काम से अधिक पैसे दिए जाएँगे। शुक्रिया।

□

परिशिष्ट

'यह परिवर्तनशील संसार' लेख, पत्र आदि

यह नेपोलियन हिल की एक संक्षिप्त जीवनी है, जिसे *'प्लेन टॉक'* पत्रिका में प्रकाशित किया गया था—

भौतिक और आध्यात्मिक, दोनों ही पहलुओं से व्यक्तिगत सफलता या विफलता का कारण बननेवाले सिद्धांतों का सटीक अध्ययन कर नेपोलियन हिल ने अमेरिकी जनजीवन में एक अनोखा स्थान प्राप्त किया है। उन्होंने दक्षिण-पश्चिम वर्जीनिया के पर्वतीय इलाके के एक छोटे से लकड़ी के बने कमरे में जन्म लिया और अपनी ममतामयी सौतेली माँ की मदद से गरीबी पर विजय प्राप्त की। पत्रिका में लिखनेवाले युवा लेखक के रूप में वह एंड्रयू कारनेगी के संपर्क में आए, जिन्होंने यह सुझाव दिया कि वह 'सफलता के विज्ञान' को तैयार करें, ताकि दूसरे लोग गलती करने और फिर सीखने की प्रक्रिया से बच सकें, जिससे होकर मामूली जीवन से ऊपर उठने के लिए कारनेगी को गुजरना पड़ा था। बीस वर्षों के शोध के दौरान, हिल ने अलग-अलग क्षेत्रों के पाँच सौ से भी अधिक जबरदस्त सफलता प्राप्त करनेवाले लोगों का साक्षात्कार किया। यही शोध उनकी पुस्तकों, *थिंक एंड ग्रो रिच, हाऊ टू रेज योर ऑन सैलरी* जैसी किताबों और साइंस ऑफ सक्सेस नाम के कोर्स का आधार बना। वह 'गॉडफ्रे-स्टोन इंटरनेशनल पब्लिकेशन' की ओर से प्रकाशित, सक्सेस अनलिमिटेड नाम की मासिक पत्रिका के भी संस्थापक हैं। अकसर हिल के संबोधनों को समाचार-पत्रों और पत्रिकाओं में प्रकाशित किया गया। हिल का निम्नलिखित संबोधन *प्लेन टॉक* में प्रकाशित हुआ। प्रत्येक अंक लगभग साठ पृष्ठ का था और उसकी कीमत पच्चीस सेंट थी। उस पत्रिका का उद्‍देश्य पाठकों को साम्यवाद के खतरों से आगाह करना था। यदि

कहा जाए तो यह एक साहसिक प्रकाशन था तो गलत नहीं होगा, जिसमें यहूदी पोलिश कैदियों की हत्या जैसे विषय की चर्चा थी।

प्लेन टॉक की स्थापना इसाक डॉन लेविन ने की थी, जिनका जन्म रूस में 1892 में हुआ था और वह 1911 में अमेरिका चले आए थे। लेविन अखबारों में लिखने लगे और उन्होंने न्यूयॉर्क हेराल्ड ट्रिब्यून के लिए 1917 में हुई रूसी क्रांति से जुड़ी खबरें लिखीं। 1920 के दशक में वे *'शिकागो डेली न्यूज'* के लिए गृह युद्ध से जुड़ी खबरें लिखने के लिए रूस लौट गए। बाद में लेविन ने पश्चिमी जर्मनी में रेडियो फ्री यूरोप के लिए काम किया। ऐसे लेख, जो 1940 के दशक में छपे वे सही समय पर लिखे गए और महत्त्वपूर्ण होने के साथ-साथ आज भी प्रासंगिक हैं। विषयों का अच्छा-खासा विस्तार था, जिनमें फिलिस्तीन, चीन, अमेरिकी सरकार में सोवियत जासूस, कोरिया और भी कई विषय शामिल थे।

प्लेन टॉक के लिए अमेरिकी और बाहरी देशों के लेखक काम किया करते थे, जो रूढ़िवाद, स्वच्छंदतावाद, उदारवाद और समाजवाद में रुचि रखते थे। इन लेखकों का उनके क्षेत्र में काफी सम्मान था। हिल अनेक पुस्तकों के साथ ही, 1937 में प्रकाशित अपनी पुस्तक *थिंक एंड ग्रो रिच* से काफी चर्चित हो चुके थे। उनके अलावा अन्य लेखकों में मार्गरेट मिचेल मशहूर हुईं, जिन्होंने गॉन विद द विंड लिखा था। सर बर्ट्रेंड रसेल, जो एक प्रसिद्ध ब्रिटिश दर्शनशास्त्री, गणितज्ञ और सामाजिक कार्यकर्ता थे। लेखक आयन रैंड, जो अपनी पुस्तक *'एटलस श्रग्ड'* के लिए लोकप्रिय हुए, जो आज भी प्रसिद्ध है और क्लेयर बूथ लूस, जो अमेरिकी कांग्रेस की सदस्य थीं, जो इटली में अमेरिका की राजदूत बनीं और *'वैनिटी फेयर'* के साथ ही *'टाइम'* पत्रिका के लिए लिखती रहीं।

'दिस चेंजिंग वर्ल्ड' शीर्षक से लिखा गया लेख विश्वास पर हिल के व्याख्यान का वर्णन करता है। हाल ही में यह वर्जीनिक के वाइज स्थित एक घर के अग्निस्थान की ताक के पीछे मिला, जहाँ हिल पले-बढ़े थे। 'विली बैनर हाउस' के नाम से जाने जानेवाले उस घर के मालिक थॉमस केनेडी, जो एक स्थानीय व्यवसायी थे, उसे नया रूप दे रहे थे। बैनर हिल की सौतेली माँ की बहन थी। मिस्टर केनेडी इतने दयालु थे कि उन्होंने हिल के लेख को दान कर दिया, जिसे ठीक उसी रूप में यहाँ आपके लिए प्रकाशित किया गया है, जिस रूप में यह *प्लेन टॉक* पत्रिका में छपा था।

—डॉन ग्रीन

यह बदलता विश्व

'प्लेन टॉक' पत्रिका के लिए

मुझे अभी-अभी एक बहुत बड़ी बात पता चली है!

मुझे पता चला है कि मेरे पास ऐसी दौलत है, जिसका मोल बहुत ज्यादा है। मैंने ये सुनहरी डलियाँ जीवन से सीखी हैं; लेकिन मेरी इस संपत्ति को आप साझा करना चाहें तो मैं इन्हें आपके बीच बाँट दूँगा। मेरी संपत्ति की एक विचित्र विशेषता यह है कि मुझे इसका लाभ तभी मिलेगा, जब मैं इसे दूसरों तक पहुँचाऊँ। आपको भी यह बात पता चलेगी कि आपको भी फायदा तभी होगा, जब आप इसे खुलकर खर्च करेंगे। मैंने अनजाने में ही इस दौलत को इकट्ठा करना शुरू कर दिया था, जब मैं धरती के इस सबसे बड़े कॉलेज में आया, जो चुनौतियों का कॉलेज है! 'व्यावसायिक मंदी' के दौरान मैंने इस कॉलेज में पोस्ट ग्रेजुएट कोर्स किया और तभी मैंने अपनी छिपी दौलत को पाया, जो अथाह मात्रा में थी। यह बात मुझे एक सुबह पता चली, जब नोटिस आया कि मेरे बैंक ने अपने दरवाजे बंद कर दिए हैं, शायद दोबारा कभी न खुलने के लिए और तब मैंने अपनी बेकार पड़ी संपत्तियों की सूची बनानी शुरू की। मैं आपको बताता हूँ कि मेरी सूची से क्या खुलासा हुआ। आप बस, देखते जाइए।

इस सूची की सबसे महत्त्वपूर्ण वस्तु से शुरुआत करते हैं—

विश्वास! मैंने जब अपने दिल के अंदर झाँककर देखा तो पाया कि वित्तीय घाटे के बावजूद मेरे पास अनंत बुद्धिमत्ता और अपने साथी मनुष्यों के प्रति बेहिसाब विश्वास है। इसके साथ जो बात पता चली, वह भी इतने ही महत्त्व की थी, यह खुलासा हुआ कि विश्वास से वह सबकुछ हासिल किया जा सकता है, जिसे इस दुनिया की सारी दौलत भी आपको दिला नहीं सकती। मेरे पास जब पैसों की कमी

नहीं थी, तब मैंने यह मान लेने की भारी गलती की थी कि पैसा ही ताकत है। अब यह चौंकानेवाला खुलासा हुआ कि विश्वास के बिना पैसे में निष्क्रिय धातु की तरह ही कोई क्षमता नहीं होती।

इस बात को कि विश्वास में स्थायी शक्ति होती है, संभवत: अपने जीवन में पहली बार समझ लेने के बाद मैंने अपने अंदर देखा और ध्यान से टटोला कि इस प्रकार की दौलत मेरे पास कितनी है। मैंने सुनसान इलाके में टहलते हुए इसकी शुरुआत की। मैं भीड़ से दूर, शहर के शोर से दूर, 'सभ्यता' के व्यवधानों से दूर जाना चाहता था कि मैं ध्यान लगा सकूँ और सोच सकूँ। अपनी यात्रा के दौरान मैंने बलूत का एक फल उठाया और उसे अपनी हथेली में दबा लिया। यह मुझे विशालकाय बलूत के पेड़ के नीचे मिला था, जहाँ से वह गिरा था। मैंने उस पेड़ की उम्र का अंदाजा लगाया कि यह कितना पुराना हो सकता है। शायद यह तब का होगा, जब जॉर्ज वाशिंगटन लड़कपन में होंगे। मैं जब उस विशाल वृक्ष को और अपने हाथ में पकड़े उसके नन्हे शिशु को वहाँ खड़ा होकर देख रहा था, तब मुझे अहसास हुआ कि यह वृक्ष भी इसी छोटे बलूत के फल से पैदा हुआ है। मुझे यह अहसास भी हुआ कि इस धरती के सारे मनुष्य मिलकर भी ऐसे वृक्ष का निर्माण नहीं कर सकते हैं। मैं इस बात को समझ रहा था कि किसी असीम बुद्धि ने उस बलूत के फल को बनाया होगा, जो अंकुरित हुआ होगा, बढ़ा होगा और फिर उससे यह वृक्ष इतना विशाल बन गया होगा। मैंने मुट्ठी भर काली मिट्टी ली और उस बलूत के फल को उससे ढँक दिया। अब मेरे हाथ में वह सबकुछ था, जिससे वह वृक्ष इतना विशाल बना था। मैं उस मिट्टी व बलूत को देख रहा था और महसूस कर रहा था; लेकिन न तो उस बुद्धिमत्ता को देख सकता था, न ही महसूस कर सकता था, जिसने इतनी साधारण चीजों से एक विशाल वृक्ष को बनाया। लेकिन मुझे विश्वास था कि इस प्रकार की बुद्धिमत्ता का अस्तित्व है। यही नहीं, मैं जानता था कि यह बुद्धि ऐसी है, जो किसी भी जीवित मनुष्य के पास नहीं है। उस विशाल बलूत के पेड़ के नीचे मैंने एक फर्न को तोड़ लिया। उसकी पत्तियों को खूबसूरत ढंग से गढ़ा गया था। हाँ, गढ़ा गया था और मैंने जब फर्न को देखा, तब मुझे समझ में आया कि इसे भी उसी बुद्धिमत्ता ने बनाया है, जिसने विशाल बलूत के पेड़ को बनाया।

मैं तब तक चलता रहा, जब तक कि मैं एक निर्मल, बल-खाती नदी के पास नहीं पहुँच गया। मैं नदी के पास बैठ गया, ताकि कुछ देर सुस्ता सकूँ और उसके

लयबद्ध संगीत को सुन सकूँ, जब समुद्र के रास्ते में वह इठलाती हुई बहती है। उस दृश्य को देखकर मुझे अपनी जवानी के दिन याद आ गए, जब मैं ऐसी ही एक नदी के किनारे खेला करता था। उस छोटी सी धारा के किनारे बैठकर मैं जब उसके संगीत को सुन रहा था, तब मुझे उस अदृश्य जीव की अनुभूति हुई—एक बुद्धिमत्ता की, जिसने मेरे अंदर से ही मुझसे बात की और मुझे पानी की रोचक कहानी सुनाई। वह कहानी इस प्रकार है—

पानी! शुद्ध, ठंडा, शोर करता। वही पानी, जो उस समय से सेवा में है, जब से यह धरती ठंडी हुई और इस पर मनुष्य, जानवर और पौधे रहने लगे।

> पानी! अगर तुम मनुष्य की भाषा बोलते तो कितनी अच्छी कहानी सुना सकते थे। तुमने इस धरती पर आने-जानेवाले अनगिनत लोगों की प्यास बुझाई है। तुमने पुष्पों को सींचा, तुमने वाष्प का आकार लिया और मनुष्य की मशीनों के पहियों को घुमाया, संघनित हुए और फिर से अपने मूल रूप में लौट गए। तुमने नालों को साफ किया और फुटपाथों को धोया, अपने स्रोत में लौटे, जहाँ खुद को शुद्ध कर सको और एक बार फिर से चल पड़ो।
>
> जब तुम चलते हो, तब केवल एक ही दिशा में बहते हो, उस महासागर की ओर, जहाँ से तुम आए थे। तुम हमेशा जाते और आते हो, लेकिन अपने श्रम पर तुम सदा ही खुश रहते हो!
>
> साफ, स्वच्छ, उज्ज्वल पानी! तुम चाहे कितने ही गंदे काम क्यों न करो, उस काम के अंत में तुम अपने आप को स्वच्छ कर लेते हो।
>
> कभी समाप्त न होनेवाले पानी! तुम्हें न पैदा किया जा सकता है, न नष्ट। तुम जीवन के समान हो। तुम्हारी कृपा के बिना किसी भी प्रकार का जीवन अस्तित्व में नहीं आ सकता है।

तुमने एक बड़ा उपदेश सुना था—ऐसा उपदेश, जिसने बहती हुई छोटी नदी से उत्पन्न संगीत का रहस्य बताया था। मैंने उस उपदेश के माध्यम से उसी बुद्धिमत्ता के अतिरिक्त प्रमाण को देखा और महसूस किया था, जिसने एक छोटे से बलूत के फल से उस विशाल बलूत के पेड़ को बनाया था। पेड़ों की छाँव लंबी होती जा रही थी, दिन ढल रहा था। जैसे-जैसे सूरज क्षितिज में छिपता जा रहा था, मैंने महसूस किया कि उसने भी उस बेहतरीन उपदेश में एक रोल अदा किया था, जिसे मैंने सुना था।

प्रेमपूर्ण संबंध

सूरज की उदार सहायता के बिना उस बलूत के बीज का किसी बलूत के पेड़ में बदलना संभव नहीं था। सूरज की सहायता के बिना बहती नदी की स्वच्छ धारा सदा-सदा के लिए समंदरों में ही कैद होकर रह जाती और इस धरती पर जीवन कभी अस्तित्व में नहीं आता। इन विचारों ने उस उपदेश को सुंदरता से चरम तक पहुँचाया, जिसे मैंने सुना था, जिसके अनुसार सूरज और पानी में प्रेमपूर्ण संबंध है, जिसकी तुलना किसी भी प्रकार के प्रेम से नहीं की जा सकती है।

मैंने एक छोटे से सफेद पत्थर को उठाया, जिसे नदी की इठलाती लहरों ने तराशा था। मैंने जब उसे हाथ में उठाया तो मुझे अपने भीतर से एक और उपदेश सुनाई पड़ा, जो कहीं अधिक प्रभावित करनेवाला था। वह बुद्धिमत्ता, जिसके कारण वह उपदेश मेरे चेतन मन तक पहुँचा, शायद कह रहा था—

> देखो नश्वर जीव, उस चमत्कार को, जिसे तुमने अपने हाथ में ले रखा है। मैं पत्थर का एक छोटा सा टुकड़ा हूँ, फिर भी मैं वास्तव में एक छोटा संसार हूँ। मैं मृत और गतिहीन दिखता हूँ; लेकिन मैं जो दिखता हूँ, वैसा हूँ नहीं। मैं अणुओं से बना हूँ। मेरे अणुओं के भीतर अनेक परमाणु हैं। परमाणुओं के भीतर अनगिनत संख्या में इलेक्ट्रॉन हैं, जो बेहिसाब रफ्तार से गति करते हैं। मैं पत्थर का मृत टुकड़ा नहीं हूँ। मैं अनवरत गति की इकाइयों का एक संगठित समूह हूँ। दिखने में मैं ठोस हूँ, लेकिन यह रूप एक भ्रम है, क्योंकि मेरे इलेक्ट्रॉन एक-दूसरे से अपने द्रव्यमान से अधिक दूरी के कारण अलग-अलग हैं। उस चरमोत्कर्ष ने जो कुछ बताया, वह ज्ञान से भर देनेवाला था, इतना तेज कि मैं भौंचक्का रह गया; क्योंकि मैं समझता था कि मेरे हाथ में ऊर्जा की एक अति सूक्ष्म मात्रा है, जो सूरज और तारों तथा छोटी सी धरती को, जिस पर हम रहते हैं, अपने-अपने स्थान पर बनाए रखती है।

ध्यान लगाने के कारण मुझे इस सुंदर सत्य का ज्ञान हुआ कि मेरे हाथ में जो छोटा सा पत्थर था, वहाँ भी विधि और व्यवस्था है। मुझे अहसास हुआ कि उस छोटे से पत्थर के द्रव्यमान के भीतर, प्रेम और सच्चाई के बीच मधुर संबंध था। मैंने यह भी समझा कि मेरे हाथ में मौजूद उस छोटे से पत्थर के भीतर तथ्य कल्पना पर भारी था। उस पत्थर के टुकड़े में जो उद्देश्य और विधि एवं व्यवस्था का प्रमाण छिपा था, उसके महत्त्व को मैंने इससे पहले कभी इतनी गहराई से नहीं समझा था।

इससे पहले कभी मैंने अपने आप को उस असीम बुद्धि के करीब महसूस नहीं किया था, जो मेरे विश्वास का स्रोत है। प्रकृति की गोद में पेड़ों और बहती धाराओं के बीच, जहाँ की शांति मेरे व्याकुल मन को शांति दे रही थी, वहाँ मुझे यह अद्भुत अनुभव हुआ और मैं इसकी सच्चाई की कहानी को देख, सुन व महसूस कर रहा था, जिसे उस असीम बुद्धि ने मुझे सुनाया।

कुछ पल के लिए मैं अलग ही दुनिया में था, एक ऐसी दुनिया में, जो 'व्यावसायिक मंदी' एवं बैंकों के विफल होने तथा अस्तित्व के संघर्ष और मनुष्यों के बीच होड़ के बारे में कुछ भी नहीं जानती थी। अपने पूरे जीवन में मैंने कभी असीम बुद्धि के वास्तविक प्रमाण को इतना करीब से महसूस नहीं किया था, न ही इस पर अपने विश्वास के करणों को समझ पाया था। मुझे जो एक नया स्वर्ग मिला था, मैं उसमें कुछ देर तक ठहरा रहा, जब तक कि शाम का तारा चमकने नहीं लगा। फिर भारी मन से मैं शहर की तरफ लौटा, जहाँ एक बार फिर उन लोगों के बीच मुझे घुल-मिल जाना था, जिनकी डोर अस्तित्व के लिए पागलों जैसी भाग-दौड़वाली 'सभ्यता' के कठोर नियमों के हाथों में थी।

मैं अब अपने पढ़ने के कक्ष में हूँ, जहाँ मेरी पुस्तकें हैं; लेकिन मुझ पर अकेलेपन की भावना और उस मित्रवत् छोटी सी नदी के किनारे जाने की तड़प है, जहाँ कुछ ही घंटे पहले मेरी आत्मा ने असीम बुद्धि की सुखदायी वास्तविकता में डुबकी लगाई थी। हाँ, अब मैं जानता हूँ कि असीम बुद्धि में मेरा विश्वास सच्चा और स्थायी है। यह अंधा विश्वास नहीं। यह इस बुद्धि के काम की करीब से पहचान पर आधारित विश्वास है। मैं अपने विश्वास के स्रोत को गलत दिशा में, उसे मनुष्यों के कर्मों में ढूँढ़ रहा था। मुझे वह छोटे से बलूत के बीज और बलूत के विशाल वृक्ष में, फर्न के छोटे से पत्ते और धरती की मिट्टी में, उस मित्रवत् सूर्य में मिला, जो धरती को ऊष्मा और पानी को गति देता है; एक ठोस पत्थर और शाम के तारे में, व्यापक बाहरी क्षेत्र के मौन और उसकी शांति में मिला। मैं यह कहने पर विवश हो गया हूँ कि वह असीम बुद्धि प्रकृति में भौतिक चीजों को जुटाने के लिए पागलों की तरह भागते मनुष्यों के शोर में प्रकट हुई। मेरे बैंक ने दम तोड़ दिया, लेकिन अपने विश्वास के कारण मैं अधिकांश करोड़पतियों से आज भी अमीर हूँ; क्योंकि मुझमें विश्वास है और इससे मैं दूसरे बैंक खातों को खोल और भर सकता हूँ, जब कभी मुझे अपने आप को इस आपा-धापी के काबिल बनाना होगा, जिसे 'सभ्यता' कहा जाता है। नहीं, मैं अधिकांश करोड़पतियों से अमीर हूँ, क्योंकि मैं शक्ति के ऐसे स्रोत

पर निर्भर हूँ, जो मेरे अंदर से ही मुझसे बात करती है; जबकि वे लोग शेयर बाजार में शक्ति और प्रेरणा की तलाश करते हैं। मेरी शक्ति का स्रोत उतना ही मुक्त है, जितना कि वह हवा, जिसे मैं साँसों में भरता हूँ। अपनी इच्छा से इसका लाभ उठाने के लिए मुझे बस, विश्वास की जरूरत पड़ेगी और वह मेरे पास भरपूर है। अब तक पूरी दुनिया को यह जान लेना चाहिए कि मानवता के प्रत्येक रचनात्मक प्रयास का आरंभिक बिंदु विश्वास है और भय से अधिकांश मनुष्यों के विध्वंसक प्रयासों की शुरुआत होती है।

विश्वास

विश्वास से कोई भी असीम बुद्धि (या भगवान्, यदि आप इस नाम से पुकारना चाहें) के साथ संवाद करने के करीब आ सकता है। भय से वह कोसों दूर रहता है, जिससे संवाद असंभव हो जाता है। विश्वास किसी अब्राहम लिंकन को बनाता है, भय अल कैपोन को जन्म देता है। विश्वास किसी नेता को महान् बनाता है, भय घिसटकर जीनेवाला अनुयायी बनाता है। विश्वास व्यक्तियों को काम में सम्मान दिलाता है, भय लोगों को बेईमान बनाता है और चोरी करना सिखाता है। विश्वास मनुष्य की सबसे बड़ी अच्छाई की खोज करने और उसे सामने लाने में मदद करता है। भय केवल उनकी खामियाँ और कमियाँ दिखाता है। विश्वास को किसी की आँखों में एक झलक में ही देखा जा सकता है। उसके चेहरे के हाव-भाव, उसकी आवाज और उसके चलने से ही पता चल जाता है। भय का पता भी इनसे ही चलता है। विश्वास केवल उन्हीं चीजों को आकर्षित करता है, जो मददगार हैं, भय केवल विध्वंसक चीजों को आकर्षित करता है। जो सही होता है, वह विश्वास से काम करता है। जो गलत होता है, वह भय से काम करता है। किसी को भयभीत करनेवाले किसी भी कारण की जाँच करीब से होनी चाहिए।

विश्वास और भय—दोनों में ही सबसे व्यावहारिक और प्राकृतिक माध्यम से, अपने आप को शारीरिक वास्तविकताओं से व्यक्त करने की प्रवृत्ति होती है। विश्वास बनाता है, भय बिगाड़ता है। यह क्रम कभी उल्टा नहीं होता! विश्वास और भय में कभी भाईचारा नहीं होता। दोनों एक साथ मन में नहीं रह सकते। एक या दूसरा हर हाल में और हमेशा ही हावी रहता है। विश्वास किसी व्यक्ति को किसी भी पेशे में सफलता की महान् ऊँचाइयों तक ले जा सकता है। भय किसी भी पेशे में सफलता को असंभव बना सकता है और बना देता है। भय ने संसार की अब तक

की ज्ञात सबसे भयंकर दहशत में अपना चेहरा दिखाया। विश्वास एक बार फिर से इसे दूर भगा देगा। विश्वास प्रकृति की वह रसायन विद्या है, जिससे वह आध्यात्मिक बल को भौतिक तथा मानसिक बल के साथ मिलाती और घोल देती है। भय के साथ आध्यात्मिक बल उसी प्रकार नहीं मिल सकता है, जिस प्रकार तेल और पानी आपस में कभी नहीं मिल सकते। विश्वास प्रत्येक व्यक्ति का विशेष अधिकार है। जब इसे अपनाया जाता है तो यह जीवन की अधिकांश वास्तविक और काल्पनिक सीमाओं को समाप्त कर देता है, जिनके दायरे में मनुष्य अपने मन में ही खुद को सीमित कर लेता है।

यह तथ्य कि विज्ञान को माननेवाले अधिकांश लोग सभी प्रकार के भय से मुक्त होते हैं; जबकि वे लोग, जो विज्ञान और प्रकृति के नियम के बारे में थोड़ा या बिल्कुल भी नहीं जानते, वे इसमें डूबे रहते हैं, काफी महत्त्व रखता है।

ऐसा कहा जाता है कि युद्धक्षेत्र में नेपोलियन की मौजूदगी 10 हजार सैनिकों की शक्ति के बराबर थी, क्योंकि वह अपने आसपास के लोगों में यह विश्वास जगाता था कि वे युद्ध में जीत हासिल करने की क्षमता रखते हैं। व्यवसाय और उद्योग जगत् के दिग्गजों के लिए यह कितना बड़ा सबक है। जब आपके भीतर विश्वास नहीं रह जाता, तब आप अपने किए कार्यों पर 'समाप्त' लिख देते हैं; क्योंकि आप समाप्त हो चुके होते हैं, चाहे आप कोई भी हों या किसी भी काम को करने जा रहे हों।

"इस कारण ही मैं आपसे कहता हूँ कि यदि आप में रत्ती भर भी विश्वास है तो आप इस पर्वत से कहेंगे, 'रास्ते से हट जाओ', और वह हट जाएगा और आपके लिए कुछ भी असंभव नहीं रह जाएगा।" इसमें शक नहीं कि कारोबारी मंदी ने करोड़ों लोगों की परीक्षा ली; लेकिन उन्हीं करोड़ों लोगों ने अपनी परीक्षा से सीखा कि भय से सफलता प्राप्त नहीं की जा सकती है।

शायद आप उन करोड़ों लोगों में से एक हैं, जिन्होंने नेपोलियन हिल की प्रसिद्ध पुस्तक *'थिंक एंड ग्रो रिच'* को पढ़ा होगा। उस पुस्तक की एक शुरुआती कहानी 'थ्री फीट फ्रॉम गोल्ड' (सोने से तीन फीट दूर) है। इसमें हिल उस कहानी को फिर से सुनाते हैं, जिसे आर.यू. डार्बी ने उन्हें सुनाया था और उसमें काफी अच्छी तरह बताया गया था कि "विफलता के सबसे सामान्य कारणों में से एक अस्थायी पराजय के बाद प्रयास छोड़ देना है, होता है।"

यह कहानी डार्बी और उनके एक चाचा के अनुभव पर आधारित है। एक समय था, जब पूरे अमेरिका में सोने की खदानों से सोना निकालने की होड़ में लोग पश्चिम की ओर भाग रहे थे। डार्बी और उनके चाचा भी अपनी किस्मत आजमाने निकल पड़े। उन्हें सोने की खदान तो मिल गई, लेकिन मशीनरी की जरूरत पड़ी, जिसके चलते दोस्तों और रिश्तेदारों से पैसे माँगने के लिए उन्हें मैरीलैंड स्थित अपने घर लौटना पड़ा। बाद में उन्हें लगा कि सोना नहीं मिल पाएगा, तब डार्बी और उनके चाचा ने घर लौटने का फैसला किया। उन्होंने अपनी खदान और मशीनों को एक कबाड़ी को बेच दिया, जिसने एक इंजीनियर को काम पर रखा और जहाँ उन्होंने खोदना बंद किया था, उसके तीन फीट नीचे ही उसे सोना मिल गया। जब डार्बी मैरीलैंड लौटे और इंश्योरेंस का व्यवसाय शुरू किया, तब उन्हें यह सूझा कि इच्छा को ही सोने में बदला जा सकता है। इस अहसास का उन्होंने इस्तेमाल इस प्रकार किया कि उन्होंने सोने से महज तीन

फीट पहले खोदना बंद कर दिया था तो इसे ही अपने काम की प्रेरणा बनाएँगे और कहेंगे, "मैं सोने से तीन फीट पहले रुक गया था, लेकिन अब मैं कभी रुकनेवाला नहीं; क्योंकि जब भी मैं लोगों से इंश्योरेंस लेने के लिए कहूँगा, वे 'ना' ही कहेंगे।"

सन् 1937 में *'थिंक एंड ग्रो रिच'* के प्रकाशन से पहले हिल ने *'नेपोलियन हिल्स गोल्डन रूल'* और वर्ष 1919 से 1923 के बीच *'नेपोलियन हिल्स मैगजीन'* का प्रकाशन किया। कई वर्षों तक हिल अमेरिका के अलग-अलग महानगरों और शहरों में व्याख्यान देते रहे। एक बार उन्होंने पत्रिकाओं का प्रकाशन शुरू किया तो उन्होंने उनका उपयोग सफलता के सिद्धांतों पर अपनी सोच का प्रचार करने के लिए किया, जिस विषय पर वह अध्ययन और लेखन कर रहे थे।

आगे एक-चौथाई पेज पर दिया गया विज्ञापन है, जिसमें यह बताया गया था कि हिल मैरीलैंड के बाल्टीमोर में अगले पाँच दिनों तक लेक्चर देंगे। नोट करें कि इस विज्ञापन को आर.यू. डार्बी एंड एसोसिएट्स ने स्पॉन्सर किया था और इसकी तारीख थी 15 फरवरी, 1933। अपनी दो पत्रिकाओं और लोगों से बात करने की उनकी इच्छा के कारण उनकी काफी माँग होने लगी। सन् 1933 में जब लेक्टर का विज्ञापन छपा, तब तक हिल अपना आठ खंडों का सेट प्रकाशित करा चुके थे, जिसे *'द लॉ ऑफ सक्सेस'* नाम दिया गया और जिसे सन् 1928 में जारी किया गया था। इस सीरीज से हर महीने पैसे आते थे और किसी-किसी महीने कई हजार डॉलर की कमाई हो जाती थी। हिल को गाड़ियों का शौक हमेशा से ही था, इसलिए उन्होंने अपने लिए एक रॉल्स रॉयस खरीदी।

नीचे दिया गया विज्ञापन उन अनेक विज्ञापनों में से एक है, जिनमें हिल की रचनाओं का प्रचार है और उनके कारण सार्वजनिक हस्ती के रूप में उनकी काफी माँग थी।

—डॉन ग्रीन

इस मुफ्त लेक्चर कोर्स का उद्देश्य

विश्व अभी-अभी उथल-पुथल भरे तीन साल के दौर से गुजरा है, जिसने प्रत्येक स्त्री-पुरुष की कड़ी परीक्षा ली है। कुछ ने इसका सामना साहस के साथ किया और बेहतर कल का सूर्योदय देखने की उम्मीद बनाए रखी। कुछ लोग बुरी तरह घायल होकर रास्ते से हट गए।

भाग्य चक्र के ऐसे ही एक विचित्र मोड़ पर हमारा संगठन कुछ महीने पहले नेपोलियन हिल के संपर्क में आया, जो 'द लॉ ऑफ सक्सेस' के लेखक और वाशिंगटन, डी.सी. स्थित इंटरनेशनल सक्सेस यूनिवर्सिटी के प्रेसिडेंट हैं।

श्री हिल के कारण हमारे भीतर विश्वास की एक नई भावना जगी, एक नया साहस और आश्चर्यजनक मूल्यों की एक पूरी तरह से नई अवधारणा उत्पन्न हुई, जो इस 'मंदी' के दौरान सामने आई। इस अनोखे अनुभव का परिणाम था कि हमने श्री हिल को वर्ष 1933 में पूरे एक साल के लिए अपने साथ बनाए रखा। हमारा उद्देश्य अपने संगठन के लोगों में जोश को बनाए रखना था, ताकि वे इस वर्ष को हमारा महानतम वर्ष बना सकें।

हम इस दुनिया के लिए श्री हिल जैसे उपयोगी व्यक्ति की सेवाओं को स्वीकार करने भर से तब तक संतुष्ट नहीं हैं, जब तक कि हम उन मूल्यों को साझा न करें, जिन्हें वह बाल्टीमोर में हमारे पड़ोसियों के लिए लेकर आए हैं। हमें लगता है कि इस पूरे शहर को मानसिक, आध्यात्मिक एवं वित्तीय कायाकल्प की आवश्यकता है और अपने अनुभव से हम जानते हैं कि श्री हिल ही वे व्यक्ति हैं, जो उसे संभव बना सकते हैं।

इस कारण, हम सच्चे स्वर्णिम नियम में अपनी भूमिका निभाते हुए अपने पड़ोसियों के लिए श्री हिल के निर्देश पर एक मुफ्त लेक्चर कोर्स प्रस्तुत कर रहे हैं। चाहे आप कोई भी हों या आपकी समस्याएँ कुछ भी हों, हमारे मेहमान के रूप में आपका इन व्याख्यानों में स्वागत है।

इन व्याख्यानों के दौरान न तो श्री हिल को, न ही इस संगठन को आपको कुछ बेचना है। एक नए जागरण को स्वीकार करने की तैयारी के साथ आएँ। अपने साथ अपने परिवार के अन्य सदस्यों या अपने व्यवसाय के साथियों को लेकर आएँ और जैसा कि हमने इस संगठन में किया है,

आप देखेंगे कि आपके मन में कुछ होगा, जो आपको जीवन के प्रति एक नई सोच देगा।

श्री हिल के पास अपने पूरे जीवन का अनमोल अनुभव है। वे ऐसी भाषा में बात करते हैं, जिन्हें राह चलता व्यक्ति भी समझ सकता है। वे न केवल लोगों को बताते हैं कि उन्हें क्या करना है, बल्कि वे उन्हें दिखाते हैं कि उपलब्धि के इस दर्शन को तुरंत व्यवहार में किस प्रकार लाना है।

वे व्यक्तिगत उपलब्धि के इस दुनिया के पहले दर्शन के लेखक हैं और उनके छात्र सही मायने में धरती के हर देश में हैं। इस युग के किसी भी अन्य दर्शनशास्त्री की तुलना में कहीं अधिक पुरुषों और स्त्रियों की सहायता के श्रेय का सम्मान उन्हें जाता है। आप उनकी बेबाकी और उन उपायों, जिन्हें वे लेक्चर कोर्स के दौरान आपको बताएँगे, से प्रभावित होंगे।

अन्य सारी व्यस्तताओं को छोड़कर आज रात के पहले लेक्चर में हिस्सा लीजिए और फिर स्वयं तय कीजिए कि आपने क्या पाया। तीस वर्षों से भी अधिक समय से हम बाल्टीमोर के अपने मित्रों की सेवा कर रहे हैं। हम तब तक किसी व्यक्ति को प्रायोजित करने की जिम्मेदारी नहीं सँभालते, जब तक कि हम यह न जान लें कि वह संदेह से परे है और हमारी साख को बढ़ाएगा। हमारे लिए यह सम्मान की बात है कि हम नेपोलियन हिल को प्रायोजित कर रहे हैं।

इस लेक्चर कोर्स के समापन पर हम अपने संगठन में ऐसे किसी भी व्यक्ति को, चाहे वह पुरुष हो या स्त्री, शामिल करेंगे, जिसने श्री हिल के प्रशिक्षण को इतनी अच्छी तरह प्राप्त किया है कि वे उसकी सिफारिश कर दें। वह पद स्थायी और लाभ का पद होगा।

आर.यू. डार्बी एंड एसोसिएट्स
बाल्टीमोर ट्रस्ट बिल्डिंग

पत्र

अमेरिकी संसद् (कांग्रेस) के सदस्य जेनिंग्स रैंडॉल्फ की चिट्ठी नीचे दी गई है, जिससे प्रेरित होकर नेपोलियन हिल ने अपनी महान् पुस्तक 'थिंक एंड ग्रो रिच' लिखी। रैंडॉल्फ के लिखे अन्य पत्र भी आगे शामिल हैं।

—डॉन ग्रीन

प्रिय नेपोलियन,

कांग्रेस के सदस्य के रूप में सेवा करते हुए मुझे लोगों की समस्याओं को सहज ही समझ लेने का अनुभव मिला है। मैं यह पत्र एक सुझाव देने के लिए लिख रहा हूँ, जो हजारों उपयुक्त व्यक्तियों के लिए मददगार हो सकता है।

क्षमा-याचना के साथ मैं यह भी बता दूँ कि यदि आप इन्हें लागू करेंगे तो उसका अर्थ होगा कि आपको कई वर्षों तक मेहनत करने के साथ ही एक जिम्मेदारी उठानी पड़ेगी; लेकिन मैं इस सुझाव को देने के लिए उत्साहित हूँ, क्योंकि मैं जानता हूँ कि आप उपयोगी सेवा देने के प्रति गहरा लगाव रखते हैं। वर्ष 1922 में आपने सलेम कॉलेज में दीक्षांत भाषण दिया था, जब मैं स्नातक होनेवाली क्लास का एक सदस्य था। उस संबोधन में आपने मेरे मन में एक विचार उत्पन्न किया था, जिसके कारण मुझे आज अपने राज्य के लोगों की सेवा का अवसर मिला और काफी हद तक उसे ही मेरी उस सफलता का भी श्रेय मिलेगा, जो भविष्य में मुझे मिल सकती है।

मेरे मन में जो सुझाव है, उसके अनुसार आपने सलेम कॉलेज में जो भाषण दिया था, उसके मूल-मंत्र को एक पुस्तक का रूप दें और ऐसा करते हुए आप अमेरिका के लोगों को अपने कई वर्षों के अनुभव और उन लोगों के साथ अपने संबंधों से लाभ उठाने का अवसर दें, जिन्होंने अपनी महानता से अमेरिका को इस धरती का सबसे अमीर देश बना दिया है। मुझे आज भी वह बात इतनी अच्छी तरह याद है, मानो कल की ही बात है, जब आपने अपने बेहतरीन संबोधन में बताया था कि किस प्रकार हेनरी फोर्ड ने बेहद मामूली शिक्षा, एक भी डॉलर के बिना तथा किसी नामी-गिरामी दोस्त के बगैर, के साथ महानता की ऊँचाइयों को छुआ। आपने अपना संबोधन समाप्त भी नहीं किया था कि मैंने उसी समय मन बना लिया था कि मेरे सामने चाहे कैसी भी कठिनाइयाँ क्यों न आएँ, मैं अपने लिए एक स्थान अवश्य बनाऊँगा।

इस वर्ष और अगले कुछ वर्षों में हजारों लोग अपनी पढ़ाई पूरी करेंगे। उनमें से हर एक को व्यावहारिक उत्साहवर्धन का वैसा ही संदेश मिलेगा, जैसा कि मुझे आपसे मिला था। वे जानना चाहेंगे कि जीवन की शुरुआत करते हुए कहाँ जाएँ, क्या करें। आप उन्हें यह सब बता सकते हैं, क्योंकि आप न जाने कितने लोगों की समस्याओं को सुलझाने में सहायक रहे हैं। यदि ऐसा कोई तरीका है, जिससे आप इतनी बड़ी सेवा कर सकते हैं, तो मैं कहना चाहूँगा कि प्रत्येक पुस्तक में अपने व्यक्तिगत विश्लेषण के चार्ट का समावेश करें, ताकि उस पुस्तक को खरीदनेवाले को अपने बारे में सबकुछ सही-सही जानने का लाभ मिले। वह इस बात को समझ सके कि सफलता के रास्ते में उसके सामने खड़ी बाधा क्या है!

अपनी पुस्तक के पाठकों को उनकी खामियों और खूबियों की एक पूरी, निष्पक्ष तसवीर दिखाने की जो सेवा आप इस प्रकार करेंगे, उसका लाभ उन्हें सफलता और विफलता के अंतर को समझने के रूप में मिलेगा। यह सेवा उन करोड़ों

लोगों के लिए अनमोल होगी, जो आज आर्थिक मंदी से उबरने में कठिनाई का सामना कर रहे हैं और अपने अनुभव से मैं कह सकता हूँ कि आप जब इस प्रकार के ईमानदार लोगों को उनकी खामियाँ बताएँगे और फिर उनका समाधान सुझाएँगे तो वे लोग आपका स्वागत करेंगे। आप उन लोगों की समस्याओं को जानते हैं, जिन्हें एक बार फिर नए सिरे से शुरुआत करनी है। आज अमेरिका में हजारों ऐसे लोग हैं, जो यह जानना चाहेंगे कि आइडिया को पैसों में कैसे बदला जाए। ऐसे लोग, जिन्हें शून्य से शुरुआत करनी है, वे भी पैसों के बिना असमर्थ हैं। यदि उनकी मदद कोई कर सकता है, तो वह आप ही हैं।

यदि आप ऐसी पुस्तक का प्रकाशन करते हैं तो प्रेस से निकलनेवाली पहली प्रति, जिसमें आपके हस्ताक्षर हों, उसे मैं खरीदना चाहूँगा।

शुभकामनाओं सहित,
आपका विश्वासी,
आपका प्रिय
जेनिंग्स रैंडॉल्फ

नेपोलियन हिल के नाम जेनिंग्स रैंडॉल्फ का पत्र, 1934

प्रिय नेपोलियन,

कुछ दिनों पहले जब हम न्यूयॉर्क में थे, तब आपसे बातचीत का अवसर पाकर मुझे काफी प्रसन्नता हुई थी और हमारी उस चर्चा के बाद मैं कहना चाहूँगा और आप भी जानते होंगे कि अमेरिका के सीसीसी कैंपों में, जिनकी संख्या लगभग 2,400 है, सत्रह से अट्ठाईस वर्ष के 5 लाख युवक मौजूद हैं। इन युवकों को आपकी उस सेवा की आवश्यकता है, जिसे आप अपने 'सफलता के नियम' के दर्शन से इतनी अच्छी तरह उपलब्ध कराते हैं। इस सेवा को उन लोगों तक ले जाने में मैं आपके साथ सबसे सीधे व सरल तरीके से सहयोग करना चाहूँगा। मैं इन कैंपों के निदेशक कर्नल फेकनर की मुलाकात कराना चाहूँगा और मुझे आशा है कि आप जैसा भी चाहें, उस उचित आधार पर आपके साथ चर्चा करने और आपसे मिलने का अवसर मिलेगा, ताकि आप इन युवकों से प्रत्यक्ष रूप से मिल सकें। मेरा यह सुझाव काफी हद तक उस प्रेरणा पर आधारित है, जो मुझे आपके संबोधन से बारह वर्ष पूर्व मिली थी, जब मैं सलेम कॉलेज का छात्र था और अपने काम में मैंने आपके दर्शन का जो व्यावहारिक उपयोग किया है। मैं इन युवकों को आपकी पुस्तकों की बिक्री के विषय में नहीं, बल्कि उससे कम खर्चीली योजना के विषय में सोच रहा हूँ, जिसमें वे आपके दर्शन की सारी बातों को समझ सकें और उनका उपयोग कर सकें; जबकि उन्हें या सरकार को कम-से-कम खर्च करना पड़े। पिछले कुछ दिनों में मैंने इन युवकों को कई बार संबोधित किया है और मुझे लगता है कि मैं जान गया हूँ कि उनकी जरूरतें क्या हैं!

सरकार का ऐसा कोई शैक्षणिक कार्यक्रम नहीं, जो व्यावहारिक मूल्य की दृष्टि से आपके दर्शन के आसपास है और इन युवकों को यदि कुछ चाहिए तो उन्हें उस प्रकार

के प्रशिक्षण की आवश्यकता है, जो आप उन्हें दे सकते हैं। इसके साथ ही, उन्हें भी उसी व्यावहारिक प्रेरणा की जरूरत है, जैसी कि आपने उस समय मुझे दी थी, जब उस अतिरिक्त जानकारी का लाभ मुझे मिला था।

पूरे अंतर्मन से आपका ही
जेनिंग्स रैंडॉल्फ

नेपोलियन हिल के नाम जेनिंग्स रैंडॉल्फ का पत्र, 1953

15 सितंबर, 1953
श्री नेपोलियन हिल
1311 इथेल स्ट्रीट
ग्लेंडेल, कैलिफोर्निया

प्रिय नेपोलियन,

'हाऊ टू रेज योर ऑन सैलरी' पुस्तक के लिए बधाई! मुझे विश्वास है कि यह महत्त्वपूर्ण पुस्तक उन लाखों लोगों को प्रेरित करेगी, जो उन्नति दिलानेवाले आपके सफलता के दर्शन का लाभ उठा सकते हैं। एक बार टेनिसन ने कहा था, "मैं उन सभी का एक हिस्सा हूँ, जिनसे मिला हूँ।" इकतीस साल पहले हमारी सौभाग्यशाली मुलाकात उस स्वयंसिद्ध कथन को पुष्ट करती है। वर्ष 1922 में सलेम कॉलेज में आपके उस यादगार दीक्षांत भाषण ने जिस प्रकार के आदर्श को सामने रखा था और बाद में जिसे 'थिंक एंड ग्रो रिच' में सफलता के विज्ञान की सत्रह मौलिक बातों में शामिल किया गया, वह निश्चित रूप से मैं 'जिनसे मिला हूँ, उन सभी का एक हिस्सा' ही है। सही ढंग से बताया गया आपका फॉर्मूला यह सिद्ध करता है कि प्रगति की कुंजी केवल कुछ लोगों के पास ही नहीं होती है, बल्कि उस गहराई में दबी सफलता को सभी प्राप्त कर सकते हैं, बशर्ते ऐसे व्यक्ति आगे बढ़ना चाहते हों और अपनी सोच में अलग तथा रचनात्मक होने से डरते न हों! मैं अकसर सोचता था कि ऐसे स्त्री-पुरुष, जो अधिकांशतया अपने लिए और दूसरों के लिए सबकुछ करते हैं, वे ही गिरते भी हैं तो समझदारी से। वे लड़खड़ा भले ही जाएँ, लेकिन फिर से अपने पैरों पर खड़े हो जाते हैं! कैपिटल एयरलाइंस में, जहाँ 4,500 साझीदार कर्मचारी हैं और जिनका नेतृत्व प्रेसिडेंट जे.एच. कारमाइकल करते हैं, वहाँ हमारा उद्देश्य अपने वेतन

के साथ-साथ अपनी सोच को भी बढ़ाना है। यह आगे बढ़ने की हमारी भावना, जो आपकी अवधारणाओं को अपनाने से पैदा हुई है, उसके कारण इस वर्ष 25 लाख यात्रियों ने इस कंपनी के विमानों से यात्रा की है, जिससे लगभग 4 करोड़ 50 लाख डॉलर का कुल राजस्व प्राप्त हुआ है।

आपकी चुनौती और मार्गदर्शन का सदैव स्मरण करते हुए

आपका आज्ञाकारी
जेनिंग्स रैंडॉल्फ

लेस्टर पार्क को लिखी जेनिंग्स रैंडॉल्फ की चिट्ठी

16 मार्च, 1935
श्री लेस्टर पार्क
'पिक्चर्स विद ए परपज' के निर्माता
न्यूयॉर्क सिटी

प्रिय श्री पार्क,

नेपोलियन हिल को अमेरिका के लोगों के सामने फिल्म की स्क्रीन के माध्यम से और प्रत्यक्ष रूप से पेश करने की आपकी योजना के लिए मैं आपको यहाँ वाशिंगटन में तमाम लोगों की तरह ही बधाई देना चाहता हूँ। मैं पिछले दस वर्षों से श्री हिल को जानता हूँ। व्यक्तिगत उपलब्धि के उनके प्रसिद्ध दर्शन से मेरा पहला परिचय तब हुआ, जब उन्होंने सलेम कॉलेज में दीक्षांत भाषण दिया, जहाँ मैं स्नातक होनेवाली क्लास का एक सदस्य था। मुझे यह स्वीकार करते हुए प्रसन्नता हो रही है कि उस एक संबोधन से मैंने जो सबक सीखा, उसने मेरी सहायता अपने राज्य का कांग्रेस में प्रतिनिधित्व करने की अपने जीवन की सबसे बड़ी इच्छा को पूरा करने में की, जहाँ मेरा दूसरा कार्यकाल जारी है।

मैं ऐसे प्रत्येक व्यक्ति को बधाई देता हूँ, जिसे इस विशिष्ट व्यावसायिक दार्शनिक से व्यक्तिगत मार्गदर्शन प्राप्त करने का अवसर मिला है; जिनके जीवन का ध्येय कठिनाइयों पर लोगों को जीत हासिल करना है, न कि उनसे हार मान लेने में सहायता करने का है। आपको भी बधाई देना चाहूँगा कि आपने फिल्म स्क्रीन पर उन्हें लाने से पहले सीधे लोगों के सामने उन्हें लाने का फैसला किया है; क्योंकि मैं इस बात को मानता हूँ कि ऐसे करोड़ों लोग हैं, जो उस सलाह और प्रेरणा तथा व्यावहारिक मदद की इच्छा रखते हैं, जो वे दे सकते हैं। मुझे इस बात की खुशी है कि आप मिस्टर हिल को लोगों के

सामने इस समय ला रहे हैं, क्योंकि वे राष्ट्रपति रूजवेल्ट के बहुत बड़े प्रशंसक हैं और मुझे यकीन है कि वे लोगों को न्यू डील प्रोग्राम को समझाने में काफी मददगार साबित होंगे।

शुभकामनाओं सहित

आपका

जेनिंग्स रैंडॉल्फ

नेपोलियन हिल के बेटे ब्लेयर का अपने भाई डेविड के नाम पत्र

डेविड नेपोलियन हिल के तीन बेटों (वे डॉ. जे.बी. हिल के भी पिता हैं, जो 'नेपोलियन हिल फाउंडेशन' बोर्ड के ट्रस्टी हैं) में सबसे छोटे थे। डेविड ने अपने जीवनकाल में सेना में योगदान दिया, जब वे द्वितीय विश्व युद्ध और कोरियाई युद्ध में शामिल हुए। वह वेस्ट वर्जीनिया के सबसे अधिक सम्मान पानेवाले सैनिकों में से एक थे। हिल के सभी पुत्रों में उनकी मृत्यु सबसे बाद में हुई। डेविड को पूरे सैन्य सम्मान के साथ आर्लिंग्टन में दफनाया गया।

20 मार्च, 1938

प्रिय डेविड,

पिछली बार जब मैं लंबरपोर्ट से लौटा, तभी से लगातार सोच रहा हूँ कि तुम कैसे होगे और क्या कर रहे होगे! मुझे आशा थी कि तुम मुझे पत्र लिखोगे। आशा करता हूँ कि तुम ठीक हो और जिम्मी, ग्रेस तथा जुडिथ भी अच्छे होंगे। तुम बच्ची के साथ खेलते हो? जुडिथ कितनी अच्छी और प्यारी है! शुक्रवार की शाम मुझे माँ का पत्र मिला। उसने मुझे बताया कि वह तुम्हें लेकर और तुम्हारी इस योजना को लेकर चिंतित हैं कि तुम अब स्कूल नहीं जाओगे। उसने मुझे बताया कि शायद अंकल हुड ने उनसे कहा (या कहने वाले थे) कि आंट मेरी ने जिम्मी से कहा कि वह तुम्हारी नौकरी गैस कंपनी में लगवा दें। मुझे नहीं पता कि इस खबर में कितनी सच्चाई है। ऐसा हो भी सकता है, या नहीं भी, लेकिन इसके बावजूद अगर तुम भविष्य में कभी आगे बढ़ना चाहते हो तो कुछ ऐसी बातें हैं, जिन्हें तुम्हें खुद ही सुलझाना होगा। मुझे यकीन है कि अगर मैं उनमें से कुछ के विषय में इस पत्र में चर्चा करूँ तो तुम बुरा नहीं मानोगे, है न? क्योंकि तुम भी अच्छी तरह जानते हो कि न तो इस परिवार में, न ही तुम्हारे दोस्तों के बीच, किसी को भी भविष्य में तुम्हारी सफलता और खुशहाली में इतनी दिलचस्पी होगी, जितनी कि खुद तुम्हारी हो सकती है। जहाँ तक मुझे याद

है, जब मैं बीते फरवरी घर आया था, तब तुम्हारी उम्र (और शायद शैक्षणिक योग्यता) एविएशन कोर में तुम्हारे शामिल होने की राह में बाधा थी; जबकि तुम उसमें जाना चाहते थे। यदि तुम्हारे अब भी उसमें जाने की कोई संभावना है तो मैं दिल से तम्हारे साथ हूँ। उसके अलावा, तुम्हारे पास इस समय नौकरी का केवल एक और अच्छा विकल्प है, गैस कंपनी का, यदि अंकल हुड तुम्हें उसकी 'सुविधा' देना चाहें तो। मैं 'सुविधा' कह रहा हूँ, क्योंकि मेरा मतलब भी वही है! तुम्हें याद होगा कि आज अंकल हुड के पास जितने लोग हैं, उससे भी कम लोगों में उन्होंने गैस कंपनी चलाई है। मैं हमेशा से ही जानता था कि उन्होंने और अंकल वान्स ने जरूरत से ज्यादा लोगों को नौकरी दे रखी थी; लेकिन उन्होंने ऐसा इस वजह से किया, क्योंकि उन्हें ज्यादा-से-ज्यादा लोगों की मदद करना अपनी जिम्मेदारी लगती थी।

तुम्हें याद होगा कि जब मुझे नौकरी की जरूरत थी, तब न जाने कितनी बार मैं उस कंपनी के लिए काम करना चाहता था, लेकिन मुझे नौकरी नहीं मिली, क्योंकि वहाँ जगह ही नहीं थी। मुझे लगता है, तुम्हारे मामले में भी यही स्थिति पैदा होगी। यदि तुम ड्रिलर, ड्रिलर के हेल्पर, वेल्डर वगैरह की तरह कुशल श्रमिक होते तो बात कुछ और होती। लेकिन सच कहूँ तो तुम तब तक कुछ नहीं कर सकते, जब तक कि तुम्हारे ऊपर (यहाँ तक कि मेरे ऊपर भी) कोई बॉस न हो। तुम्हें गड्ढे खोदने या शायद ट्रक पर काम करने या वैसा ही कोई काम मिल जाए, लेकिन तुम्हें जो भी काम मिले (अगर तुम्हारी किस्मत अच्छी रही और काम मिल जाए) तो मैं कहूँगा कि अपनी पूरी जान लगा दो! ऐसा हो सकता है कि तुम्हें गड्ढे खोदने का काम मिल जाए। जहाँ तक मैं जानता हूँ, यह सबसे क्रूर, सबसे कड़ी मेहनत वाला, सबसे नीरस काम होता है। हर दिन आठ घंटे, एक के बाद दूसरे हफ्ते, इस काम को करने से तुम्हें इतनी थकान और कमजोरी होगी कि इसे जारी रखना टॉर्चर झेलते रहने जैसा लगेगा। मैं तुम्हें इसी बात से आगाह करना चाहता हूँ। यदि तुम्हें यह काम मिल जाए

तो भगवान् के लिए इसे करना, चाहे कुछ भी हो जाए! चाहे यह कितना ही थकानेवाला हो, कितनी ही मशक्कतवाला और तुम्हें कितना भी कमजोर क्यों न कर दे, उसे छोड़ना मत। अपनी तरफ से किसी को भी रत्ती भर भी शिकायत का संकेत दिखाए बिना लगे रहना और काम को अच्छी तरह तथा ईमानदारी से करना।

~ 2 ~

जब मैं कहता हूँ, 'अच्छी तरह और ईमानदारी' से, तो मेरा मतलब है–मिलनेवाले पैसे का पूरा मोल चुकाना और उस मोल से भी अधिक देना। ऐसा क्यों? सीधे-सीधे इस कारण, क्योंकि अनुभव से (कभी-कभी बुरे अनुभव से) जानता हूँ कि अंकल हुड मूर्ख तो बिल्कुल भी नहीं हैं! यदि वे तुम्हें काम देते हैं तो तुम मान लो, उसका कोई-न-कोई मकसद होगा। तुम अब उन्नीस के हो, लगभग बीस साल के। अब तुम लड़के नहीं रहे। तुम पूरी तरह से एक जिम्मेदार व्यक्ति हो गए हो (इस कारण ही मैं इन पन्नों में तुमसे ऐसी बात कर रहा हूँ, जैसे एक वयस्क दूसरे से बात करता है)। तुम्हारे पीकर धुत हो जाने, स्कूल से निकाले जाने को, यहाँ तक कि अतीत में तुम्हारे आचरण पर लगे धब्बे को भले ही इस आधार पर नजरअंदाज कर दिया गया हो कि तुम्हारी उम्र अभी उतनी नहीं कि तुम जिंदगी को गंभीरता से लो, लेकिन यह सबकुछ अब पीछे छूट चुका है। लोगों की नजर में तुम अब बड़े हो चुके हो, एक नौजवान हो, जो पूरी तरह से अपने पैरों पर खड़ा हो सकता है। तुम्हारा आकलन अब तुम्हारे काम और उसके साथ ही तुममें आनेवाली परिपक्वता से किया जाएगा।

मैं अंकल हुड को इतनी अच्छी तरह जानता हूँ कि बता सकता हूँ कि अपने कठोर बाहरी रूप में उनका जैसा शक्की रवैया दिखता है, बाहर से वे ऐसे व्यक्ति की तरह दिखते हैं, जो इतना नैतिकतावादी है कि किसी प्रकार की मूर्खता को बरदाश्त नहीं करता। लेकिन इन सबके अंदर एक बेहतरीन व्यक्ति छिपा है, जो किसी युवक से मिलने पर आम लोगों जैसा हँसी-मजाक

करता है, जो सच में अपने भतीजों से प्यार करता है; क्योंकि वही उनके सबसे करीबी रिश्तेदार हैं। डेविड, अंकल हुड चाहे बाहर से कैसे भी हों, उनके भीतर जो इनसान है, उससे अच्छा कोई और हो नहीं सकता, जो चाहेगा कि तुम अच्छा करो और दिखाओ कि तुम अब बड़े हो गए हो, तुम अपने पैरों पर खड़े हो सकते हो और जिम्मेदारी उठाकर अपनी जिंदगी बना सकते हो! गैस कंपनी में काम करने में तुम मुझे पीछे छोड़ सकते हो। मुझे मजदूरों के साथ गड्ढे खोदने या ट्रक पर काम करने से ज्यादा कुछ करने नहीं दिया गया, क्योंकि इन जगहों पर ही मैं बिना चोट खाए या बिना जान गँवाए काम कर सकता था, क्योंकि मुझे आम लोगों से कम ही सुनाई देता था। लेकिन तुम सामान्य रूप से सुन सकते हो। तुम जहाँ तक आगे बढ़ना चाहो, बढ़ सकते हो जिम्मी, बशर्ते तुम अंकल हुड को यह यकीन दिला सको कि तुम करना चाहते हो और जिम्मेदार हो।

कुल मिलाकर, सारी बातों का निचोड़ यही है कि तुम्हें जो काम करने को दिया जाए, उस पर ध्यान लगाओ और उसे अच्छी तरह करो। अगर तुम दूसरे लोगों के साथ काम करो तो कभी उन्हें 'आराम' करते देख आलस्य में पड़कर समय मत गँवाना। अपना काम लगातार करते रहना। तुम्हें यह जानकर आश्चर्य होगा कि अंकल हुड ने ऐसे न जाने कितने लोगों को 'छोड़ रखा था', जो उन्हें मेरे समय बरबाद करने की एक-एक बात बताया करते थे। अगर तुम कई लोगों के साथ काम करो तो उनमें से किसी के कहने पर कोई मूर्खता मत करना। अगर वे कटाक्ष करें तो उन पर हँस लेना, गुस्सा मत करना और अपना काम करते रहना। पीट का फायदा उठाकर अपने काम में ढीले मत पड़ना। तुम देखोगे कि अगर तुम उसके साथ मिलकर काम करो और कभी-कभी यह भी पूछ लिया करो कि तुम्हारा काम अच्छा है या नहीं और वह तुम्हें और बेहतर करने के लिए कोई सुझाव दे सकता है या नहीं, तो वह तुम्हारा सबसे अच्छा दोस्त बन जाएगा। हालाँकि अधिकांश समय में अगर तुम खुद ही

अपने काम को लेकर सचेत रहोगे तो तुम्हारा काम संतोषजनक से भी अच्छा होगा।

यदि तुम्हारे साथ काम करनेवालों में से कभी कोई तुम्हारा मजाक उड़ाए (स्वाभाविक मजाक) तो उसे अच्छे मन से लो, उस पर हँसो और अपने काम में लग जाओ। अगर तुम्हें पता लगे कि किसी ने तुम्हारे खिलाफ कुछ किया है तो उससे अकेले में बात करो (फिर चाहे वह कोई भी हो) और उसे बताओ कि तुम्हारे पास बेकार की बातों के लिए समय नहीं है और फिर भी वे नहीं मानें तो बता दो कि अगली बार उनके गले में कुदाल लटका दोगे! उसके बाद उनसे कह दो कि तुम्हारे मन में उनके खिलाफ कुछ भी नहीं है, जब तक कि वे तुम्हारे साथ मजाक न करें; लेकिन यह चेतावनी पहली और आखिरी है!

~ 3 ~

याद रखो, अगर तुम काम करोगे तो अंकल हुड की नजर हमेशा तुम पर रहेगी! तुम्हें इस बात को स्वीकार करना होगा कि तुम्हारा पिछला रिकॉर्ड इतना अच्छा नहीं है; लेकिन बात यह नहीं डेविड, कि तुमने पहले क्या किया, बल्कि यह मायने रखेगा कि तुम अभी और आगे क्या करने वाले हो। इसलिए कड़ी मेहनत करो, लगातार काम करो और अपना रिकॉर्ड ऐसा बनाओ कि तुम खुद को बेहतर और अधिक खुशी देनेवाले काम का 'हकदार' बना लो!

लगभग आठ या नौ साल तक मैं गड्ढे खोदता रहा, तब जाकर मुझे नियमित रूप से ट्रक पर काम करने का मौका मिला। जिम्मी को भी पहले गड्ढे खोदने पड़े, तब जाकर उसे लाइनें बिछाने, मीटर देखने, कुओं पर काम करने आदि का अवसर मिला, जिसके बाद वह ऑफिस में मौजूदा काम को कर रहा है। तुम्हारे पास हमेशा ही ऊपर बैठे लोगों की 'सिफारिश' रहेगी डेविड, लेकिन उस 'सिफारिश' में एक बड़ा हिस्सा तुम्हारी अपनी ही समझदारी का होगा, कमर कसकर काम करने का

होगा, अगर तुम समझो कि मेरे कहने का मतलब क्या है? और मुझे लगता है कि तुम समझते हो!

इतना कुछ तुम्हें गैस कंपनी में करना है।

आत्मानुशासन

अब मैं तुम्हें कुछ बातें और बताना चाहूँगा, डेविड। सबसे पहले, अगर तुम सच में सफल होना चाहते हो तो तुम्हें अपने भीतर थोड़ा आत्मानुशासन लाना होगा! गैस कंपनी में तो तुम काम कर ही रहे हो, लेकिन उसके साथ ही वहाँ तक पहुँचने के लिए हर दिन शाम को तुम्हें सारी मौज-मस्ती को छोड़ना होगा। क्यों? क्योंकि वे तुम्हें देर रात तक जगाकर रखते हैं और तुम्हारी सारी ऊर्जा खत्म हो जाती है, जिससे अगली सुबह तुम्हें काम पर जाने से पहले बिस्तर छोड़ना नरक भोगने जैसा लगता है। इसके साथ ही तुम्हें इतनी अधिक थकान महसूस होगी कि तुम्हें कमर तोड़ मेहनत करने के नाम से ही नफरत हो जाएगी। तुम्हें यह खयाल भी आएगा कि 'मैं तो बीमार हूँ', क्यों न आज काम से छुट्टी ले लूँ; लेकिन समझदारी यही कहती है कि अगर तुम हर दिन-रात को 9.30 बजे या 10 बजे सोने चले जाओगे तो तुम्हें आराम महसूस होगा। अगली सुबह तुम तरोताजा और ऊर्जा से भरपूर महसूस करोगे। पूरे उत्साह के साथ दिन भर मेहनत करोगे। सप्ताहांत पर क्या होगा? यह एक अलग ही बात है। तुम्हें शुक्रवार और शनिवार की रात (बशर्ते तुम्हें शनिवार को काम पर न जाना हो) थकान मिटा लेने का हक है। उस दौरान मौज-मस्ती करो और तुम्हें ऐसा करना अच्छा भी लगेगा; लेकिन बहुत ज्यादा मत करना। थोड़ी ऊर्जा अच्छे कामों के लिए बचाकर रखना। शराब का क्या करें? डेमन रम के साथ तुम्हारी काफी बुरी यादें जुड़ी हैं, है ना? अगर तुम याद करो तो मिस्टर जॉन बार्लीकॉर्न कई बार तुम्हें बेवकूफ बना चुके हैं। मेरा मानना है कि शराब को अगर सीमित मात्रा में किसी डांस को दमदार बनाने के लिए या फुटबॉल या बास्केटबॉल गेम से पहले या किसी साथी के घर पर पूरा 'गैंग' लंबे समय बाद इकट्ठा हो

रहा हो, तब लेने में कोई बुराई नहीं। लेकिन डेविड, लंबरपोर्ट में अपने घर की बात अलग ही है। किसी को भी हक नहीं कि वह जब चाहे, 'नशे में धुत' हो जाए, क्योंकि इससे सेहत तो बिगड़ती ही है, फालतू में लोगों को बोलने का मौका मिल जाता है। वैसे भी, छोटे शहर में बड़बोले लोग रहते हैं, जिन्हें कानाफूसी करने की आदत होती है और फिर अपने बेटे के बारे में यह सब सुनकर माँ भी दुःखी हो जाएँगी! मैं तुम्हें बतानेवाला कौन होता हूँ कि तुम पियो या मत पियो। यह तुम्हें तय करना है। मैं भी कभी-कभी पीकर होश खो बैठता था; लेकिन अब कभी हाथ भी नहीं लगाता। बस, इस बात का खयाल रखो कि तुम 'कहाँ' पी रहे हो, ध्यान रखो कि 'किसके' साथ पी रहे हो और जितना तुम्हें काफी लगे, उससे 'कम' पियो। अगर तुम पीना छोड़ दो तो बेशक यह अच्छा रहेगा। लेकिन मैं जिस नियम का पालन नहीं कर सका, उसे तुम्हें अपनाने की सलाह नहीं दूँगा। खैर, जहाँ तक शराब की बात है तो यह अच्छी है या बुरी, यह तय करने के लिए तुम्हारे पास मुझसे ज्यादा नहीं तो मेरे जितना दिमाग तो है ही!

~ 4 ~

अब बात रही कि कैसे लोगों से दोस्ती की जाए? डेव, मैं जानता हूँ कि लंबरपोर्ट में ज्यादा विकल्प ही नहीं हैं। सच कहूँ तो लंबरपोर्ट में एक भी लड़का या युवक नहीं, जो तुम्हारे जितना अच्छा हो। अधिकांश लोग अच्छे हैं, लेकिन वे ज्यादा काम के लायक नहीं हैं! ज्यादातर आलसी हैं, जिनमें आगे बढ़ने की कोई इच्छा नहीं, जो बस, पीना-पिलाना और लड़कियों के पीछे भागना चाहते हैं। हालाँकि इसमें उनकी भी गलती नहीं है, क्योंकि उनकी परवरिश अच्छे माहौल में नहीं हुई है और उन्होंने उससे अच्छा कुछ देखा ही नहीं है। डेव, 'चोर-चोर मौसेरे भाई' और 'जो जैसे होता है, वैसे को ढूँढ़ ही लेता है'

जैसी कहावतें और ऐसी ही कई सारी बातें बिल्कुल सही हैं।

अगर तुम किसी दिन कड़ा परिश्रम करोगे तो 'कुछ' बन सकते हो! अगर तुम ऐसा करोगे तो कभी तुम्हें यह सुनने को नहीं मिलेगा कि लोग तुम्हें शहर के लफंगों का यार या जिगरी दोस्त कहते हैं। है न?

मुझे गलत मत समझना, डेविड। दूर-दूर तक मेरा इरादा 'तुमसे तो मैं कहीं अच्छा हूँ' का रवैया दिखाना नहीं है, न ही मैं तुम्हारी नजर में अहंकारी दिखना चाहता हूँ। तुम मुझे बहुत अच्छी तरह जानते हो। मैं ईमानदार रहना चाहता हूँ। फिर भी, तुम्हें लग सकता है कि मैं अब तक जो कुछ कहता रहा हूँ, उससे इस बार कुछ ज्यादा ही ज्ञान की बातें कह गया। लेकिन मुझे पूरा यकीन है कि तुम्हारे भीतर अपने शाम के समय छोटे शहर के लोफरों या नौसिखिए मजनुओं के साथ सड़कों पर भटकने की बजाय कुछ अच्छा करने की काफी क्षमता है।

मैं चाहूँगा कि तुम ऐसे 'सही' लोगों के साथ उठो-बैठो, जैसे कि क्लार्क्सबर्ग के सभ्य लोग करते हैं। ऐसे युवाओं के साथ घुलो-मिलो, जिनके साथ मैं वर्जीनिया और एलिजाबेथ एन. जुड़ना चाहें और उस समूह के साथ जुड़ो, जिन्हें क्लार्क्सबर्ग में जिम्मी एवं ग्रेस काफी अच्छी तरह जानते हैं। शुरुआत करने का सबसे अच्छा तरीका–जिम्मी से कह दो कि तुम क्लार्क्सबर्ग में 'सही' लोगों के साथ जुड़ना चाहते हो। वह तुम्हें सही रास्ते पर ले जाएगा। उनके साथ डांस के लिए जाओ, घूमने-फिरने जाओ और उनके जरिए अच्छे-अच्छे लोगों से जान-पहचान बढ़ाओ। लोग यह जानें कि तुम डेविड हॉर्नर हिल हो, जो जिम्मी हिल का भाई है।

अपनी आय का बजट बनाओ

अब इस उपदेश की सबसे बड़ी डोज पर आते हैं–अपनी आय का बजट बनाना। याद करो, एक बार अंकल वान्स ने जैक और मुझे 1 डॉलर की कीमत कैसे समझाई थी? इस बात की संभावना है कि तुम्हें शुरुआत में गड्ढे खोदने के एक घंटे के 25 सेंट (उतना ही, जितना कि जिम्मी और मुझे शुरुआत में मिला

था) मिलेंगे। तुम इस 25 सेंट का सम्मान इतना करोगे, जितना पहले कभी नहीं किया था, जब तुम अपने हाथ में पव्वा लिये होगे और खुद से कहोगे, "कमाल है, ये 25 सेंट मैंने कमाए हैं! इसके लिए कितनी मेहनत की है! पूरे एक घंटे तक मुझे कुदाल को ऊपर-नीचे करना पड़ा। बेलचा चलाने में दम निकलने लगा, जिससे मेरे हाथों में गाँठ व छाले पड़ गए और झुके-झुके तो जैसे पूरी पीठ ही अकड़ गई। ऐसा लगा, जैसे कमर ही टूट गई! इतनी 'कमर-तोड़' मेहनत बस, 25 सेंट के लिए! लेकिन इसे मैंने कमाया है! यस सर!!!"

और तब डेविड, तुम्हें समझ आएगा कि अंकल वान्स ने ऐसा क्यों कहा था और उनके कहने का क्या मतलब था, जब वे मुझे और जैक को यह समझाना चाहते थे कि 25 सेंट का मतलब क्या होता है! मैं जब भी सिगरेट के पैक के लिए 15 सेंट खर्च करता था तो मैं लगभग शर्मसार हो जाता था और खुद से कहता था, "हे भगवान्! यह छत्तीस मिनट तक गड्ढे खोदने की मेहनत है, जिसे मैं खर्च कर रहा हूँ!"

~ 5 ~

कुल मिलाकर बात इतनी सी है—वह पैसा बड़ी मुश्किल से आता है। स्वाभाविक रूप से, मुझे लगता है कि तुम इस बात को समझते हो और जान-बूझकर इसे उड़ाने की 'मंशा' तुम्हारी नहीं होगी; लेकिन हम सब जानते हैं कि 'मंशा' का कोई मतलब नहीं होता, जब तक कि उसे सही कदम के साथ लागू न किया जाए। यहाँ मैं यही कहना चाहूँगा कि तुम बहुत खुद से अपनी अलग-अलग जरूरतों पर पैसे का बँटवारा करो—तंबाकू, टॉयलेट की सामग्री, जूते, हजामत, कभी-कभी मूवी या एकाध बार डांस के लिए जाना। एक हफ्ते में अपने ऊपर 1.50 से 2 डॉलर तक का खर्च निर्धारित करो। बाकी को शिन्सटन के सेविंग बैंक में रखो, जहाँ तुम उसे हाथ न लगा सको। इसे बचाओ, ताकि तुम्हें कभी लगे कि तुम फिर से पढ़ाई करना चाहते हो तो तुम्हारे पास

उतने पैसे हों। देखना, 500 डॉलर इकट्ठा करने में कितना समय लगेगा! फिर भविष्य में किसी अच्छे काम के लिए अचानक तुम्हें पैसों की जरूरत होगी, तब तुम्हारे ही बचाए पैसे काम आएँगे। इसके साथ ही डेविड, बचत करने से तुम्हें अहसास होगा कि तुम्हारे भीतर कितना आत्म-सम्मान आ गया है!

खैर, मुझे लगता है, मैंने काफी उपदेश दे दिया है। डेविड, मैंने जो कुछ कहा है, उसमें काफी हद तक तुम्हारा भला करना चाहा है और मैं चाहता हूँ कि तुम समझो कि जो कुछ मैंने कहा, वह सिर्फ इस वजह से, क्योंकि मैं जानता हूँ कि उनसे तुम्हें निश्चित रूप से मदद मिलेगी, बशर्ते तुम उन्हें याद रखो और उन्हें अपनाओ।

जिम्मी व ग्रेस को मेरा प्यार देना और ग्रेस से कहना कि मेरी तरफ से अंकल ब्लेयर के बच्चे को किस कर ले। तुम्हें मेरा ढेर सारा प्यार डेविड, साथ ही एक छपा हुआ (या टाइप किया हुआ) मौखिक हैंडशेक और काम में जुट जाने के लिए मेरी शुभकामना। अब मैं समाप्त करता हूँ। तुम भी लिखते रहना।

तुम्हारा भाई
ब्लेयर

पश्चलेख : डेविड, अगर फुरसत मिले तो वेरा से मिल लेना। वह हमारी चीजें ले जाकर हमारे घर के अहाते के कोने में उस छोटे से घर में रहने जा रही है, जहाँ स्टोन्स रहा करते थे। भारी सामान को हटाने में उसकी मदद कर सको तो कर देना। उससे पूछ लेना कि वह कौन से फर्नीचर ले जाना चाहती है (वह तुम्हें बता देगी) और फिर पीटर श्रेव्स या क्लार्क रॉबिन्सन से कहना कि वे अपने ट्रक पर उन्हें चढ़ाने और ले जाने में तुम्हारी मदद कर दें, या छोटे से घर तक उठाकर ले जाएँ। बहुत-बहुत शुक्रिया, डेविड! बी.एच.

□

अंत की टिप्पणियाँ

1. वॉरेन हिल्टन, 'एप्लीकेशंस ऑफ साइकोलॉजी टू द प्रॉब्लम्म ऑफ पर्सनल एंड बिजनेस एफीशिएंसी', भाग 9 (न्यूयॉर्क : द एप्लाइड साइकोलॉजी प्रेस, 1920), 33–50 (मूल कार्य में शामिल अंत की टिप्पणी)।
2. वही, 59–72 (मूल कार्य में शामिल अंत की टिप्पणी)।
3. वॉलेस डी. वॉटल्स, 'द साइंस ऑफ गेटिंग रिच' (होलीओक, एमए : एलिजाबेथ टाउन, 1910), 117–118 (मूल कार्य में शामिल अंत टिप्पणी)।
4. सी.ए. मन, 'द फ्रा मैगजीन : फॉर फिलिस्टाइन्स एंड रॉयक्रॉफ्टर्स 15' (1915), में 'एजुकेशन एंड सक्सेस', 144 (मूल कार्य में शामिल अंत टिप्पणी)।
5. यह सन् 1902 में हुआ था, जब हिल लगभग 19 साल के थे। बिजनेस कॉलेज जाने से पहले कुछ समय तक उन्होंने एक कोल माइनर के रूप में काम किया था।
6. जितना पारिश्रमिक मिलता है, उससे ज्यादा और बेहतर सेवा करने का विचार बाद में 'गोइंग द एक्स्ट्रा माइल' सिद्धांत बन गया।
7. यह उस समय की बात थी, जब हिल 'रफस आयर्स' के लिए काम करते थे।
8. स्पष्ट तौर पर हिल किसी कार्य को करने की इच्छा की अहमियत का परोक्ष संदर्भ दे रहे हैं।
9. यह हिल की असफलता के सकारात्मक प्रभावों के बारे में शुरुआती सोच को दरशाता है।
10. हिल ने महसूस किया कि जीवन में असफलता के बड़े कारणों में से एक 'घुमक्कड़पन' है।
11. हिल की पहली नौकरी शिकागो में लासेल में विज्ञापन प्रबंधन की थी।
12. कैंडी बनाने की विधि हिल की माँ सारा ब्लेयर से मिली थी। उनकी पहली पत्नी फ्लोरेंस ऐसी कैंडी बनाने में माहिर थीं।
13. हिल की जीवनी 'लाइफटाइम ऑफ रिचेज', के अनुसार, ये शहर थे शिकागो, बाल्टिमोर, इंडियानापोलिस, मिलवॉकी और क्लीवलैंड।
14. क्षतिपूर्ति का नियम 'केवल पुरस्कार' हो सकता है।
15. यह स्कूल जॉर्ज वाशिंगटन इंस्टीट्यूट ऑफ एडरटाइजिंग भी कहलाता था।
16. 'फॉरवर्ड', मार्च में एंजेला मॉर्गन, 'व्हेन नेचर वांट्स ए मैन' (न्यूयॉर्क : जॉन लेन, 1918), 92–95।

□□□